Cultura Consumo e Identidade

Cultura Consumo e Identidade

organizadores

Lívia Barbosa, Colin Campbell

FGV
EDITORA

ISBN — 85-225-0570-5

Direitos desta edição reservados à
EDITORA FGV
Praia de Botafogo, 190 — 14º andar
22250-900 — Rio de Janeiro, RJ — Brasil
Tels.: 0800-21-7777 — 21-2559-5543
Fax: 21-2559-5532
e-mail: editora@fgv.br
web site: www.editora.fgv.br

Impresso no Brasil / *Printed in Brazil*

1ª edição — 2006

Preparação de originais: Maria Lucia Leão Velloso de Magalhães

Editoração eletrônica: Victoria Rabello

Revisão: Aleidis de Beltran e Marco Antonio Corrêa

Capa: aspecto:design

Fotos: Shlomit Wolf, stock.xchng (capa); Andres Rodriguez, stockxpert (4ª capa)

Ficha catalográfica elaborada pela Biblioteca
Mario Henrique Simonsen/FGV

Cultura, consumo e identidade / Organizadores Lívia Barbosa, Colin Campbell — Rio de Janeiro : Editora FGV, 2006.
204p. il.

Inclui bibliografia.

1. Sociedade de consumo. 2. Consumo (Economia). 3. Identidade social. 4. Cultura. I. Barbosa, Lívia, 1949-. II. Campbell, Colin, 1943-. III. Fundação Getulio Vargas.

CDD — 339.47

Sumário

Sumário

Apresentação

Lívia Barbosa

Os estudos sobre consumo ocupam hoje posição de relevância nas ciências sociais e nos estudos históricos tanto na Europa quanto nos Estados Unidos.[1] Publicações sobre a sociedade de consumo, a cultura material contemporânea, o comportamento de compra, as formas de comercialização, o que e por que se consome, entre outros temas, estão hoje disponíveis nas prateleiras das livrarias, lado a lado com uma sempre crescente leva de obras mais populares sobre o assunto. Jornais, revistas de negócios, de casa, femininas e masculinas, falam sobre consumo, consumismo, perfis de consumidores, luxo, entre outros temas que antes não constavam de suas agendas.

Esse interesse pelo consumo e pela sociedade de consumo veio acompanhado de uma considerável troca interdisciplinar e estabeleceu pontes entre pesquisadores dos mais diversos assuntos, de tal modo que estes muitas vezes se sentem intelectualmente mais próximos uns dos outros do que de seus próprios colegas de disciplina, como é o caso das atuais relações entre marketing, comunicação e antropologia.[2] O mesmo ocorre fora do mundo acadêmico, com trocas, por exemplo, entre ambientalistas, cientistas sociais e formuladores de políticas públicas.

Certamente, esse movimento merece atenção e explicação. Afinal, consumir é uma das mais básicas atividades do ser humano — pode-se viver sem produzir, mas, não, sem consumir. Porém, até recentemente, o interesse pelo tema sempre foi pequeno e eivado de preconceitos morais e ideológicos, no âmbito das ciências sociais e da própria sociedade contemporânea, que, ironicamente, se autodefine como de consumo. Apenas economistas e profissionais de marketing se interessavam pelo assunto, e o faziam de forma muito específica e orientada, principalmente os últimos, para aplicações de ordem prática. Hoje, esse quadro se modificou e ampliou, incluindo novos atores e áreas de conhecimento.

O interesse das ciências sociais e de historiadores pelo consumo se fez sentir na Europa e nos Estados Unidos a partir do final da década de 1970 e início da de 1980. Novas interpretações e indagações sobre a historiografia da Revolução Industrial foram em parte as responsáveis por isso, destacando-se, em particular, o hoje clássico

---

[1] Campbell, 1991; Glennie, 1995; Miller, 1995.

[2] Campbell, 1991; Goodwin, Ackerman e Kiron, 1997; Miller, 1995.

livro de McKendrick e outros, *The birth of a consumer society: the commercialization of eighteenth-century England.*

No Brasil, o tema ainda levanta suspeita, apesar do incipiente interesse registrado nos últimos três anos. Teses, seminários, cursos e publicações começaram a aparecer no panorama acadêmico brasileiro, com etnografias de práticas e rituais de consumo, marcas, mercados, em suma, do capitalismo e de suas instituições e cultura material, o que já não soa tão estranho e deslocado como há 10 anos.[3]

Em pesquisa realizada por Barbosa e Gomes (2000) em dois dos maiores centros de pós-graduação do Brasil — o Instituto Universitário de Pesquisa do Estado do Rio de Janeiro (Iuperj) e o Programa de Pós-Graduação em Antropologia Social da Universidade Federal do Rio de Janeiro (Museu Nacional) —, ambos com mais de 30 anos de existência e com grande número de dissertações de mestrado e teses de doutorado produzidas e publicadas, constatou-se que, até o ano 2000, nenhum pesquisador se havia dedicado a estudar o consumo, a sociedade de consumo e suas especificidades entre nós, e que inexistiam linhas investigativas relacionadas a esses temas.[4]

Por outro lado, verificou-se uma abundância de teses e pesquisas sobre inúmeras dimensões do modo de vida de grupos marginalizados, minorias, camponeses e trabalhadores urbanos, o que nos faz crer que, em certa medida, a carência material dos diferentes grupos e membros da sociedade brasileira foi, e continua sendo, um critério epistemológico central para as nossas ciências sociais.

Outro dado interessante sobre a produção acadêmica brasileira é que, mesmo quando os grupos estudados pertencem às camadas médias da população brasileira, fato raro de ocorrer, não há qualquer tipo de análise sobre mecanismos de consumo, mediação, uso, fruição e manipulação de bens e serviços por parte dos "consumidores", o que constitui uma flagrante contradição entre a preocupação e a crítica dos acadêmicos e intelectuais brasileiros aos "males da sociedade de consumo" e ao "materialismo da vida contemporânea" — temas já tradicionais — e o investimento na pesquisa desses fenômenos entre aqueles que supostamente vivenciam esses valores.

Aliás, a determinados grupos sociais, como, por exemplo, o dos negros, é negado praticamente o *status* de membros de uma sociedade moderna e de consumo. Apesar

---

[3] Cabe ressaltar que, em 2004, foi realizado o I Encontro Nacional de Antropologia do Consumo na Universidade Federal Fluminense, seguido de um segundo, em setembro de 2005, e do III Encontro Nacional de Estudos de Consumo, dos quais participaram várias instituições acadêmicas e pesquisadores estrangeiros. Ao longo desse ano, outros encontros — como os da Anpocs e da ABA — tiveram mesas-redondas e grupos de trabalho dedicados, de forma explícita em seus títulos e temas, à problemática do consumo, dos consumidores, da sociedade de consumo e dos mercados.

[4] Vale registrar a tese de César Gordon — "Folhas pálidas: a incorporação Xikrin (Mebêngôkre) do dinheiro e das mercadorias" —, que aborda questões como a apropriação da cultura material da sociedade de consumo pelos indígenas, o papel do consumo, a orientação do consumo pelas lideranças, o consumo individual, familiar e comunitário, e que foi apresentada em 2003 no Museu Nacional como requisito ao título de doutor.

da existência de uma vasta bibliografia sobre esse grupo no Brasil, esta enfatiza, basicamente, a dimensão de minoria discriminada e excluída. Assim, o relevante nesse contexto são suas estratégias políticas e identitárias no espaço público; a dimensão étnica e religiosa no que concerne desde aspectos rituais até os de patrimônio cultural; e, mais recentemente, as políticas públicas que visam sua integração à sociedade brasileira, tanto no âmbito do mercado de trabalho quanto na esfera educacional, com a chamada política de cotas. Cabe ressaltar que pesquisas recentes do IBGE, realizadas em 2000, indicam que, hoje, mais de 25% da classe média brasileira são compostos de não-brancos. Mesmo assim, quase nenhum estudo acadêmico se preocupou em mapear o padrão de consumo desse grupo e em averiguar se e que papel ele desempenha na estratégia de ascensão social e de identidade dessa parcela da sociedade. Ou seja, inúmeras questões relativas à reprodução social do grupo já poderiam ter sido exploradas, considerando-se seu poder econômico e de compra.[5] Essa ausência significa que a cor e a carência material de grande parte da população não-branca são os elementos que definem, para a sociedade brasileira e para os intelectuais e acadêmicos em particular, a identidade desse grupo como um todo, neutralizando inteiramente outras dimensões, como a de "consumidores", de pessoas que, na mesma medida que seus pesquisadores, pensam criticamente o mundo, fazem escolhas, rejeitam comportamentos e idéias e são também autoras da modernidade e da sociedade de consumo brasileira.

Essas mesmas observações se aplicam às pesquisas sobre os segmentos sociais C e D de renda, estudados também quase que exclusivamente pelo ângulo da carência material e da desigualdade social. Como diria Thompson (1978), a humanidade das experiências desses grupos, fora do interesse intelectual de seus pesquisadores, tem sido sistematicamente ignorada. Ironicamente, essa mesma perspectiva da academia de ciências sociais sobre as classes C e D orientou também as pesquisas de mercado e os interesses do marketing e da propaganda, embora por motivos distintos. Enquanto, no primeiro caso, as preocupações políticas, ideológicas e existenciais dos cientistas sociais brasileiros orientaram o recorte que faziam da realidade daqueles segmentos, no caso das pesquisas de mercado foram as preocupações de ordem econômica que fizeram esse papel. Por que investir em conhecer quem não tem dinheiro para comprar? O interessante é que essa suposição contrariava uma farta evidência empírica que sinalizava que a base da pirâmide social também consumia e não apenas sobrevivia. Os números referentes ao consumo de determinados produtos e marcas não podiam ser explicados unicamente pelos padrões e pelo comportamento de consumo dos segmentos de renda A e B. Ou seja, por mais que estes consumissem determinados

[5] Cabe registrar a dissertação de mestrado de Lídia Celestino sobre as camadas médias negras da cidade de Vitória, ES, intitulada "Ascensão social; poder de consumo e visibilidade", defendida em 2002 no PPGA da Universidade Federal Fluminense.

produtos e marcas, o consumo total destes era muito maior do que o possível para esses segmentos.

O tratamento dispensado aos segmentos de renda C e D mudou recentemente, a partir tanto da experiência bem-sucedida de alguns empresários, que se especializaram na comercialização de produtos para segmentos de baixa renda, quanto da redefinição da cultura de negócios sobre a importância desses grupos para a economia mundial. À "exaustão das classes A e B", como definiram alguns "gurus" de marketing e estratégia, seguiu-se o interesse pelos "mercados C e D". Hoje é difícil encontrar uma grande indústria — desde alimentos a higiene, passando por concessionárias de serviços públicos e grandes redes de comercialização —, que não invista em pesquisas para conhecer o "fabuloso" mercado dos antes "não-consumidores e carentes".[6]

Mas essa "ausência do consumo" como tema acadêmico e de pesquisa precisa ser qualificada. Não se trata apenas da falta de trabalhos, teses, pesquisadores e publicações. Trata-se, na verdade, mais da exclusão de certas abordagens teóricas e enfoques metodológicos, por um lado, e da presença seletiva de temas e vieses interpretativos, por outro. Consumismo, materialismo, fetichismo, hedonismo, manipulação, entre outros, sempre foram discussões privilegiadas nas ciências sociais brasileiras no que concerne ao tema do consumo, paralelamente às abordagens marxistas, da escola de Frankfurt, pós-modernas e semióticas.

Foi sistematicamente ignorado entre nós um conjunto de temas de pesquisa tão ou mais importantes para a compreensão dos atos de consumo, de seus sujeitos e contextos, como análises históricas baseadas em fontes primárias; pesquisas de campo e etnografias sobre práticas, padrões e rituais de consumo e compra de diferentes grupos sociais, faixas etárias, gêneros, religiões; mecanismos de mediação aos quais se encontra submetida a cultura material e seu papel no mundo contemporâneo; o estudo dos objetos e o que eles nos ensinam sobre a sociedade brasileira; as instituições e a cultura do capitalismo e como estas afetam as lógicas e os padrões de consumo de diferentes segmentos sociais, faixas etárias, ciclos de vida, entre outros.

As razões disso relacionam-se diretamente à forma pela qual o campo intelectual e acadêmico das ciências sociais no Brasil se encontra estruturado. Ou seja, as influências teóricas que predominam, os tipos de trajetórias intelectuais legitimados, as moedas de troca em circulação, os diferentes capitais intelectuais em confronto e vários

[6] A febre sobre os consumidores C e D está fazendo do Brasil um pólo de atração internacional. C. K. Prahalad e Stuart L. Hart, dois magos do *business* e da "estratégia de negócios" contemporâneos, estão desenvolvendo um trabalho sobre as Casas Bahia, famosa rede de comercialização das classes C e D que vende eletrodomésticos a prestação. Para esses autores, "a prática de um capitalismo mais inclusivo, que atenda aos consumidores de baixa renda, pode propiciar às empresas multinacionais grandes oportunidades de crescimento e lucro, ao contrário do que se pensa". Ver Prahalad e Hart, 2002; Prahalad e Hammond, 2002; Blecher e Teixeira, 2003; e Fugulin, 2001.

outros aspectos que não cabe aqui discutir, mas que desempenharam, e desempenham, papel determinante tanto na explicação da ausência do consumo como tema, quanto na presença seletiva de certos temas e perspectivas teóricas e interpretativas.

A partir de um quadro teórico e temático privilegiado, uma certa interpretação do consumo, dos consumidores e dos espaços de consumo tornou-se comum no Brasil. Nela, o consumo é sempre visto como "produto" direto da produção, sem qualquer relação de exterioridade com ela. Ou seja, a produção determina o consumo.[7] Os "consumidores" foram reduzidos a "sujeitos passivos" do capitalismo, do marketing e da propaganda, e seus corpos, a cabides de símbolos nos quais se encontram camadas e mais camadas de significados, sobre as quais se debruçam pesquisadores ávidos de desvendá-los. E os espaços de consumo e compra, em particular os shopping centers, foram resumidos a palcos, nos quais transitam as múltiplas identidades do homem contemporâneo, expressas nos bens e serviços que portam e de que fazem uso.

Não quero com essas observações negar a contribuição desse tipo de análise para o entendimento dos modos de consumo atuais. Menos ainda a importância da individualização no processo contemporâneo de autoconstrução das identidades, nem o papel que o mundo das mercadorias desempenha como um *locus* privilegiado dessa atividade. Trata-se, sim, de apontar as limitações que essas perspectivas teóricas e interpretativas apresentam para a compreensão da complexidade do fenômeno do consumo no mundo contemporâneo. A visão da "construção da identidade" unicamente como a apresentação do *self*, através de um corpo lido como texto, encapsula toda a complexa dinâmica desse processo em uma única e desgastada fórmula, que deixa de lado as dimensões da experiência (as ressonâncias no físico e nos sentimentos) e da reflexão (cognitiva), partes constitutivas e centrais das identidades que compõem um *continuum* no qual também se inclui, mas não única e solitariamente, a "apresentação do próprio *self*".

Trata-se também de relativizar a interpretação, quase monolítica entre nós, de que a única coisa que as pessoas procuram hoje nos bens e serviços são suas propriedades simbólicas, como vias expressas de obtenção e manutenção de um *status*. Essa perspectiva ancora-se no pressuposto, quase nunca explicitado, de que, se não fosse pelas manipulações e pelas estratégias empregadas pelo capitalismo tardio e por uma subjetividade moderna superficial, nossa relação com os bens e serviços seria pautada pela lógica funcional e utilitária de suprir nossas necessidades básicas.[8] Quem leu qualquer monografia clássica de antropologia, como *Argonautas do Pacífico ocidental*, de Malinowski (1996), ou ainda a descrição da mania holandesa por tulipas no século XVII, descrita por Schama (1987), custa a crer que alguma sociedade, em alguma época, tenha desenvolvido uma relação estritamente funcional com o mundo material.

---

[7] Featherstone, 1991.

[8] Falk e Campbell, 1997.

O que é apresentado como uma característica distorcida da "cultura de consumo" contemporânea não passa de uma dimensão estrutural e estruturante de toda e qualquer sociedade humana. O que essas pesquisas não exploram é o papel e o significado diferenciado da cultura material no mundo contemporâneo em diferentes contextos e para diferentes grupos de forma comparativa.

Por fim, cabe reforçar que, apesar da dimensão "espetacular", hiper-real e encantada de alguns shoppings e da atividade de compras, não se pode reduzir essa atividade e esses espaços apenas a essa dimensão. Além dos múltiplos processos correntes de desterritorialização e dessubstancialização do consumo — como as compras no ciberespaço ou a venda do acesso e não mais dos produtos —, faz-se necessário levar em conta as novas formas de sociabilidade, de comunicação e de relação com a subjetividade e com a cultura material que se desenrolam no seu interior e que são inteiramente ignoradas. Há uma grande diferença entre perceber o espetáculo e o encantamento como partes de certos ambientes e atividades e reduzir as idas ao shopping e o próprio shopping a uma permanente aventura em um mundo de hiper-realidade, no qual as pessoas e suas respectivas racionalidades e subjetividades se encontram anuladas.

A essas bem consolidadas perspectiva teórica e fórmula interpretativa agrega-se uma postura crítica e ideológica, permeada por um tom acusatório, normativo e moralizante, sobre o consumo e a sociedade de consumo. Essa postura aparece implícita e explicitamente. Tanto em afirmações generalizantes sobre "a perda de referências morais e institucionais da sociedade de consumo", "o materialismo que impregna a vida cotidiana das sociedades modernas", "a valorização do ter e não do ser", quanto na condenação da propaganda e do marketing, responsabilizados pela criação de "falsas necessidades", nas críticas às novelas da Globo, acusadas de lançar modas através de seus personagens, influenciando os segmentos materialmente destituídos da sociedade brasileira, que, ao desejarem esses bens inatingíveis, acabam recorrendo à violência contra os consumidores de classes abastadas e roubando seus tênis Nike, seus relógios Rolex e seus carros de luxo. Nesse contexto, a distância entre a crítica moral e moralizante e a análise sociológica crítica não só é anulada, mas até mesmo enaltecida.

Como conseqüência dessas posturas intelectuais e morais, são raras as publicações sobre o consumo e a sociedade de consumo que ofereçam interpretações que escapem às já mencionadas vertentes teóricas. Os estudiosos do tema têm que recorrer, necessariamente, a toda uma vasta bibliografia em inglês e francês para saber o que mais foi dito sobre o consumo e a sociedade de consumo nos últimos 30 anos, para além dos paradigmas consagrados pelos intelectuais e acadêmicos brasileiros.

Nos últimos quatro anos, contudo, a partir do incipiente interesse registrado sobre o tema, alguns livros considerados clássicos na área foram traduzidos, quase todos após mais de 15 anos de suas datas originais de publicação. *A ética romântica e o espírito do consumismo moderno*, de Colin Campbell (2002), *Cultura e consumo*, de Grant

McCracken (1990, 2003), e *O mundo dos bens*, de Mary Douglas e Baron Isherwood (1974, 2004), são alguns deles.[9] Este último, cabe ressaltar, é, juntamente com *La distinction*, de Pierre Bourdieu (ainda sem tradução), considerado a certidão de nascimento dos estudos contemporâneos sobre o tema no âmbito da antropologia e da sociologia.[10]

Assim, diante das tradições teóricas vigentes e do moralismo que permeia as discussões sobre o tema, o incipiente e recente interesse da academia brasileira pelo consumo, a partir de novas perspectivas teóricas e temáticas, é algo a ser estimulado. Ele aponta para um vasto e novo campo de pesquisa e para o surgimento de uma abordagem mais sociológica e etnográfica desse objeto (o que espero que se torne uma tradição), na qual as experiências, as representações e as práticas dos "consumidores" fundamentam e ancoram todo o esforço analítico.

Foi diante desse panorama e da crescente necessidade de se entender esse processo social e mecanismo de mediação fundamental das sociedades contemporâneas — o consumo, em suas múltiplas dimensões — que surgiu a idéia deste livro. Seu objetivo é introduzir o campo dos estudos de consumo contemporâneo, com contribuições de autores brasileiros e ingleses, que ilustram alguns dos temas discutidos nesta apresentação.

O livro[11]

Este livro está dividido em quatro partes distintas, mas integradas de forma a dotá-lo de um sentido didático que permita ao leitor usá-lo como uma introdução aos moder-

---

[9] Foram publicados também textos mais recentes, como *A theory of shopping*, de Daniel Miller (1998, 2002) e *Cultura do consumo e modernidade*, de Don Slater (1997, 2002). *The social life of things*, de Arjun Appadurai, deve ser publicado em 2006 pela Eduff. *Material culture and mass consumption*, de Daniel Miller, outro texto instaurador das novas discussões sobre cultura material e sociedade contemporânea, além de toda uma bibliografia sobre espaços de consumo, como *Dream worlds*, de Rosalind Williams, e *Le bon marché*, de Michael Miller, considerados trabalhos fundamentais sobre o tema, não foram traduzidos, nem figuram no panorama editorial brasileiro. Observe-se que estou me referindo a obras consideradas clássicas nos seus respectivos campos, todas publicadas há mais de duas décadas. Se considerarmos tudo o que foi produzido desde então e os novos temas que surgiram, pode-se ter uma idéia do quanto o mundo acadêmico brasileiro ficou intelectualmente circunscrito a algumas poucas visões sobre consumo e sociedade de consumo.

[10] No caso de Bourdieu, um favorito dos acadêmicos e intelectuais brasileiros, com grande número de obras traduzidas para o português, seu livro *La distinction* — que explora novas estratégias metodológicas para o estudo das relações sociais, e o faz através da análise empírica dos padrões de consumo cultural de diferentes classes sociais parisienses — nunca foi traduzido para o português, talvez justamente por ser impossível lê-lo e trabalhar com ele sem pensar e tratar de consumo.

[11] Esta seção tem co-autoria de Colin Campbell.

nos estudos de consumo. Dirige-se tanto ao público acadêmico das áreas das ciências sociais, da comunicação e da administração, quanto a um público mais profissional das áreas de marketing, propaganda e negócios.

A primeira parte tem um caráter mais conceitual e fornece um panorama geral da constituição dos estudos contemporâneos sobre o consumo e alguns de seus principais debates. As demais seguem uma tradição mais sociológica e etnográfica e se subdividem em três seções distintas, que tratam de temas relativos à sociedade de consumo e à relação entre cultura e consumo e entre identidade e consumo.

Colin Campbell, com o capítulo "Eu compro, logo sei que existo: as bases metafísicas do consumo moderno", e Laura Graziela Figueiredo Gomes, com "*Madame Bovary* ou o consumo moderno como drama social", são os autores que enriquecem a seção sobre a sociedade de consumo.

Campbell demonstra que, embora o consumo seja freqüentemente visto como uma das atividades mais mundanas, para não dizer fúteis, da vida social, um olhar mais acurado pode indicar que se conecta com alguns dos elementos mais centrais da cultura e da sociedade contemporâneas, quais sejam as crenças acerca do que é a verdade e a realidade. E, em vez de aprofundar a crise de identidade, como afirmam vários autores, entre os quais Bauman, o consumo se apresenta como um caminho para solucioná-la. A ênfase moderna no individualismo e nas emoções, paralelamente à exposição das pessoas a uma vasta gama de produtos e serviços, permite que os indivíduos descubram "quem são realmente" e, assim, enfrentem seus problemas de identidade. Campbell afirma ainda que o consumismo moderno implica a crença no poder dos sentimentos, quando profundamente vivenciados, de mudar o mundo. Isso representa uma visão de mundo verdadeiramente mágica, exemplificada fora da esfera do consumo no atual movimento Nova Era. O autor conclui observando que, com base nessa análise, seria justificado afirmar que a nossa não é apenas uma sociedade ou mesmo uma cultura do consumo, mas uma civilização do consumo.

O capítulo de Laura Graziela Gomes discute o personagem mais conhecido de Flaubert, madame Bovary, que dá nome ao seu romance mais famoso, considerado por vários críticos literários o primeiro romance verdadeiramente moderno. O interessante acerca desse livro é que Flaubert percebe, antes de qualquer cientista social, a importância do consumo para a subjetividade moderna, e descreve as principais características que adquire em nosso universo social. É justamente por essa acuidade literária do autor que Laura Gomes toma madame Bovary como o protótipo da consumidora moderna e, através dela, explicita os mecanismos e as lógicas que instruem o consumidor contemporâneo.

Ema Bovary vive imersa em um mundo interior de sonhos e fantasias, o "sonhar acordado", que alimenta grande parte da interioridade do indivíduo moderno e lhe permite um prazer auto-elusivo, ancorado em emoções e não apenas nas sensações produzidas pelos sentidos. Seus sonhos e fantasias são alimentados pela novela romântica, outro fenômeno cultural crucial da modernidade, que Emma lê de forma incessante. Mergulhada nos prazeres do "sonhar acordada" e estimulada pela leitura dessas obras, nossa heroína acaba se afundando em dívidas e no adultério, ao tentar transformar "seu lar", sua vida e ela mesma no material de seus sonhos. Nesse processo, que culmina com sua trágica morte, vários ingredientes-chave de uma nova forma de consumo que iria dominar o mundo moderno são analisados por Laura Gomes, entre eles a importância da vida interior como motor do desejo, a conseqüente insaciabilidade e o potencial de transformação que isso acarreta, e a inevitável discrepância entre a realidade exterior e o sonho interior. Em suma, a autora nos oferece uma visão "de dentro" de alguns dos mecanismos do consumismo contemporâneo, utilizando-se das palavras, dos sentimentos e dos sonhos de Ema Bovary.

A seção sobre cultura e consumo é composta dos capítulos de Tom Fisher e Lívia Barbosa, que enfocam diretamente os esquemas representacionais e classificatórios das sociedades inglesa e brasileira subjacentes à dimensão material dos objetos e suas ressonâncias em nossas percepções e relações com o mundo das mercadorias.

O capítulo de Tom Fisher, "Plásticos: a cultura através das atitudes em relação aos materiais artificiais", sobre o comportamento dos consumidores ingleses diante dos materiais plásticos, é um saudável contrapeso à excessiva concentração de estudos nas propriedades simbólicas dos objetos, estudos que têm predominado no âmbito da antropologia e da sociologia do consumo nos últimos anos. Salientando que as reações das pessoas às mercadorias são determinadas tanto por suas propriedades físicas quanto por suas associações simbólicas, Fisher emprega o conceito de *affordance*, de James Gibson, para analisar a complexa relação dos consumidores com os objetos. A pesquisa desse autor revela como a ambígua imagem do plástico (relacionada tanto a dimensões progressistas positivas quanto a artificiais negativas) combina-se com um tipo de conhecimento popular derivado do contato sensorial com o próprio material para se constituir em uma resposta complexa dos consumidores a esse material. Sua discussão do papel visceral que a noção de "nojo" desempenha nas reações e percepções das pessoas em relação ao plástico sinaliza para o fato, freqüentemente esquecido, de que nossas relações com os bens e serviços são construídas levando-se em conta mais do que o gosto e a distinção social. Na verdade, sua conclusão é que a atividade de consumir é tanto sensorial e emocional quanto intelectual, e que nossas relações com o mundo material deveriam ser apreendidas como um jogo entre aspectos físicos e simbólicos.

A ênfase de Tom Fisher no papel significativo que o nojo desempenha nas atitudes dos consumidores em relação ao plástico, juntamente com as percepções relativas ao conceito de "limpeza", relaciona-se de forma direta e complementar com o capítulo de Lívia Barbosa, "Cultura, consumo e identidade: limpeza e poluição na sociedade brasileira contemporânea", sobre as práticas de higiene e de lavagem de roupa de mulheres brasileiras de diferentes segmentos sociais. Essa pesquisa revelou a existência de um esquema classificatório que se caracteriza pela combinação de princípios pragmáticos e poluidores orientando a seleção de roupas a serem lavadas juntas, separadas, a mão, na lavanderia etc. Já as práticas de lavagem e a escolha do sabão estruturam-se a partir de uma " lógica do concreto", em que as propriedades sensorialmente perceptíveis dos produtos sugerem os elementos a serem privilegiados. O intrigante trabalho de Lívia Barbosa revela ainda como o conceito de limpeza se combina com critérios estéticos e morais e desempenha papel bastante distinto nas identidades femininas das mulheres dos diferentes segmentos sociais. No caso das mulheres dos segmentos menos privilegiados do Nordeste, sua presença acrescenta elementos positivos a como essas mulheres se vêem e são vistas pelas comunidades em que se encontram. No caso dos segmentos médios urbanos do eixo Rio-São Paulo, a presença da higiene e da limpeza nada acrescenta que valorize as mulheres perante elas mesmas e seu grupo, embora qualquer indício de ausência de limpeza cause um grande estrago em suas respectivas identidades femininas. Mesmo partindo da análise de práticas cotidianas e prosaicas, Lívia Barbosa levanta questões interessantes tanto sobre o conceito de poluição nas sociedades complexas quanto acerca de afirmações relacionadas à natureza fragmentada dessas sociedades. Mas talvez o mais interessante para os estudos de consumo seja a relação clara que a autora estabelece entre o sistema classificatório de uma sociedade e suas relações com as práticas de consumo.

A quarta e última parte deste livro trata das relações entre consumo e identidade, um dos temas centrais nos estudos contemporâneos sobre o assunto. Nessa parte, pode-se perceber o consumo em uma de suas concepções atuais e positivas, ou seja, como construtor de algo e, não mais, como exaustão e esgotamento, como no caso de Ema Bovary. Maria Isabel Mendes de Almeida, em "Nada além da epiderme: a performance romântica da tatuagem", e Paulo Gabriel Hilu da Rocha Pinto, em "Mercados de devoção: consumo e identidades religiosas nos santuários de peregrinação xiitas na Síria", tratam do tema de forma inovadora.

O estudo de Maria Isabel Mendes de Almeida sobre tatuagem é um bom exemplo de como se pode abordar os temas consumo e identidade de modo profícuo. Para a autora, as formas de construção e manipulação da identidade não estão relacionadas à compra e ao uso de mercadorias, mas a como os indivíduos tratam a própria epiderme, transformando-a em oportunidade para afirmações sobre si mesmos. Apesar da dificuldade demonstrada por seus informantes de articularem suas ações, Maria Isabel consegue nos mostrar como a pele serve de meio de comunicação entre o mundo interior e o exterior das pessoas. Embora os jovens de classe média do sexo masculino, que constituem a maioria de seus informantes, tenham dificuldade de decidir que tipo de tatuagem fazer e se esta deve ser permanente ou transitória, fica claro que estão procurando formas de expressar "quem eles verdadeiramente são". Na verdade, esses jovens procuram, literalmente, se diferenciar de outras pessoas e trazer à superfície a pessoa interior que julgam ser. Nesse sentido, a pele se torna uma tela virgem, na qual cada indivíduo pode expressar tanto sua sensibilidade estética quanto espiritual e, ao fazê-lo, manifestar aquela profunda urgência e primazia do sujeito que constitui uma das características dominantes do consumismo moderno.

O capítulo de Paulo Pinto também aborda a questão da identidade, mas partindo de uma pesquisa distinta da anterior. Tomando por base a pesquisa de campo que desenvolveu na Síria, Paulo Pinto trata das relações entre peregrinações, práticas devocionais e consumo de produtos religiosos. O autor mostra as complexas e variadas formas de serventia dos objetos de devoção religiosa, quando transformados em mercadorias. Paulo Pinto indica ainda como as mercadorias religiosas adquiridas nas peregrinações podem funcionar como lembranças turísticas e, subseqüentemente, evocar essa experiência na mente do peregrino. Ao mesmo tempo, o autor chama a atenção para como o consumo de ícones religiosos e das mercadorias a eles relacionadas pode ajudar a criar ou consolidar comunidades a partir de grupos separados geograficamente e diversos dos pontos de vista étnico e nacional. O material etnográfico apresentado torna claro como são simplistas as teorias sobre a submissão do "consumidor" aos desígnios do produtor. Certos significados atribuídos pelos produtores às mercadorias religiosas podem ser, em muitos casos, inteiramente diferentes daqueles atribuídos pelos consumidores. Ao mapear os processos sutis que tornam uma "mercadoria religiosa" em um objeto tanto sagrado quanto profano, dependendo do momento, Paulo Pinto nos mostra como os peregrinos são capazes de selecionar e combinar diferentes elementos de suas tradições religiosas de forma que melhor preencham e satisfaçam a suas necessidades devocionais.

Bibliografia

BARBOSA, L.; GOMES, L. Projeto apresentado ao CNPq e ao British Council sobre consumo e identidade. Rio de Janeiro, 2000.

BLECHER, N.; TEIXEIRA, S. J. O discreto charme da baixa renda. *Exame*, São Paulo, p. 36-48, 1 out. 2003.

CAMPBELL, C. The new wave of research in the humanities and social sciences. *Journal of Social Behavior and Personality*, v. 6, n. 6, p. 57-74, 1991.

________. *A ética romântica e o espírito do consumismo moderno.* Rio de Janeiro: Rocco, 2002.

DOUGLAS, M.; ISHERWOOD, B. *O mundo dos bens.* Rio de Janeiro: UFRJ, 2004.

FALK, P.; CAMPBELL, C. *The shopping experience.* London: Sage, 1997.

FEATHERSTONE, M. *Consumer culture and post-modernism.* London: Sage, 1991.

FUGULIN, A. L. *O paradoxo do alto consumo na baixa renda*. São Paulo: O Estado de S. Paulo, 2001. (Prêmio Monografia de Pesquisa, Categoria Profissional).

GLENNIE, P. Consumption within historical studies. In: MILLER, D. *Acknowledging consumption*. London: Routledge, 1995. p. 164-203.

GOODWIN, N. R.; ACKERMAN, F.; KIRON, David. *The consumer society*. Washington: Island Press, 1997.

MALINOWSKI, B. *Argonautas do Pacífico ocidental: um relato do empreendimento dos nativos nos arquipélagos da Nova Guiné, Melanésia*. São Paulo: Abril Cultural, 1996. (Os Pensadores).

McCRACKEN, G. *Cultura e consumo*. Rio de Janeiro: Mauad, 2003.

McKENDRICK, N. et al. *The birth of a consumer society: the commercialization of eighteenth-century England*. London: Europa, 1982.

MILLER, D. *Material culture and mass consumption*. [1. ed., 1987]. London: Blackwell, 1994.

_______. *Acknowledging consumption*. London: Routledge, 1995.

_______. *A theory of shopping*. Oxford: Polity Press, 1998.

_______. *Teoria das compras*. São Paulo: Nobel, 2002.

MILLER, Michael. *Le bon marché: bourgeois culture and the department store, 1869-1920*. Princeton: Princeton University Press, 1981.

PRAHALAD, C. K.; HAMMOND, A. Serving the world's poor, profitably. *Harvard Business Review*, Sept. 2002. p. 48-57.

_______; HART, S. L. O pote de ouro na base da pirâmide. *HSM Management*, n. 32, p. 14-27, maio/jun. 2002.

SCHAMA, S. *O desconforto da riqueza: a cultura holandesa na época de ouro*. São Paulo: Cia. das Letras, 1987.

SLATER, D. *Cultura do consumo e modernidade*. São Paulo: Nobel, 2002.

THOMPSON, E. P. *The poverty of theory and other essays*. London: Merlin, 1978.

WILLIAMS, R. *Dream worlds: mass consumptiom in late nineteenth-century France*. Berkeley, LA: University of California Press, 1982.

PARTE I

O consumo nas ciências sociais

1

O estudo do consumo nas ciências sociais contemporâneas

LÍVIA BARBOSA
COLIN CAMPBELL

O consumo é um processo social profundamente elusivo e ambíguo. Elusivo porque, embora seja um pré-requisito para a reprodução física e social de qualquer sociedade humana, só se toma conhecimento de sua existência quando é classificado, pelos padrões ocidentais, como supérfluo, ostentatório ou conspícuo, nas palavras de Thorstein Veblen (1927). Caso contrário, sua presença em nosso cotidiano passa inteiramente despercebida ou é apreendida apenas como falta ou carência.

Mais ainda, embora todo e qualquer membro de uma sociedade seja um consumidor ativo de bens e serviços, nem todos têm um papel no processo produtivo. Desempregados, estudantes em tempo integral, crianças, adolescentes, aposentados e doentes, entre outros, não produzem qualquer tipo de riqueza do ponto de vista econômico, embora consumam de forma permanente os mais diversos tipos de bens e serviços. Nas sociedades contemporâneas, contudo, o valor do trabalho é moralmente superior ao atribuído ao consumo. O trabalho é considerado fonte de criatividade, auto-expressão e identidade. O consumo, por outro lado, é visto como alienação, falta ou perda de autenticidade e um processo individualista e desagregador. Ninguém sente culpa pelo trabalho que realiza, só pelo que deixou de fazer, mas o consumo, especialmente daquilo que se considera bens supérfluos, é passível de culpa. Não trabalhar é um estigma, enquanto não consumir é uma qualidade, moralmente superior ao seu inverso.

O consumo é ambíguo porque por vezes é entendido como uso e manipulação e/ou como experiência; em outras, como compra, em outras ainda como exaustão, esgotamento e realização. Significados positivos e negativos entrelaçam-se em nossa forma cotidiana de falar sobre como nos apropriamos, utilizamos e usufruímos do universo a nossa volta.

Essa ambigüidade começa na própria etimologia do termo. *Consumo* deriva do latim *consumere*, que significa usar tudo, esgotar e destruir; e do termo inglês *consummation*, que significa somar e adicionar. No Brasil, o significado do termo *consumo* ficou mais próximo da primeira dimensão, que tem sentido negativo, enquanto *consumação*, com sentido positivo de realização e clímax, ficou mais restrita ao ato sexual.

Consumo, na dimensão de esgotamento, não diz respeito apenas à exaustão de bens materiais. Possui também uma dimensão física e emocional, quando se refere à consumição do indivíduo.[1] Etimologicamente, o sentido negativo do consumo predomina sobre o positivo, o que pode explicar em parte a maneira pela qual, historicamente, o tema é tratado tanto por intelectuais e acadêmicos quanto pelo senso comum.[2]

Nos últimos anos, essa ambigüidade só fez crescer na razão direta em que um novo interesse pelo estudo do consumo, seus significados e conseqüências, passou a considerar tanto o sentido de esgotamento dos bens materiais da sociedade e do meio ambiente, quanto o de adição, realização e criação de sentido. Essa ênfase simultânea nos sentidos negativo e positivo do consumo se dá não só na academia, mas também em nossa experiência enquanto consumidores, como Clarke e outros (2003:2) salientam:

> Paradoxalmente, consumo significa tanto "destruir" (no sentido de usar até acabar ou esgotar) quanto criar (na acepção de fazer uso de, usufruir) (...) Os dois lados da natureza ambivalente do consumo parecem caminhar juntos quando agimos como consumidores. Daí a razão pela qual tantas pessoas querem consumir tanto. Entretanto, essa ambivalência causa todos os tipos de problemas teóricos e dificuldades conceituais naquilo que hoje se chama de "estudos de consumo".

Questões conceituais e metodológicas sobre o que é consumo se impõem, a saber: como defini-lo e como abordá-lo no contexto da sociedade contemporânea.

O que é consumo?

Do ponto de vista empírico, toda e qualquer sociedade faz uso do universo material a sua volta para se reproduzir física e socialmente. Os mesmos objetos, bens e serviços que matam nossa fome, nos abrigam do tempo, saciam nossa sede, entre outras "necessidades" físicas e biológicas, são consumidos no sentido de "esgotamento", e utilizados também para mediar nossas relações sociais, nos conferir *status*, "construir" identidades e estabelecer fronteiras entre grupos e pessoas. Para além desses aspectos, esses mesmos bens e serviços que utilizamos para nos reproduzir física e socialmente nos auxiliam na "descoberta" ou na "constituição" de nossa subjetividade e identidade. Mediante a oportunidade que nos oferecem de expressarmos os nossos desejos e experimentarmos as suas mais diversas materialidades, nossas reações a elas são organizadas, classificadas e memorizadas e nosso autoconhecimento é ampliado.

Essas três possibilidades oferecidas pelo universo material para a constituição do mundo, de grupos sociais e de subjetividades estão presentes em toda sociedade hu-

---

[1] Não deixa de ser sugestivo que, no final do século XIX e início do XX, se utilizasse o termo *consumption* para se referir à tuberculose, uma doença do pulmão que "consumia" as forças e o organismo das pessoas.

[2] Clarke, Marcus e Housiaux, 2003; Williams, 1982.

mana. Entretanto, elas nem sempre foram classificadas como consumo ou interpretadas como tal.

Tradicionalmente, como se viu, o consumo, no senso comum, sempre esteve intimamente associado à exaustão e/ou à aquisição de algo. Por conseguinte, a constatação de que, nas duas últimas décadas, as ciências sociais passaram a tratar os processos de reprodução social e construção de subjetividades e identidades quase como "sinônimos" de consumo levanta questões importantes, que precisam ser respondidas. Ainda mais quando se considera que esse tratamento teórico seguiu-se a décadas de total silêncio por parte dos cientistas sociais sobre os processos de circulação e consumo de bens.

Hoje, ao contrário de 25 anos atrás, a profusão de trabalhos sobre o tema é considerável, principalmente na Europa e, em menor grau, nos Estados Unidos.[3] Porém, mais importante do que a quantidade de trabalhos é a relevância teórica que a categoria consumo passou a ter em algumas disciplinas e a atribuição da classificação *consumo* a áreas e domínios que antes não eram percebidos como tal e nos quais sua eventual presença era inteiramente desqualificada — como, por exemplo, no caso da cidadania, da cultura, da política, do meio ambiente e da religião. O mesmo fenômeno ocorre também em relação a processos da vida social. Atualmente, o uso, a fruição, a ressignificação de bens e serviços, que sempre corresponderam a experiências culturais percebidas como ontologicamente distintas, foram agrupados sob o rótulo de "consumo" e interpretados por esse ângulo. Assim, ao "customizarmos" uma roupa, ao adotarmos determinado tipo de dieta alimentar, ao ouvirmos determinado tipo de música, podemos estar tanto "consumindo", no sentido de uma experiência, quanto "construindo", por meio de produtos, uma determinada identidade, ou ainda nos "autodescobrindo" ou "resistindo" ao avanço do consumismo em nossas vidas, como sugerem os teóricos dos estudos culturais.[4]

Nesse caso, uma indagação é fundamental: o que está efetivamente em jogo quando passamos a admitir que o "consumo" coloniza, cada dia mais, uma quantidade

---

[3] Ritzer, Goodman e Wiedenhoft, 2001.

[4] Mas é importante precisar que, nesse caso, a diferença entre as interpretações tem muito mais a ver com a visão teórica e ideológica do pesquisador acerca do significado de consumo, de sociedade de consumo, de capitalismo e do segmento ou grupo social analisado do que com diferenças concretas na manipulação, no uso e na fruição dos bens e serviços etnograficamente sustentados. Por exemplo, se o grupo pesquisado pertencer aos estratos populares e operários da população, os processos de ressignificação dos objetos por parte dos consumidores são, em geral, interpretados como resistência ao capitalismo, à sociedade de consumo e/ou a imposições das "classes dominantes" aos dominados. Por outro lado, se jovens da classe média passam a utilizar bonés com a aba virada para trás, o mesmíssimo processo de ressignificação é interpretado como ironia, moda ou mesmo criatividade. Assim, a análise sociológica empiricamente informada pelas práticas e representações das pessoas sobre elas desaparece sob uma avalanche de interpretações críticas sobre a sociedade contemporânea, independentemente das muitas questões teóricas que suscitem.

maior de esferas de nossas vidas e é utilizado para designar quase todos os mecanismos e processos sociais em que estamos envolvidos? De imediato, e concretamente, pode-se afirmar que essa constatação é em si mesma um dado sociológico relevante. Ela indica não só uma categoria analítica, mas também uma "categoria nativa", que classifica e organiza o mundo a nossa volta. Ou seja, quando estendemos o significado de consumo a inúmeras esferas onde antes ele não se encontrava presente, estamos utilizando-o para classificar dimensões da vida social a partir de uma nova perspectiva, investindo-o de uma função e importância que até então não lhe era atribuída, qual seja a de um dos mais importantes mecanismos de reprodução social do mundo contemporâneo, e reconhecendo as dificuldades que temos pela frente do ponto de vista conceitual e metodológico quando nos propomos a estudar ou falar sobre consumo. Nesse novo contexto, uma série de debates se estabelece, muitos dos quais passam despercebidos, diante da grande complexidade do tema.

Por exemplo, a importância atribuída ao consumo, na sociedade contemporânea, por um grande número de teóricos deve ser vista com extrema cautela e, não, tomada como uma verdade auto-evidente, por vários motivos.[5] Primeiro, cidadania, filiação religiosa, tradição, desempenho individual, entre outros, continuam sendo, a despeito dos que declaram o "fim do social", importantes na demarcação de fronteiras entre grupos e na "construção" de identidades.[6] Aliás, para ficarmos em um nível meramente impressionista, como muitas das afirmações sobre consumo e consumismo ficam, é bom lembrar que nunca se falou tanto de cidadania como atualmente, com o acirramento dos movimentos sociais e das lutas identitárias dos grupos minoritários. Isso se não quisermos enveredar por questões de fundamentalismo religioso.

Segundo, a produção e o trabalho continuam desempenhando papel tão ou mais importante que o consumo, como lembra Gottdiener (2000). Para tanto, basta verificarmos o número de horas gastas nesses processos, a sempre crescente preocupação com a produtividade, o reconhecimento da importância da dimensão simbólica no universo organizacional e do surgimento e valorização de uma ética hedonista de trabalho, que o privilegia enquanto expressão da criatividade e da individualidade de cada um. Uma ética que predomina e define justamente aqueles segmentos que se diz fazerem do consumo seu principal mecanismo de reprodução social: classes médias, *yupies*, intelectuais, profissionais liberais, entre outros.

Terceiro, a sempre famosa afirmação sobre a crescente "comoditização" da realidade parece ser contrariada por dados empíricos sobre trabalho e atividades não-remuneradas no mundo contemporâneo, o que deveria nos levar a pensar não em termos de

---

[5] Bauman, 1991 e 1998; Baudrillard, 1995; Miller, 1995 e 2001; Slater, 2002; Clarke, Marcus e Housiaux, 2003; Featherstone, 1991; Gottdiener, 2000.

[6] Slater, 2002.

consumo em oposição a produção, de compras em oposição a trabalho, de variáveis sociais em oposição a culturais e simbólicas, mas em como todos esses fatores se relacionam no contexto do mundo contemporâneo.

Assim, do ponto de vista conceitual, hoje, a simples aquisição de um bem através da compra não constitui mais um elemento diacrítico para se definir determinado comportamento social como consumo, a não ser para economistas, ecologistas e profissionais de marketing.

O consumo, por conseguinte, tornou-se um campo de investigação complexo, que engloba várias atividades, atores e um conjunto de bens e serviços que não se restringem necessariamente aos providos sob a forma de mercadorias, embora a maioria dos autores tenda a focalizar em suas análises apenas as coisas adquiridas no mercado. Existem várias outras fontes provedoras de serviços e produtos que não são consideradas pela maioria dos estudiosos da área como da esfera do consumo, mas que são absolutamente fundamentais nesse processo. Por exemplo, o Estado, enquanto instituição e entidade política, provê um conjunto de serviços, tecnicamente chamados de serviços de "consumo coletivo", que são pouco estudados por antropólogos e sociólogos dedicados ao fenômeno urbano.[7] O universo doméstico é outra esfera provedora de uma série de serviços que associamos, em geral, não com consumo ou com sociedade de consumo, mas com amor, afeto, laços familiares, trabalho doméstico feminino, entre outros. Assim, o consumo envolve outras formas de provisão que não apenas aquelas concebidas no formato tradicional de compra e venda de mercadorias em condições de mercado. E, se engloba diferentes formas de provisão, torna-se fundamental uma pergunta: como essas formas se articulam entre si e como se desenvolveram historicamente?

As dificuldades não terminam por aí. Hoje, consideram-se os serviços indistintos dos produtos e estes da forma como foram produzidos. Ou seja, as relações de produção por trás de uma mercadoria são partes integrantes daquilo que é oferecido no mercado em um processo de "comoditização" e consumo crescente das relações de produção.[8] O mesmo se pode dizer da antiga atividade de compra, que antes tinha como conseqüência a posse e o uso de um bem. Hoje, o uso legal de uma mercadoria não implica sua aquisição. Pode-se usar uma coisa sem comprá-la e, mesmo assim, ter direitos sobre ela, como é o caso do *leasing*, do aluguel de bens de consumo, entre outros mecanismos legais e sociais de acesso. Daí se falar não mais em "venda de produtos", mas em "venda de acesso" a produtos.

---

[7] Pinch, 1986.

[8] Cochoy, 2004.

Por isso, não se trata mais de "quem compra o que", mas, como aponta Warde (1997), quem obtém o que, em que condições de acesso, e que uso se faz das coisas assim adquiridas.

A própria relação direta e familiar para todos entre sociedade de mercado e sociedade e cultura de consumo, ou entre capitalismo e sociedade e cultura de consumo, encontra-se abalada não só pelo exemplo atual da China, mas pela evidência histórica de que Stalin procurou intencionalmente criar uma sociedade de consumo durante seu governo.[9] Simultaneamente às filas, nas quais se perfilavam milhões de cidadãos em busca de pão, importantes transformações ocorriam nas políticas econômica e cultural da década de 1930 na União Soviética. Toda a cúpula governamental se achava envolvida na produção em massa de mercadorias de luxo, como trufas de chocolate, caviar, perfume, ketchup e, principalmente, champanhe. Essa nova atitude em relação ao consumo veio acompanhada da promoção de novos estilos de vida, de campanhas de marketing que tinham como referência o modo de vida norte-americano, da participação intensa das mais altas esferas governamentais na construção dessa sociedade e, como bem se pode imaginar, de todas as profundas e graves contradições ideológicas que essa situação suscitava. Mas o que é interessante no exemplo soviético é justamente a desvinculação de uma sociedade e uma cultura de consumo do mercado nos moldes capitalistas e sua vinculação e produção intencional por um Estado socialista.

Assim, na sociedade contemporânea, consumo é ao mesmo tempo um processo social que diz respeito a múltiplas formas de provisão de bens e serviços e a diferentes formas de acesso a esses mesmos bens e serviços; um mecanismo social percebido pelas ciências sociais como produtor de sentido e de identidades, independentemente da aquisição de um bem; uma estratégia utilizada no cotidiano pelos mais diferentes grupos sociais para definir diversas situações em termos de direitos, estilo de vida e identidades; e uma categoria central na definição da sociedade contemporânea.[10]

---

[9] Gronow, 2003.

[10] É bom frisar que essa dificuldade em definir consumo diz respeito ao âmbito das ciências sociais. Economistas, profissionais de marketing e ambientalistas continuam definindo consumo de forma muito explícita. Para os economistas, consumo é o consumo final, associado aos indivíduos e aos grupos domésticos, o chamado B para C, que difere do consumo ou do uso de materiais por firmas ou pelo governo, o que tecnicamente é definido como B para B. No sentido mais básico, portanto, consumo, para os economistas e também para os profissionais do marketing, é um processo individual, quantificável, de satisfação de necessidades individuais bem definidas. Para os ambientalistas, consumo é todo ato que incorra em uso de recursos ambientais, analisados à luz dos limites ecológicos em relação ao crescimento econômico. Mais recentemente, alguns economistas passaram a demonstrar certo interesse na dimensão mais sociológica e simbólica do consumo. O livro *The consumer society*, organizado por Neva Goodwin e outros, em 1997, apresenta um conjunto de textos de sociólogos e antropólogos justamente com esse objetivo. O livro faz parte de uma série sugestivamente denominada *Frontier issues in economic thought*.

Se, por um lado, essa complexidade atual para se definir consumo cria determinadas dificuldades teóricas e metodológicas às quais se deve estar atento no sentido da delimitação do fenômeno a ser estudado, por outro, ela mesma se converte em objeto de reflexão. Por exemplo, quanto a estreita relação postulada entre consumo e mecanismos de construção de identidades tem produzido de conhecimento sobre a fenomenologia de ambos para além do nível da mera constatação de que a cultura material contemporânea, sob a forma de bens e serviços, é utilizada para "construir" identidades? Em que medida esse fenômeno difere do que ocorre nos demais tipos de sociedades, nos quais os objetos também são manipulados com o fim de estabelecer fronteiras, distinções e identidades? Até que ponto o entendimento do consumo como processo produtor de "algo" é uma percepção "nativa" — dos consumidores — ou uma categoria acadêmica? No caso de uma resposta afirmativa para ambas — uma categoria "nativa" e acadêmica —, qual a relação de reflexividade entre ambas e como certos grupos sociais percebem ou não essa relação? Quando, por exemplo, as pessoas "consomem", mas não exaurem fisicamente o bem consumido, como no caso do prazer estético de um pôr-do-sol, de mostrar uma garrafa de vinho raro aos amigos, de ler um livro, qual a natureza dessa experiência em relação a outras, em que bens e serviços são exauridos? Quando afirmamos que o consumo é uma experiência, o que queremos efetivamente dizer com isso? Estamos nos referindo às reações decorrentes da simples posse dos objetos em si ou à seqüência de interações das pessoas com a dimensão material e simbólica dos produtos e/ou com a dimensão interpessoal das atividades de compra e de serviços?[11] Ou, ainda, estamos nos referindo aos ecos de todas essas interações na nossa subjetividade? Nesse contexto, como distinguir e analisar essas experiências entre si e de outros tipos de experiências?

Essas questões requerem um aprofundamento da fenomenologia de diferentes experiências, atitudes, práticas e processos sociais, vivenciados por grupos diversos, inter e intra-sociedades, e que são hoje classificados como consumo pelos cientistas sociais e por alguns tipos de "consumidores", mas que não o eram há apenas alguns anos nem por uns, nem por outros. Elas implicam também questões acerca da própria epistemologia das ciências sociais. Após décadas de silêncio e de falta de pesquisas sobre o tema consumo, os últimos anos assistiram a um tal alargamento de sua conceituação que nos faz pensar em sua dissolução enquanto campo específico de investigação cultural, no mesmo sentido que Schneider (1968) apontou para o parentesco, dada a sua não-diferenciação, em termos simbólicos, de outras categorias sociais. Se consumo é hoje, antes de tudo, experiência, como muitos afirmam, em que medida essa experiência é singular e específica em relação a outros tipos de experiência?[12] Mais ainda: o que isso

---

[11] La Salle e Britton, 2003.

[12] Falk e Campbell, 1997; La Salle e Britton, 2003; Silverstein e Fiske, 2003; Danzinger, 2005.

significa em termos ontológicos e epistemológicos? Será que a crescente predominância de uma ontologia e epistemologia das emoções, como defende Campbell nesse livro, levou a uma subjetivação da experiência cotidiana, de modo que ninguém "vive" no mesmo mundo? Ou seja, será que as pessoas conhecem o mundo apenas através daquilo que elas experimentam dele? Não existiria mais uma objetividade interpessoal tomada como dada? Assim, o que antes eram eventos (ou seja, incidentes a respeito dos quais os participantes concordam sobre o que aconteceu) hoje são apenas experiências? Aliás, seria possível dizer que não existem mais eventos objetivos, apenas experiências subjetivas diversas, porque só é real o que é experimentado? Seria isso uma conseqüência da rejeição da razão como fundamento epistemológico do conhecimento e sua substituição pela emoção? Se antes se pensava, como sugerido pelos filósofos do Iluminismo, que todos compartilhavam da mesma faculdade da razão, hoje as respostas emocionais das pessoas podem diferir em intensidade e caráter, impedindo a formação de uma plataforma comum objetiva, com base na qual se possa discutir pelo menos as fronteiras do que é consumo?

Como se vê, uma fenomenologia detalhada do consumo, a partir de algumas das questões levantadas, conduziria certamente ao questionamento de um conjunto de afirmações sobre esse mecanismo social e sobre a própria sociedade de consumo consagradas como verdades, muito mais pelo prestígio e pela angústia intelectual de seus autores acerca do mundo em que vivem do que por terem resultado de reflexões sobre a incomensurável complexidade que o fenômeno suscita e que sugere linhas de pesquisas ainda não exploradas, mas que se apresentam como caminhos inovadores para a compreensão de todo um campo do social.[13] Uma coisa, porém, é certa quanto ao momento atual: as múltiplas dificuldades que enfrentam as proposições teóricas que procuram dar conta de todas as esferas do consumo. Os processos, atividades, itens e atores envolvidos são tão heterogêneos que as abordagens generalizantes não conseguem explicá-los. O que se pode afirmar, por exemplo, sobre moda e roupas não se aplica à comida e à alimentação e muito menos à música, embora o consumo nas três áreas envolva processos de "produção social do gosto". Daí alguns autores contemporâneos trabalharem teoricamente a partir do que Fine e Leopold (1993) denominam "sistemas de consumo", que implicam a compreensão dos processos de produção, distribuição e comercialização de cada bem e serviço analisado para poder explicar seu consumo. Embora os autores apontem para dimensões importantes e trabalhem pro-

[13] A esse respeito não é possível ignorar a "consagração" das interpretações marxistas e pós-modernas sobre o consumo e a sociedade de consumo aqui no Brasil, como se elas correspondessem a verdades estabelecidas e empiricamente fundamentadas. Talvez aqui coubesse a pertinente interpretação de Mike Featherstone (1991) quanto ao que realmente se precisa, se de uma teoria pós-moderna ou de uma sociologia da pós-modernidade.

curando integrar esses três processos, pouco avançam teoricamente no que diz respeito ao antigo dilema da exterioridade do consumo em relação à produção.[14]

Como se viu, o atual campo dos estudos de consumo é extremamente complexo. Assim, um bom modo de se começar a tratar dessa sua complexidade é entender como ele se constituiu no âmbito das ciências sociais.

O *bias* produtivista das ciências sociais

Bias produtivista é a expressão corrente no âmbito dos estudos de consumo para se referir à tradição intelectual e acadêmica, que remonta ao século XIX e que prevaleceu até meados da década de 1980 nas ciências sociais e na história, que sempre devotou grande parte de seus esforços ao entendimento do lado da produção, em vez do da demanda, na equação econômica. O pressuposto implícito nessa opção era de que a compreensão dos meandros e das relações do complexo institucional necessário à produção de riquezas, juntamente com seu sistema de estratificação social, guardaria a chave para a compreensão da moderna sociedade capitalista. Embora essa opção teórica explique a escassez de estudos sobre o consumo, não explica sua manutenção como opção privilegiada, considerando-se as grandes mudanças ocorridas nas formas de comercialização, nos espaços, no atendimento, na exposição, nos atores e na quantidade de mercadorias, entre outras transformações que a sociedade de consumo, já plenamente estabelecida na Europa do século XIX, introduziu na vida cotidiana das pessoas.

Para Miller (1995), um dos autores que mais tem procurado explicações para o *status* epistemológico do consumo nas ciências sociais e, particularmente, na antropologia, esse não foi, até recentemente, um tema relevante por várias razões.[15] Primeiro,

[14] O conceito de "sistemas de consumo" também pode ser utilizado para designar não só o sistema de produção, distribuição e circulação de um bem ou serviço, mas todo o processo, que compreende desde o acesso até os diferentes usos de um bem ou serviço. Assim, o estudo do sistema alimentar envolveria as categorias alimentares, a classificação, a lógica e os valores referentes a refeições e alimentos, as técnicas de preparação, as práticas de abastecimento, os rituais familiares e o comer fora, por exemplo, e não incluiria a produção e a circulação dos alimentos.

[15] Do ponto de vista da antropologia, esse *status* do consumo como "não-objeto" é ainda mais estranho, se considerarmos os principais interesses e objetos da disciplina no seu início. Por exemplo, o estudo da circulação e do consumo de bens recebeu uma atenção que depois perdeu, considerando-se os trabalhos de Malinowski (1976) sobre o *Kula*, o de Mauss (1967) sobre a dádiva, e o de Boas (2004) sobre o *potlatch*. A clássica divisão da antropologia norte-americana entre cultura material e não-material é outro exemplo que merece registro. Ela está diretamente ligada à importância atribuída ao patrimônio material de uma sociedade como um universo de "objetificação" de valores e normas. O conhecimento arqueológico é possível justamente por isso. A preocupação difusionista com os caminhos percorridos pelos "traços" culturais a partir de seus lugares de origem, com o impacto dos mesmos na vida das diferentes sociedades, com os mecanismos socioculturais envolvidos é outro exemplo da atenção atribuída

porque colocava em xeque a visão antropológica de um outro (*otherness*) "encarcerado" em uma cultura holística e não-fragmentada que a modernidade — expressão da sociedade de onde provinha o antropólogo —, além de perceber como a "Idade do Ouro" da humanidade, via como irremediavelmente perdida. No caso da exposição e do convívio desse "outro" com as sociedades de mercado, com sistemas baseados na impessoalidade e na racionalidade econômica, as relações inalienáveis com o mundo material, com os objetos e a comunidade desse "outro intocado" estariam irremediavelmente destruídas e, com elas, a identidade da disciplina, construída em cima da diferença e da alteridade.

Às oposições entre dádiva e mercadoria, entre troca e mercado, entre fetichismo e utilidade e entre generosidade e interesse, levantadas por Mauss (1967) e Marx (1987), respectivamente, veio se juntar o debate entre formalistas e substantivistas, reforçando a oposição dualística entre nós (sociedade de consumidores) e os "outros" e encapsulando o consumo moderno no papel de um dos principais vilões da humanidade e do próprio capitalismo.

De acordo ainda com Miller (1995), qualquer alteração nesse dualismo moral implicaria a redefinição tanto do primitivo quanto do próprio ocidental. Para o autor, o significado dessa nova área de estudo só se torna evidente quando o consumo de massa é visto como diversidade *a posteriori* — ou seja, como uma fonte de diferença que emerge de trajetórias que não se baseiam apenas na diversidade histórica passada. Essa nova perspectiva, que inclui também o estudo da sociedade moderna ocidental, admite que formas particulares de consumo de uma região não sejam consideradas como continuidade ou como perda de diferenças culturais. Para o autor, ao contrário, elas devem ser percebidas como variantes autênticas da sociedade de consumo. A modernidade é uma presença heterogênea na qual todas as sociedades inscrevem suas marcas, sem que sejam necessariamente relacionadas à "reinvenção da tradição", à resistência, à opressão, à modernidade ou ao capitalismo. Novas diferenças significativas — e não apenas superficiais — parecem emergir da utilização dos bens de consumo.[16]

Essa perspectiva trata de um saudável expurgo daquele primitivo autêntico, isolado, intocado e congelado na nossa imaginação. Um "primitivo encarcerado", como aponta Appadurai (1988), com determinadas características e oposições significativas para nós, mas não necessariamente para ele. Ainda segundo Miller (2001), esse sau-

---

à cultura material e da antecipação (em décadas) de preocupações que só ressurgiram com a globalização. Depois desse período inicial, o interesse na cultura material passou a segundo plano e sob esse rótulo abrigaram-se estudos dispersos, relacionados com as artes, a tecnologia ou com as relações entre arqueologia e antropologia (Miller, 1987). Em suma, cultura material passou a funcionar como uma grande caixa na qual se depositava o que estava "deslocado" na disciplina.

[16] Shalins, 1994 e 1997; Miller, 2001 e 1997.

dosismo da autenticidade, da visão de uma cultura integrada e holista, "conduziu a outra forma de exclusão perigosa, que fez das sociedades ocidentais as únicas herdeiras legítimas da Revolução Industrial (quando se sabe que, historicamente, isso não é verdade)[17] e da pobreza muito mais do que apenas da falta de recursos.[18]

Para Miller (2001:269), todas as sociedades contribuem igualmente para a modernidade. Assim tem sido desde a sua origem heterogêna, e não é a origem histórica de um produto que dá legitimidade ao seu uso, nem seu uso pelas sociedades que não o produziram as faz menos autênticas. Nessa nova perspectiva, a cultura deixa de ser uma totalidade substantiva, um patrimônio com fronteiras claramente definidas que pode se perder ou ganhar, e adquire uma dimensão de processo ou luta através "do qual as pessoas tentam dar sentido ao mundo e reivindicar formas materiais, sociais e institucionais pelas quais nos constituímos como seres humanos...".

Miller (2001) introduz outros argumentos contra o "*bias* produtivista" que tem permeado os estudos do consumo de modo geral. Para o autor, essa negligência esconde, na verdade, uma espécie de "pacto" assumido pelos cientistas sociais no decorrer do século XX no sentido de não comprometerem "a grande narrativa" que confere precedência moral e ideológica à Revolução Industrial e à produção (trabalho), garantindo assim a hegemonia política da economia. Dessa forma, mediante estratégias retóricas, o consumo foi excluído das problemáticas obrigatórias das ciências sociais, por sua desqualificação moral e ideológica. Do ponto de vista da economia, marxistas e não-marxistas nunca estiveram, na realidade, em campos opostos. Aliás, é graças a esse consenso de não tratar do consumo, mas apenas da produção (trabalho), que esse milagre se tornou possível, fazendo com que a economia tivesse ao mesmo tempo uma face conservadora e outra revolucionária e, mesmo assim, permanecesse unida e hegemônica.

Ritzer e outros (2001), por sua vez, vêem o ainda restrito interesse da teoria social no consumo como algo, ironicamente, mais comum entre os norte-americanos do que entre os europeus, considerando-se que os primeiros são os verdadeiros criadores de "uma sociedade de consumo", mas acredita que essa situação está em vias de mudar.

> Os teóricos sociais não podem mais se dar o luxo de não manter contato com as novas realidades do universo social econômico.[19]

Para o autor, a existência de um *bias* produtivista era perfeitamente compreensível no século XIX e até no início do século XX, mas, depois da II Guerra Mundial, como

---

[17] Qualquer historiador moderno sabe que a Índia já possuía um complexo sistema fabril e comercial por ocasião da chegada dos ingleses, o mesmo se aplicando à China.

[18] Miller, 2001:269.

[19] Ritzer, Goodman e Wiedenhoft, 2001:425.

os teóricos sociais podem ignorar as grandes transformações que ocorreram no consumo? Uma das razões da permanência desse paradigma é, para Ritzer e outros (2001), nossa leitura contínua dos teóricos do século XIX. Lemos e mandamos nossos alunos lerem sobre produtivismo e, portanto, continuamos produtivistas ou interessados na produção. Isso fica patente quando consideramos a quantidade de especialidades ligadas à produção no meio acadêmico — sociologia industrial, sociologia do trabalho, sociologia e antropologia das organizações, entre outras disciplinas —, e quando olhamos para o lado do consumo, vemos uma grande lacuna acadêmica. Falta muito para que uma produção bibliográfica e de pesquisa, no mesmo nível da encontrada sobre a produção e o trabalho, seja alcançada no que concerne ao consumo, mas isso, segundo os autores, precisa ser feito.

Ritzer e outros (2001) consideram ainda que os teóricos sociais tendem a reproduzir em seus interesses acadêmicos a mesma divisão social do trabalho encontrada na sociedade. As mulheres compram e os homens trabalham, portanto, a associação que se segue é trabalhar/produzir/coisa séria em oposição a comprar/lazer/coisa menos importante. Se essa afirmação de Ritzer e outros (2001) estiver correta, pode-se ver na grande contribuição dos estudos de feministas sobre o consumo, particularmente sobre os processos de decisão no âmbito familiar e sobre a importância do trabalho doméstico e seu valor econômico e social para a sociedade, um reflexo da divisão proposta por esses autores? Seja como for, não há dúvidas quanto a um ponto: se o personagem central da Revolução Industrial foi o homem/trabalhador, o da sociedade de consumo é certamente a mulher/consumidora, mesmo que esse espaço nas discussões acadêmicas iniciais sobre consumo tenha sido ocupado pelo *flanneur*, personagem mitificado tanto por Baudelaire quanto por Walter Benjamin, mas não por homens de negócios, como alguns empresários do século XIX. Por exemplo, o dono da loja de departamentos Selfdrige, de Londres — que continua existindo —, reconheceu na mulher o outro com quem teria que dialogar e organizou, desde o início, seus espaços de comercialização e campanhas de comunicação em torno dela.[20]

Concluindo: para Ritzer, os teóricos sociais tendem também a pensar suas próprias trajetórias profissionais como associadas à produção. Salários, *status* e reconhecimento nascem daquilo que eles "entregam" em termos de "produto" a um público especializado. Nesse caso, como o consumo pode ocupar um lugar central?

Desde a década de 1980, esse *bias* produtivista encontra-se sob severa crítica histórica e sociológica. Ele é hoje confrontado pela releitura de dados que sinalizam para a existência de uma revolução comercial e do consumo anterior à Revolução Industrial.[21]

---

[20] Nava, 1997.

[21] Slater, 1997a e 1997b; Sombart, 1935; Braudel, 1998; McKendrick, Brewer e Plumb, 1982; Mukerji, 1983; McCracken, 2003; Fine e Leopold, 1993 e 2003; Appleby, 2003; Campbell, 1987.

Esse revisionismo levanta questões do tipo: como a industrialização poderia ter ocorrido em bases capitalistas sem a existência prévia de uma demanda adequada para a produção? Para quem esses industriais iam vender? E mais: as grandes invenções tecnológicas que caracterizaram a Revolução Industrial só apareceram em época posterior ao registro de um *boom* de consumo, que alguns autores detectam ainda no século XVI[22] e outros no século XVIII.[23]

Outro dado significativo que contraria as tradicionais visões sobre o tema diz respeito à natureza da revolução do consumo. Esta não se caracteriza pelo consumo de necessidades e bens de capital, mas de supérfluos. Como Mukerji (1983:11) muito bem descreve:

> [as casas dos comericantes holandeses] começaram a se encher de retratos, tapetes orientais, serviços de chá, poltronas; nos terrenos em torno de suas casas brotaram jardins com intricados desenhos, terraços cheios de árvores frutíferas e canteiros de flores plantados com sementes de outros lugares e importados para a Europa. Esses bens de consumo disseminaram-se rapidamente, tornando-se tão comuns que mesmo antes do século XVII eles já eram encontrados nas casas de camponeses e trabalhadores; estas pessoas pobres deliciavam-se com "frivolidades" como alfinetes, rendas e gravuras.

É preciso salientar, porém, que não é objetivo desse revisionismo substituir a Revolução Industrial por uma de consumo na historiografia oficial das origens da sociedade contemporânea. Mas apontar a anterioridade de uma revolução comercial e de consumo e a relevância das três para a construção do mundo moderno.

Para muitos autores, as raízes desse predomínio do estudo da produção sobre o consumo e os aspectos da vida material — o "*bias* produtivista" — são conseqüência da abordagem moralista e moralizante que sempre acompanhou o olhar ocidental sobre o consumo de bens materiais.[24] As questões políticas internas ao campo das ciências sociais foram importantes, mas em certa medida são também resultado de uma perspectiva que sempre considerou o trabalho e a produção hierarquicamente superiores ao consumo em termos morais. Mesmo considerando que muitos autores, como Adam Smith ainda no século XVIII, Marx no século XIX e Hannah Arendt no século XX, cada um em seus próprios termos, viam no consumo o destino de toda a produção — artesanal ou de massas —, na realidade, o consumo e seus efeitos, para todos eles, eram problemáticos, ameaçadores ou desestruturantes.

---

[22] Mukerji, 1983; McCracken, 2003.

[23] McKendrick, Brewer e Plumb, 1982; Campbell, 1987.

[24] Miller, 1995 e 2001; Campbell, 1987; McKendrick, Brewer e Plumb, 1982; Clarke, Marcus e Housiaux, 2003; Schudson, 1992.

Consumo e moralidade

Historicamente, as representações negativas do consumo são instauradoras do olhar ocidental sobre ele. Sócrates e Platão já discutiam as necessidades humanas básicas e fixas, e os males que advinham do consumo de bens supérfluos por aqueles que levavam uma vida luxuosa. Considerava-se que o consumo além do razóavel afetava o caráter do homem. Enfraquecia-o, tornava-o covarde e fraco diante da dor. Por conseguinte, seria incapaz de defender a *polis*, ou seja, um mau cidadão. Os romanos pouco se diferenciaram dos gregos em suas concepções sobre os malefícios do que consideravam consumo excessivo e luxuoso, e seu potencial emasculante para os homens. O consumo, além de ser efeminante, no sentido de tornar um homem covarde, corrompia o seu caráter e, portanto, era dever do Estado zelar para que isso não ocorresse. Daí a força da censura romana e suas leis suntuárias regulando os banquetes, as indumentárias e os funerais de seus cidadãos.[25]

Esse paradigma "clássico" perdurou por toda a Idade Média e se estendeu até os tempos modernos. A única grande mudança ocorreu com a conversão do consumo de vício em pecado, trazida pelo cristianismo e, em particular, por Santo Agostinho. Nos séculos XVII e XVIII, iniciou-se uma série de debates, que levaram a uma temporária (des)moralização do consumo e do luxo. Os "economistas da época" começaram a investir no entendimento das estreitas relações entre produção e consumo e nas implicações deste para o crescimento econômico e a riqueza das nações.

McKendrick e outros (1982) observam que, no início do século XVII, a lógica econômica prevalecente acerca da riqueza das nações baseava-se na visão mercantilista do entesouramento de ouro e prata dentro das fronteiras nacionais. Economistas da época como Mun, Malynes, Vaughan, entre outros, ignoravam os benefícios econômicos oriundos do consumo crescente de mercadorias. Os objetos de luxo eram considerados produtos estrangeiros exóticos e, portanto, representavam um perigo para o balanço de pagamentos de qualquer nação. O crescimento do consumo era visto como um mal necessário, que devia estar relacionado sempre, e apenas, ao crescimento populacional. Ou seja, os ricos podiam continuar comprando "seus luxos" e os pobres, o suficiente para sobreviverem. A democratização do conforto, do "supérfluo", da possibilidade de novos desejos e de novas formas de geração de renda para a satisfação desses desejos não era vista como uma alternativa legítima de vida social. Apenas em fins do século XVII é que começou a ser estabelecida uma relação positiva entre aumento de consumo e crescimento econômico. Mas essa relação positiva entre "vícios privados e virtudes públicas", enaltecida por alguns economistas da época, como

---

[25] Sekora, 1977; Berry, 1994.

Mandeville (e sua famosa fábula das abelhas), Dudley North e, posteriormente, por Adam Smith (1776, segundo McKendrik e colaboradores, 1982), que teve a audácia de afirmar que o único objetivo da produção era o consumo, pode ter alterado a teoria econômica acerca dos fundamentos da riqueza das nações, mas não atenuou as preocupações morais da época com o consumo crescente das camadas populares e do supérfluo.

A recepção raivosa da fábula de Mandeville, a preocupação com uma ética hedonista associada ao consumo por oposição à valorização da disciplina imposta pelo trabalho duro e extenuante fizeram do consumo, principalmente o de "luxo", uma ameaça a ser evitada e combatida. O que mais incomodava os políticos e moralistas da época era a "justificativa cínica" dos benefícios econômicos advindos do "vício do consumo". John Dennis, em 1724, deu, em *Vice and luxury, public mischief*,[26] uma resposta virulenta, porém implícita, às teses de Mandeville, referindo-se a ele como alguém nunca visto antes em qualquer época ou nação.[27]

Adam Smith deu prosseguimento às teses lançadas por seus antecessores sobre a relação entre comércio, consumo e a prosperidade das nações. Ele investiu de modo radical contra a interferência do Estado no direito dos cidadãos de conduzirem suas vidas econômicas como bem lhes aprouvesse e condenou veementemente as leis suntuárias.

Mas se é possível ver na polêmica sobre o luxo, como é chamada nos debates travados pelos economistas do período, o início da (des)moralização do debate sobre o consumo no âmbito da economia, o mesmo não se pode dizer acerca do estatuto moral deste em todas as demais esferas da vida social.

No século XIX, época em que uma sociedade de consumo nos termos em que a conhecemos hoje já se encontrava plenamente estabelecida na França, o luxo e a vontade de consumir eram as preocupações dos moralistas e políticos. Existia uma profunda divisão entre o desejo de consumir e a culpa causada por esse desejo. Este se justificava pela "autoridade científica" da teoria da evolução, que equiparava progresso moral e material, e a culpa derivava dos ensinamentos religiosos e filosóficos, que afirmavam o valor da austeridade.[28]

No século XX, manteve-se essa tradição. Weber, ao contrário, via no consumo uma ameaça à ética capitalista protestante. Esta favorecia a frugalidade, o conforto básico, não os luxos e desejos.[29] Durkheim, por sua vez, identificava o consumo com uma

[26] Apud McKendrick, Brewer e Plumb, 1982.

[27] Berry, 1994; McKendrick, Brewer e Plumb, 1982; Williams, 1982.

[28] Williams, 1982.

[29] Campbell, 1987.

ameaçadora anomia social, dada sua dimensão individualista. Esta só podia ser neutralizada pelo potencial agregador da divisão social do trabalho, encontrado na produção. Mesmo aqueles raros autores simpáticos ao novo mundo que se formava, como Charles Gide, Gabriel Tarde, Water Benjamin, que viam na atividade de consumo novas possibilidades criativas, temiam de alguma forma o potencial desagregador do individualismo com o qual o consumo estava intimamente associado.[30]

Portanto, desde sempre, o interesse sociológico no consumo sempre esteve imbricado à crítica moral.[31] Aliás, nenhum tema encarna melhor do que o consumo a dificuldade em separar um do outro. A associação postulada entre consumo, capitalismo, hedonismo e individualismo, entre outros, o torna alvo privilegiado dos moralistas de plantão. Nesse caso, faz-se necessário perguntar onde termina o mapeamento do processo social do consumo e de sua fenomenologia e começa seu correspondente julgamento moral?

Esse repúdio moral e intelectual à dimensão material da existência que permeia o olhar ocidental sobre o consumo é revelador de uma visão ingênua e idealizada, que encara a sociedade como fruto apenas de relações sociais, como se estas pudessem existir em separado das relações materiais. E mais ainda, que vê a importância dos bens materiais para as pessoas — o materialismo — como um fenômeno recente, e como mais recente ainda seu uso para fins de distinção e diferenciação social. O pressuposto por trás dessa idéia é que, além de as pessoas imaginarem que é possível prescindir das relações com os objetos e ignorarem que estes sempre mediaram as relações delas com o mundo, teria existido um tempo mítico em que as pessoas só faziam uso das dimensões funcionais e utilitárias dos objetos. E, para elas, este era, certamente, um mundo mais autêntico e moralmente melhor.

A questão do consumo é tão complexa para nós do ponto de vista moral que desenvolvemos sofisticados critérios de legitimidade e retóricas de justificativas sobre o que, quando e por que consumimos que nos passam inteiramente despercebidos na vida cotidiana. Alguns desses critérios culturais — como a idéia de "necessidades básicas e supérfluas" — foram até erigidos em teorias científicas, como é o caso da famosa pirâmide de necessidades de Maslow, sobejamente utilizada nos cursos de administração, marketing e psicologia. E essas teorias são objeto de permanentes discussões políticas, por parte de organismos internacionais, para saber como defini-las e estabelecê-las em termos universais.[32]

O que nos interessa nesse critério de "básico" e "supérfluo" é a hierarquia de necessidades que ele estabelece e que vai do mínimo necessário para a reprodução física

---

[30] Williams, 1982, caps. 7 e 8.

[31] Campbell, 1987, 1988; Slater, 1997a e 1997b; Miller, 1995 e 2001; Featherstone, 1991.

[32] Doyal e Gough, 1991; Berry, 1994; Slater, 1997a.

da espécie — como comer, abrigar-se do frio e acasalar-se, entre outras — até as necessidades, digamos, do espírito, como o prazer estético, o êxtase religioso etc.

Do ponto de vista cultural, necessidades básicas são aquelas consideradas legítimas e cujo consumo não nos suscita culpa, pois podem ser justificadas moralmente. As supérfluas, como o próprio nome indica, são dispensáveis e estão associadas ao excesso e ao desejo. Por conseguinte, consumi-las é ilegítimo e requer retóricas e justificativas que as enobreçam e que diminuam a nossa culpa. Mesmo na sociedade contemporânea, moderna e individualista, na qual as noções de liberdade e de escolha são valores fundamentais, sente-se a necessidade de justificar a compra de alguma forma. E este último aspecto é muito significativo, pois essa necessidade contraria o pressuposto da racionalidade econômica na aquisição de bens.

De acordo com essa lógica, para se comprar um bem basta que ele esteja disponível no mercado e que as pessoas tenham dinheiro para isso e queiram fazê-lo. Na verdade, esse processo de aquisição é bem mais complexo. Faz-se necessário que o querer e o poder econômico adquiram legitimidade moral perante os olhos de quem compra e daqueles que o cercam.[33] É necessário que a aquisição de um bem supérfluo seja convertida em algo moral e socialmente aceitável. Para tanto, desenvolvem-se discursos do tipo: "se comprar agora estarei economizando mais adiante, devido ao preço baixo do momento", ou "foi uma ótima oportunidade, pois eu estava mesmo precisando", ou ainda "vou aproveitar porque ele/ela (a coisa) já tem mais de três anos de uso é está ficando velha". Como Miller (1998) observa, uma das estratégias de compra é "economizar gastando".

Quando esse tipo de retórica se esgota, recorre-se ao discurso recente do "eu mereço". Mereço porque "trabalho muito", "porque há tempos não compro nada para mim, só para os outros", "porque a vida não pode ser só trabalho, tem que ter prazer", "porque se for esperar sobrar dinheiro não compro nunca" etc. O que estes e os demais argumentos indicam é a existência de um eixo compensatório no qual trabalho, dedicação, senso de economia e oportunidade, entre outros valores moralmente legítimos, podem neutralizar a falta de legitimidade da compra supérflua.

É claro que a idéia de necessidades básicas, de um mínimo a ser atendido para que as pessoas sobrevivam, tem um apelo político, ideológico e prático indiscutível num

---

[33] Tornar algo justificável moralmente para si mesmo e os demais é uma exigência tão poderosa no mundo contemporâneo que uma das estratégias comuns das mulheres que gostam de comprar roupas, independentemente do nível de renda, é ocultar a compra dos maridos e filhos, já que esta é uma compra normalmente encarada como supérflua, injustificável. Essa estratégia assume formas variadas: livrar-se da sacola da loja e espremer o objeto na bolsa; deixar a sacola no carro e levar a compra para casa apenas quando o marido e os filhos não estão; dizer que aquele item já foi comprado há muito tempo ou numa liquidação passada, ou, em casos extremos, deixar o objeto guardado na própria loja e só ir buscá-lo quando necessário.

mundo onde os recursos materiais são desigualmente distribuídos e onde calamidades climáticas e sociais deixam com freqüência, após sua passagem, um saldo considerável de mortes. Entretanto, situações de extrema carência, de desigualdade material e de barbárie inter e intra-sociedades nos ensinam mais acerca de como as sociedades estão organizadas e, portanto, como o acesso a bens está estruturado socialmente do que sobre necessidades básicas.[34]

Todas as sociedades se reproduzem segundo uma lógica cultural específica. Ninguém come, se veste ou sobrevive genericamente, mas a partir de determinadas escolhas que antecedem esses atos e, na verdade, os constituem para serem depois modificadas por eles. A cultura não é, portanto, uma variável que se sobrepõe a um consumo básico universal e que o orienta para esta ou aquela direção. Não é um acréscimo ou uma decoração. [35]

Hoje, muitos teóricos da "privação" afirmam que o conceito de "necessidades básicas" implica mais do que a simples reprodução física da existência, incluindo também o atendimento de um mínimo necessário para que um indivíduo tenha condições de ser um membro efetivo e atuante da sociedade em que vive. Elas incluem, para começar, o acesso a normas de consumo socialmente estabelecidas.[36] Mas, mesmo levando-se em conta esse avanço conceitual, não se pode esquecer que é impossível detectar necessidades básicas empiricamente, sob formas culturais específicas. Comer, beber, abrigar-se do tempo, participar politicamente, consumir bens culturais não são atividades independentes das formas específicas que adquirem na vida social. Ademais, os cientistas sociais e os antropólogos não estão interessados em explicar a sobrevivência, função da biologia, pois a luta por ela é um comportamento de qualquer espécie viva e não especificamente da humana. O que nos interessa a todos é a forma que escolhemos para sobreviver. E essa forma de sobreviver é tão importante que determinadas pessoas preferem morrer a transgredi-las. Imaginar que em situações extremas de miséria, violência, guerra e calamidade, estamos observando seres humanos atuando apenas como organismos vivos em busca da sobrevivência a qualquer custo é ignorar os inúmeros exemplos que a história e a vida cotidiana nos oferecem a todo instante.[37]

---

[34] Slater, 1997a; Sen, 1999.

[35] Shalins, 1976.

[36] Doyal e Gough, 1991; Sen, 1999; Slater, 1997a.

[37] O exemplo do avião que caiu nos Andes, em que alguns sobreviventes cometeram atos antropofágicos e outros preferiram morrer a fazê-lo, ilustra bem uma situação extrema na qual julgamos observar o homem em seu estado puro, pré-social. Mesmo os sobreviventes que optaram pelo canibalismo não o fizeram aleatoriamente. Estabeleceram regras sobre como os mortos seriam comidos. Por exemplo, ninguém podia comer os parentes mortos dos sobreviventes e certas partes do corpo foram vedadas à ingestão. Outro exemplo significativo é o dos *POWS* (prisioneiros de guerra) norte-americanos da Guerra da Coréia, que preferiram a fome e a morte à ingestão de alimentos desconhecidos.

O que é importante também sobre a distinção entre necessidades básicas e supérfluas é justamente o fato de esta ser considerada fundamental por diferentes grupos e utilizada para definir critérios de direitos, postura moral, participação e constituição nas diferentes sociedades, além de permitir que se observem os mecanismos de poder que lhe são subjacentes. Não se pode esquecer que, por trás dessa oposição entre necessidades básicas e supérfluas, existe a possibilidade de controlar o consumo alheio — em especial das classes trabalhadoras —, a possibilidade de certos grupos sociais e políticos definirem, autoritariamente, o que se pode e deve consumir. Dessa forma, o consumo das classes menos favorecidas para suprir faltas e carências definidas culturalmente como básicas é considerado digno, enquanto aquele orientado para a reprodução de certos estilos de vida que vão além dessas necessidades é percebido como inadequado ou irresponsável.[38] Aliás, a classificação de certos segmentos sociais como "pobres" já indica, de fora, para as pessoas que se encontram nessa situação como suas rendas devem ser gastas, quantitativa e qualitativamente. Essa dimensão de controle moral e/ou, mediante políticas públicas, do consumo dos menos favorecidos levou, até há bem pouco tempo, tanto a academia quanto o mundo dos negócios a ignorarem as classes populares como consumidoras. Não só suas preferências por bens e serviços foram ignoradas, como suas estratégias de aquisição, fruição, ressignificação e mediação social através de objetos continuam em grande parte desconhecidas por aqueles que se dedicam ao estudo desses segmentos.

Deparamo-nos, assim, com as raízes puritanas da sociedade contemporânea, que legitima o consumo de "necessidade", mas se aterroriza com o do supérfluo, vendo com temor a verticalização do consumo para outras classes sociais.[39]

O consumo implica, portanto, uma economia moral, cujos pressupostos só são discerníveis quando esmiuçamos as categorias de entendimento que informam nossas práticas e representações sociais. Além de precisarmos justificar moralmente o que consumimos, hierarquizamos os diferentes bens de forma que alguns sejam mais lícitos do que outros. Embora essa hierarquização não seja rígida, mas contextual, exis-

---

[38] Cabe lembrar um famoso argumento brasileiro sobre a impropriedade do consumo das classes trabalhadoras. Esse argumento aparece, em geral, perto do Carnaval e diz respeito ao fato de que muitas das pessoas que estarão desfilando e que desembolsaram dinheiro para pagar suas fantasias não comem direito, não têm recursos para mandar os filhos para a escola e comprar remédios, mas mesmo assim "gastaram" o pouco que tinham em coisas supérfluas, como uma fantasia de escola de samba. Além do patrulhamento sobre o consumo alheio é bom lembrar que, ao contrário do que normalmente se pensa, o consumo não é uma atividade coerente e homogênea, nem obedece a uma lógica hierárquica de básicos a supérfluos. Para uma discussão sobre se o consumo é ou não uma atividade coerente, ver o polêmico artigo de Mary Douglas (1997).

[39] McKendrick, Brewer e Plumb, 1982; Campbell, 1987 e 1998; Williams, 1982; Fine e Leopold, 2003; Appleby, 2003.

tem significados culturais cristalizados sobre determinados bens e práticas sociais que transcendem alguns contextos e acabam por classificar as pessoas por aquilo que elas consomem. Daí a propriedade da frase de Bourdieu (1983) que o gosto classifica o classificador. Entre nós, por exemplo, é mais lícito consumir livros e CDs, de modo genérico, do que roupas, sapatos e bolsas, mesmo levando-se em conta que existe uma hierarquia para livros e CDs, que podem ser considerados mais ou menos legítimos do ponto de vista "cultural" e "artístico". Mas o que importa é que, no primeiro caso, somos intelectuais e, no segundo, fúteis e vazios.

Prosseguindo com essas reflexões, vemos que, no mundo contemporâneo, as associações evocadas pelo consumo são sempre as mais negativas. Para começar, do consumo derivam vários termos, como consumista, consumismo etc., que são estratégias de acusação ou de autoflagelação. Além disso, ele é responsabilizado por uma série de situações, que vão desde a perda do sentido existencial e da autenticidade das relações sociais à insaciabilidade dos indivíduos, à destruição de estilos de vida tradicionais e autênticos, passando pelo materialismo e pela degeneração da sociedade contemporânea, próspera mas desigual, comprometida com um estilo de vida insustentável em termos ambientais e que, em última instância, inviabiliza a própria vida humana no planeta. Como se vê, um cardápio de temas variados e de difícil escolha que enfatiza os males do "excesso" física e moralmente.

Em suma, a visão prevalecente é que o consumo perturba a vida social. A liberdade de escolha e o prazer das pessoas na fruição de bens e serviços são vistos como encorajadores de valores individualistas, normalmente considerados prejudiciais às normas coletivas da sociedade.

Mas o que mais desperta a atenção é que a maioria dessas afirmações vem sendo feita sem qualquer fundamentação em pesquisas empíricas sistemáticas, que tomem o mundo e a realidade como uma oportunidade para testar essas idéias. Quando isso ocorre, muitas vezes os dados objetivos estão longe de ser conclusivos quanto às idéias adotadas. Bons exemplos disso são encontrados nas discussões e pesquisas que procuram medir os efeitos diretos e indiretos do marketing e da propaganda no consumidor;[40] nas múltiplas formas de apropriação das comunicações sobre bens e serviços pelos diferentes segmentos sociais; nas inúmeras outras razões pelas quais as pessoas adquirem bens e serviços que não para fins de *status*; e no significado subjetivo dos bens materiais para as pessoas que não têm qualquer dimensão pública.

Essas observações críticas sobre a falta de embasamento empírico das afirmações e associações feitas com o consumo não pretendem defender uma objetividade científica ingênua, e muito menos um empirismo radical. Não pretendem também ignorar o

---

[40] Schudson, 1992; Marchand, 1985; Fine e Leopold, 1993; Nava, 1997.

fato de que existem pessoas e grupos cujas vidas e entendimento do mundo dependem da posse de determinados bens materiais, ou mesmo de determinadas marcas, e que estes talvez não sejam os valores que desejamos para a nossa sociedade. Essas observações não implicam desconhecer que o consumo tem conseqüências públicas e dimensões morais que devem ser levadas em conta, como observam os ambientalistas no tocante à relação entre limite ecológico, crescimento econômico e desigualdade socioeconômica. Assim como uma moeda tem duas faces, o consumo tem aspectos negativos, sem dúvida problemáticos, mas que não são seus atributos específicos.

O que esta argumentação pretende é apontar justamente o fato de que esse moralismo que permeou e ainda permeia os estudos sobre o consumo tem impedido o estabelecimento de uma distinção clara entre análise sociológica e crítica social, dificultando a criação de uma real fenomenologia do consumo na sociedade contemporânea. É bom lembrar que grande parte do que é atribuído e associado negativamente ao consumo hoje, como a emulação, o materialismo, a competição por *status* e poder, a valorização da dimensão expressiva dos objetos em detrimento da funcionalidade, entre outros, já se achava presente em outros tempos e em outros mundos. Aliás, como observam Goodwin e outros (1997), desde os tempos de Aristóteles. Portanto, para que essas associações transcendam o nível das afirmações gratuitas, faz-se necessário estabelecer e demonstrar os vínculos entre elas e o consumo contemporâneo, assim como a especificidade que adquirem na sociedade moderna. É importante saber que grande parte das afirmações sobre o consumo e a sociedade de consumo baseia-se em análises que consideram apenas os estilos de vida e as práticas de consumo de alguns grupos, e os interpretam como se estes se estendessem a toda a sociedade contemporânea.[41]

O importante é fugir de um denuncismo moral que, via de regra, não tem respaldo na vida individual das pessoas que febrilmente o praticam, e fazer, de modo permanente, uma reflexão crítica sobre nossas categorias analíticas, encarando de frente algumas questões que se ocultam por trás delas, como: para onde e para quem se destinaria toda e qualquer produção? Como seria a organização social e econômica de um mundo de consumo básico para todos, e a quem caberia defini-lo sem recorrer ao autoritarismo ou a regimes de força? Se o trabalho é fonte de criatividade e autoexpressão, o que aconteceria com a inovação se as pessoas que exercem atividades produtivas fossem proibidas de transformá-las e melhorá-las a partir do desenvolvimento tecnológico e de suas próprias idéias, criando assim novos produtos ou melhorando os já existentes? Por que as pessoas sentem tanto prazer em consumir e tanta vergonha e culpa em admiti-lo? Quais as especificidades do consumo em uma sociedade capitalista de mercado e em uma sociedade socialista de mercado como a da

---

[41] Bauman, 1991 e 1998; Mafesolli, 1988.

China? Como caracterizar o capitalismo e o socialismo nos dias atuais, considerando-se que tanto um quanto outro têm um mercado, que para uma boa quantidade de bens funcionam a partir dos mesmos mecanismos já conhecidos, visam o lucro e detêm a propriedade privada dos meios de produção? É necessário investigar as diversas modalidades que as atividades de adquirir, fruir, manipular e ressignificar bens e serviços adquirem na vida das pessoas e dos grupos sociais da sociedade moderna em oposição a outros universos sociais. E por fim, é fundamental explorar profundamente as relações entre cultura, consumo e as diversas concepções de pessoa, indivíduo, relações sociais, formas de mediação e comunidades a que o consumo está ligado no mundo contemporâneo.

Bibliografia

APPADURAI, A. Putting hierarchy in its place. *Cultural Anthropology*, v. 3, n. 1, Feb. 1988.

APPLEBY, J. Consumption in early modern social thought. In: CLARKE, D.; CLARKE, D. B.; MARCUS, D. A.; HOUSIAUX, K. M. L. *The consumption reader*. London: Routledge, 2003. p. 31-40.

BAUDRILLARD, J. *Sociedade de consumo*. São Paulo: Elfos, 1995.

BAUMAN, Z. *Modernity and ambivalence*.Cambridge: Polity Press, 1991.

______. *Freedom*. New York: Open University Press, 1998.

BERRY, C. J. *The idea of luxury: a conceptual and historical investigation*. Cambridge: Cambridge University Press, 1994.

BOAS, F. *Antropologia cultural*. Rio de Janeiro: Jorge Zahar, 2004.

BOURDIEU, P. Gostos de classe e estilos de vida. In: ORTIZ, R. *Pierre Bourdieu*. São Paulo: Ática, 1983.

BRAUDEL, F. *Civilização material, economia e capitalismo nos séculos XV-XVIII*. São Paulo: Martins Fontes, 1998.

CAMPBELL, Colin. *The romantic ethic and the spirit of modern consumerism*. London: Blackwell, 1987.

______. Consumption and the rhetoric of need and want. *Journal of Design History*, v. 11, n. 3, 1998.

CLARKE, D. B.; MARCUS, D. A.; HOUSIAUX, K. M. L. *The consumption reader*. London: Routledge, 2003.

COCHOY, F. Por uma sociologia da embalagem. *Antropolítica — Revista Contemporânea de Antropologia e Ciência Política*, Niterói: Programa de Pós-Graduação em Antropologia Social, n. 17, 2º sem. 2004.

DANZINGER, P. M. *Let them eat cake: marketing luxury to the masses — as well as the classes*. Chicago: Deaborn Trade, 2005.

DOUGLAS, M. In defense of shopping. In: FALK, P.; CAMPBELL, C. *The shopping experience*. London: Sage, 1997.

DOYAL, L.; GOUGH, I. *A theory of human needs*. London: Macmillan, 1991.

FALK, P.; CAMPBELL, C. *The shopping experience*. London: Sage, 1997.

FEATHERSTONE, M. *Consumer culture and postmodernism*. London: Sage, 1991.

FINE, B.; LEOPOLD, E. *The world of consumption*. London: Routledge, 1993.

_______; _______. Consumerism and the Industrial Revolution. In: CLARKE, D. B.; MARCUS, D. A.; HOUSIAUX, K. M. L. *The consumption reader*. London: Routledge, 2003. p. 42-46.

GOODWIN, N. R.; ACKERMAN, F.; KIRON, David. *The consumer society*. Washington: Island Press, 1997.

GOTTDIENER, Mark. *New forms of consumption; consumers, culture, and commodification*. Lanham, MD: Rowman & Littlefield, 2000.

GRONOW, J. *Caviar and champagne; common luxury and the ideals of the good life in Stalin Russia*. Oxford: Berg, 2003.

LA SALLE, D.; BRITTON, Terry A. *Priceless: turning ordinary products into extraordinary experiences*. Boston: Harvard Business Scholl Press, 2003.

MAFESOLLI, M. Jeus de masques; postmodern tribalism. *Design Issues*, v. 4, n. 1-2, p. 141-151, 1988.

MALINOWSKI, B. *Argonautas do Pacífico ocidental: um relato do empreendimento e da aventura dos nativos nos arquipélagos da Nova Guiné, Melanésia*. São Paulo: Abril Cultural, 1976.

MARCHAND, R. *Advertising the American dream; making way for modernity, 1920-1940*. Berkeley: University of California Press, 1985.

MARX, K. *The Grundrisse: foundations of the critique of political economy*. [1973] New York: Random House, 1987.

MAUSS, M. *The gift; forms and functions of exchange in archaic societies*. Introduction by E. E. Evans Pritchard. New York: Norton, 1967.

McCRACKEN, G. *Cultura e consumo*. Rio de Janeiro: Mauad, 2003.

McKENDRICK, N.; BREWER, J.; PLUMB, H. H. *The birth of a consumer society: the commercialization of eighteenth-century England*. London: Europa, 1982.

MILLER, D. *Material culture and mass consumption*. London: Basil Blackwell, 1987.

_______. Consumption as the vanguard of history; a polemic by way of an introduction. In: MILLER, D. *Acknowledging consumption*. London: Routledge, 1995. p. 1-57.

_______. *Capitalism: an ethnographic approach*. Oxford: Berg, 1997.

_______. *A theory of shopping*. Oxford: Blackwell, 1998.

_______. The poverty of morality. *Journal of Consumer Culture*, v. 1, n. 2, Nov. 2001.

MUKERJI, C. *From graven images: patterns of modern materialism*. New York: Columbia University Press, 1983.

NAVA, M. Women, the city and the department store. In: FALK, P.; CAMPBELL, C. *The shopping experience.* London: Sage, 1997.

PINCH, S. *Cities and services: the geography of collective consumption.* London: Routledge, 1986.

RITZER, G.; GOODMAN, D.; WIEDENHOFT, W. Theories of consumption. In: RITZER, G.; SMART, Barry. *Handbook of social theory.* London: Sage, 2001. p. 410-424.

SCHNEIDER, David. *American kinship system: a cultural account.* NJ: Prentice Hall, 1968.

SCHUDSON, M. Delicioso materialismo: um exame da cultura consumista. *Diálogo,* Rio de Janeiro, v. 25, n. 3, p. 45-51, 1992.

SEKORA, J. *Luxury*: the concept in Western thought; Eden to Smollett. Baltimore: The Johns Hopkins University Press, 1977.

SEN, A. *Desenvolvimento com liberdade.* São Paulo: Companhia das Letras, 1999.

SHALINS, M. *Cultura e razão política.* Rio de Janeiro: Zahar Editores, 1976.

_______. Cosmologies of capitalism: the trans-Pacific sector of the world system. In: DIRKS, N.; ELEY, G.; ORTNER, S. *Culture, power, history: a reader in contemporary social theory.* Princeton: Princeton University Press, 1994.

_______. O "pessimismo sentimental" e a experiência etnográfica: por que a cultura não é um "objeto" em via de extinção — parte I e II. *Mana,* Rio de Janeiro, v. 3, n. 1, abr. 1997.

SILVERSTEIN, M.; FISKE, N. *Trading up: the new American luxury.* London: Peguin Books, 2003.

SLATER, D. *Consumer culture and modernity.* Cambridge: Polity Press, 1997a.

_______. Consumer culture and the politics of need. In: NAVA, M. *Buy this book: studies in advertisement and consumption.* London: Routledge, 1997b.

_______. Cultura do consumo e modernidade. São Paulo: Nobel, 2001.

SOMBART, W. *Lujo y capitalismo.* Santiago de Chile: Cultura, 1935.

VEBLEN, T. *The theory of the leisure class: an economic study of institutions.* New York: Vanguard Press, 1927.

WARDE, A. *Consumption, food & taste.* London: Sage, 1997.

WILLIAMS, R. *Dream worlds: mass consumption in late nineteenth-century France.* Berkeley: University of California Press, 1982.

PARTE II

Sociedade de consumo

2

*Eu compro, logo sei que existo: as bases metafísicas do consumo moderno**

COLIN CAMPBELL

Metafísica não é um termo que a maioria das pessoas normalmente associaria com a atividade de consumo. De fato, esses dois termos parecem ser considerados pólos opostos: o primeiro relacionado — como consta no dicionário — com "princípios básicos, especialmente em relação a ser e saber", e o segundo, com a rotina, a prática e o mundano. Como, então, sugerir que talvez exista uma conexão entre os dois? Entretanto, cheguei a essa conexão entre eles em conseqüência de minhas tentativas de buscar uma resposta para a questão de por que o consumo acabou por ocupar um lugar tão central em nossas vidas. Por que, em outras palavras, as atividades geralmente associadas ao termo "consumo", como procura, compra e utilização de bens e serviços que atendam a nossas necessidades ou satisfaçam nossos desejos são consideradas tão importantes? Porque parece-me óbvio que, em geral e com algumas exceções significativas, é exatamente assim que elas são consideradas pela maioria das pessoas na sociedade contemporânea, como especialmente importantes ou, até mesmo, como o centro de suas vidas. É também bastante claro que não era isso que ocorria em épocas passadas.

Essa questão nada tem a ver com "por que consumimos?". Para tal questão existe uma série de respostas amplamente aceitas, que vão da satisfação de necessidades até a emulação dos outros, a busca do prazer, a defesa ou a afirmação de um *status* etc. Contudo, ao procurar entender por que o consumo tem tanta importância na vida das pessoas, conclui-se que talvez esteja suprindo uma função muito mais importante do que apenas satisfazer motivos ou intenções específicos que incitam seus atos individuais. Em outras palavras, é possível que o consumo tenha uma dimensão que o relacione com as mais profundas e definitivas questões que os seres humanos possam se fazer, questões relacionadas com a natureza da realidade e com o verdadeiro propósito da existência — questões do "ser e saber". Assim sendo, é esta a tese que irei abordar aqui.

* Tradução de Niza Neves Cheroto. Texto já publicado em Ekstrom e Brembeck, 2004.

A natureza do consumismo moderno

Para que meu argumento faça sentido é importante que fique bem claro, desde o início, o que considero como os dois aspectos cruciais do consumismo moderno, isto é, aqueles que claramente o distinguem dos padrões mais antigos e tradicionais. O primeiro é o lugar central ocupado pela emoção e pelo desejo, juntamente com um certo grau de imaginação. Este é um argumento que já desenvolvi antes e sobre o qual não irei me estender nesse momento.[1] Deixem-me apenas enfatizar minha crença de que o processo de querer e desejar está no cerne do fenômeno do consumismo moderno. Isso não quer dizer que questões referentes a necessidades estejam ausentes, ou que outras questões, como estruturas institucionais e organizacionais significativas, não sejam importantes. Quero apenas afirmar que o dínamo central que impulsiona tal sociedade é o da demanda do consumidor, e que isso, por sua vez, depende da habilidade do consumidor de exercitar continuamente seu desejo por bens e serviços. Nesse sentido, são nossos estados emocionais, mais especificamente nossa habilidade de "querer", "desejar" e "ansiar por alguma coisa", sobretudo nossa habilidade de repetidamente experimentar tais emoções, que na verdade sustentam a economia das sociedades modernas desenvolvidas.[2]

O segundo aspecto, profundamente ligado ao anterior e crítico para a definição do consumismo moderno, é seu desenfreado e irrestrito individualismo. Obviamente, nem todo consumo é de natureza individual. Mesmo nas sociedades mais modernas e capitalistas existem esferas significativas de consumo coletivo, que são os bens e serviços consumidos pela comunidade, como, por exemplo, a defesa, ou a lei e a ordem. Ou, alternativamente, que são de propriedade da comunidade e, depois, alocados a indivíduos, em vez de comprados no mercado aberto (por exemplo, moradia governamental). Ainda assim, está bem claro que um aspecto característico do consumo moderno é a extensão em que produtos e serviços são comprados pelos indivíduos para uso próprio. Mais uma vez, isso contrasta marcantemente com padrões do passado, no qual esses itens eram adquiridos por, ou em nome de, grupos sociais, principalmente aparentados e familiares, ou por vilas ou comunidades locais, ou, alternativamente, alocados aos indivíduos por instituições governamentais. Ainda mais característico do

---

[1] Ver Campbell, 1987.

[2] Quanto a esse ponto, acho interessante que os economistas pareçam reconhecer que a economia atualmente depende das capacidades psicológicas e dos estados mentais dos indivíduos. Isso significa que eles em geral reconhecem o importante papel desempenhado pelo que eles chamam de "segurança do consumidor". Ainda assim, esse simples conceito não abrange verdadeiramente toda a extensão em que a economia é dependente das habilidades físicas e das disposições mentais dos indivíduos. É nossa habilidade produzir continuamente desejos que realmente lhes dêem sustento.

consumo moderno é a ideologia associada ao individualismo. Esse é o valor extraordinário anexado a esse modo de consumo, juntamente com a ênfase colocada no direito dos indivíduos de decidirem, por si mesmos, que produtos e serviços consumir.[3]

Essas duas questões sustentam-se mutuamente e se associam para definir a natureza do consumo moderno. A ligação crucial entre as duas é o simples fato de que o consumismo moderno está, por sua própria natureza, mais preocupado em saciar vontades do que em satisfazer necessidades. A relevância disso é que, enquanto as necessidades podem ser, e em geral costumam ser, objetivamente estabelecidas, as vontades só podem ser identificadas subjetivamente. Isso significa que outros podem lhe dizer sempre de que você precisa. Na verdade, talvez você não esteja apto a acessar essas necessidades por si mesmo, como no caso das necessidades "médicas". Mas ninguém, a não ser você mesmo, está em posição de decidir o que você realmente deseja. Quando se trata do querer somente "aquele que quer" pode se considerar um "especialista".[4] Conseqüentemente, segue-se que esse tipo de consumo é inerentemente individualista, legitimado por decisões que existem firmemente enraizadas no *self*.[5] Para resumir, o consumismo moderno tem mais a ver com sentimentos e emoções (na forma de desejos) do que com razão e calculismo, na medida em que é claramente individualista, em vez de público, em sua natureza. Essas são as duas características que fornecem uma conexão explícita com a cultura, assim como proporcionam a base para as declarações de que o consumismo moderno se baseia em hipóteses metafísicas.

A ontologia e a busca pelo significado: a identidade tal como definida pelo desejo

Em minhas observações iniciais, mencionei que parecia pouco óbvia a conexão entre o objeto de consumo e assuntos metafísicos. Entretanto, existe um tópico no qual é relativamente fácil perceber a conexão entre os dois, e este está relacionado ao tema da identidade. Essa é a questão central de muitas discussões sobre o consumismo moderno, nas quais freqüentemente se dá ênfase ao significado de consumir em relação à

---

[3] Ver, como um exemplo entre muitos, a observação de Kumar (1988:10) de que uma das principais características da modernidade é a individualização, o que quer dizer que "as estruturas da sociedade moderna consideram como sua unidade o indivíduo, ao contrário do que ocorria nas sociedades agrárias e rurais, que consideravam o grupo ou a comunidade".

[4] Ver Campbell, 1998.

[5] Essas duas características também podem ser vistas como contribuindo de forma significativa para a maior parte das demais características do consumismo moderno, tais como a importância da moda, a proliferação de produtos postos à venda e a conseqüente possibilidade de escolha.

afirmação, à confirmação, ou até mesmo à construção da identidade. Ao mesmo tempo, é bastante óbvio que a pergunta "quem sou eu?" seja uma das mais básicas e fundamentais para os seres humanos.

Foi exatamente nesse ponto que tomei consciência do fato de que o espectro do pós-moderno estava pairando sobre meus ombros, e mesmo que eu quisesse ignorar sua presença era praticamente impossível fazê-lo. Assim sendo, devo admitir sua presença e esperar que, fazendo isso, ela se convença a desaparecer nas sombras. Minha opinião sobre o fenômeno pós-moderno ou movimento pós-moderno é que ele deveria ser objeto de uma investigação sociológica. Considero um erro tomar o conjunto dessa especulação filosófica como um recurso acadêmico ou intelectual que serve de ajuda ao entendimento do mundo cultural e social. Adotar essa atitude equivale a presumir que a astrologia possa servir como guia útil para se entender o universo. O que precisamos, como Mike Featherstone (1991:x) observou, é de uma sociologia da pós-modernidade, e não de uma sociologia pós-moderna.

Infelizmente, poucos cientistas sociais parecem ter seguido essa sugestão, daí resultando que muitas especulações pós-modernas relativas ao mundo contemporâneo são freqüentemente repetidas como se fossem verdades absolutas. E uma "dessas verdades" mais repetidas está relacionada à questão da identidade pessoal e à atividade de consumo. Nesse caso, a idéia difundida é que o eu contemporâneo ou pós-moderno é excepcionalmente aberto e flexível. Isso é o mesmo que dizer que as pessoas — ao fazerem uso da grande e constante oferta de novos produtos na sociedade de consumo moderna — estão regularmente engajadas no processo de recriar a si mesmas. Inicialmente adotando e posteriormente trocando de identidades e estilos de vida da mesma maneira fácil e casual com que trocam de roupa. Isso se tornou possível porque, como Ewen e Ewen observaram, "hoje não existem (...) regras, somente escolhas" e, por conseguinte, "todos podem ser qualquer um".[6] Ao mesmo tempo, é constantemente sugerido que os indivíduos têm pouca opção, a não ser se comportar dessa maneira, visto que aquilo que Lyotard chamou de "grandes narrativas" não é mais crível, com a conseqüência direta de que não existe mais qualquer ancoragem cultural para o senso de identidade do indivíduo.

Dessa forma, inevitavelmente, chegamos à conclusão de que as atividades dos consumidores devem ser entendidas como uma resposta à postulada "crise de identidade", e também como uma atividade que, na verdade, serve somente para intensificar essa crise.[7]

Hoje em dia, concordo plenamente com o fato de que o senso de identidade de um indivíduo não é mais claramente determinado, como já foi, por sua filiação a determi-

[6] Apud Featherstone, 1991:83.

[7] Ver, por exemplo, a observação de Don Slater (1997:85) que "o consumismo simultaneamente explora a crise de identidade de massa (...) e, no processo, a intensifica".

nada classe ou *status* de certos grupos,[8] apesar de aceitar que o consumismo é fundamental para o processo pelo qual os indivíduos confirmam ou até criam sua identidade. Mas o que contesto aqui é a idéia de que os indivíduos na sociedade contemporânea não têm um conceito fixo ou único do *self*,[9] embora sustente a tese de que o consumo, longe de exacerbar a "crise de identidade", é, na verdade, a principal atividade pela qual os indivíduos geralmente resolvem esse dilema.

Não sei se vocês têm o hábito de ler as seções de classificados pessoais dos jornais e revistas. Entretanto, esses classificados são uma leitura fascinante, e pode ser que você, assim como eu, seja "atraído" por eles em virtude do que revelam sobre "nossos amigos" seres humanos. É nesse tipo de seção dos jornais que os indivíduos buscam parceiros tanto para breves relacionamentos e divertimento, quanto para estabelecer uma relação estável, se não permanente. E para atrair o parceiro certo, as pessoas se descrevem (ou o parceiro que estão procurando) no anúncio classificado. Em geral, o espaço para fazerem isso é limitado, então, naturalmente, precisam pensar com cuidado no que dizer. O que a maioria das pessoas quer transmitir é a mais clara e exata descrição do tipo de pessoa que imaginam ser — mesmo que durante o processo surja a tendência de criar uma imagem mais lisonjeira. Assim sendo, o que as pessoas realmente dizem quando têm apenas um espaço restrito para falar de si mesmas? Elas dizem coisas do tipo: "boêmio, amante de gatos, 26 para 27 anos, totalmente sem grana embora trabalhe, gosta de vinho tinto, malhar, Pratchet, Tolkein e Red Dwarf". Ou "garota da cidade, 50, adora longas caminhadas no campo, jazz e Tate Modern. Procura parceiro para dividir interesses e algo mais". Ainda um último exemplo: "magro, profissional, alegre, aparentando 40 anos, gosta de Moby, Mozart, artes, esportes, procura macho compatível".[10]

O que considero bastante interessante nesses anúncios é que os indivíduos se autodefinem — isto é, especificam o que consideram sua identidade essencial — quase sempre exclusivamente em termos de seus *gostos*. Isto é, em termos de seus perfis específicos de gostos e desejos. Conseqüentemente, se deixarmos de lado a inclusão do que se pode chamar de "fatos básicos fixos" da pessoa, isto é, seu sexo e idade, e alguma idéia sobre sua aparência, ocupação ou classe, então, o que nos é fornecido por esses anúncios tem a ver, quase inteiramente, com o gosto do indivíduo. Os itens mais comumente especificados, como meus exemplos sugerem, são seus gostos em termos de música, literatura, artes, comidas e bebidas, e do que fazem como lazer. Por que isso acontece? Por que as pessoas se preocupam em se

---

[8] Bocock e Thompson, 1992:149.

[9] Ver Hollinger, 1994:113-114.

[10] Estes anúncios foram tirados de Soulmates. *The Observer Review*, 9 June 2002, p. 19.

autodefinirem em termos de gosto? Bem, diria que isso é o que sentimos que nos define mais claramente do que qualquer outra coisa. Quando se trata da questão crucial de nossa "real" identidade, aí efetivamente consideramos que somos definidos por nossos desejos, ou por nossas preferências.

Quero deixar bem claro que não estou sugerindo que são nossos "interesses" ou *hobbies* que nos definem. É improvável que essas pessoas que se definem nesses anúncios por gostarem de vinho tinto ou de caminhadas no campo estejam realmente procurando um parceiro para acompanhá-las em encontros de enólogos ou na The Ramblers Association (associação de excursionistas). Se esses são realmente seus *hobbies*, elas poderiam conhecer pessoas com os mesmos interesses simplesmente participando dessas agremiações ou sociedades. Mas na verdade não é isso. O que essas pessoas estão identificando são menos os seus *hobbies* e mais os seus gostos (semelhantes, na verdade, a seu gosto sexual, sobre o qual há, em detalhes, os mais variados, especializados e libidinosos classificados pessoais). Também não estou sugerindo que o que chamamos de identidade tribal tenha deixado de ser significante. É evidente que essa identidade ainda importa, especialmente depois do 11 de Setembro. Nesse sentido, a resposta para a pergunta "quem sou eu?" ainda continuará a incluir algumas definições básicas como sexo, raça, nacionalidade, etnia e religião. Mas o que gostaria de sugerir é que esses identificadores não são mais do que uma moldura de parâmetros daquilo que consideramos ser. Eles não especificam as finas linhas da nossa identidade — apenas fazem um esboço, pois a pessoa que nós realmente achamos que somos, o eu real se você preferir, se encontra em nossa mescla ou combinação especial de gostos. É aí que percebemos que nossa exclusividade como indivíduos — nossa individualidade — realmente reside.

Contudo, se esse argumento é valido, isso significa que a proliferação de escolhas, característica da sociedade consumidora moderna, é essencial para que venhamos a descobrir quem somos. Assim, é crucial termos uma ampla variedade de produtos para "testar a nós mesmos", uma vez que continuamos a procurar respostas para perguntas do tipo "gosto disso ou daquilo?", "gosto dessa malha ou dessa cor?", "essa música ou essa imagem mexe comigo?", "gosto dessa experiência ou ela está me incomodando?". A atividade de consumir pode ser considerada um caminho vital e necessário para o autoconhecimento, ao mesmo tempo que o mercado começa a se tornar indispensável para o processo de descoberta de quem realmente somos.

Que fique bem claro que não estou sugerindo que a identidade deriva de um produto ou serviço consumido, ou que, conforme dizem, as pessoas são aquilo que compram.[11] É evidente que o que compramos diz algo sobre quem somos. Não poderia ser

---

[11] A frase "as pessoas são aquilo que compram" é usada em Ritzer e colaboradores, 2002:413.

de outra forma. Mas o que estou sugerindo é que o verdadeiro local onde reside a nossa identidade deve ser encontrado em nossas reações aos produtos e não nos produtos em si. Por conseguinte, não estou argumentando que como consumidores "compramos" identidades, mediante nosso consumo de bens e serviços específicos. Tampouco estou sugerindo que descobriremos isso nos expondo a uma grande variedade de produtos e serviços. Mas é monitorando nossas reações a eles, observando do que gostamos e do que não gostamos, que começaremos a descobrir quem "realmente somos".

É importante notar que essa maneira de conceber a própria identidade é muito nova. Realmente, levando-se em conta o tempo histórico, acabou de acontecer. Por isso, é pouquíssimo provável que nossos avós, até mesmo nossos pais, pensassem sobre esse assunto dessa maneira. Para eles, antes de tudo, a identidade estava muito mais relacionada ao *status* e à posição que ocupavam em várias instituições e associações, como família, trabalho, religião, raça, etnia e nacionalidade. Tudo isso era muito mais importante do que algo tão insignificante quanto o gosto pessoal. Conseqüentemente, suas autodefinições tendiam a enfatizar seu *status* de fazendeiro, pescador, pai, presbiteriano, católico, inglês ou sueco etc., e não seu gosto por vinho, literatura, música ou atividades de lazer.

Se a idéia de que a identidade é descoberta e não comprada soa um tanto abstrata ou pouco sedutora, deixem-me citar April Benson (2000:505) sobre o assunto "fazer compras". Diz ela:

> Fazer compras (...) é uma das maneiras de procurar por nós mesmos e por nosso lugar no mundo. Apesar de acontecer num dos lugares mais públicos, fazer compras é essencialmente uma experiência íntima e pessoal. Comprar é provar, tocar, testar, considerar e pôr para fora nossa personalidade através de diversas possibilidades, enquanto decidimos o que precisamos ou desejamos. Comprar conscientemente não é procurar somente externamente, como numa loja, mas internamente, através da memória e do desejo. Fazer compras é um processo interativo no qual dialogamos não só com pessoas, lugares e coisas, mas também com partes de nós mesmos. Esse processo dinâmico, ao mesmo tempo que reflexivo, revela e dá forma a partes de nós mesmos que de outra forma poderiam continuar adormecidas... O ato de comprar é um ato de auto-expressão, que nos permite descobrir quem somos.

Compro, logo existo

Essas citações vêm de um livro intitulado *I shop therefore I am*, que pode parecer um *slogan* apropriado no contexto do argumento que acabei de mencionar. Entretanto, estritamente falando, "eu compro a fim de descobrir quem sou" talvez resumisse mais exatamente a declaração que acabo de fazer. Por contraste, a frase "Compro, logo existo", obviamente plagiada da outra famosa de Descartes "Penso, logo existo", indica algo um pouco diferente. Sugere que a atividade de comprar não só é um meio pelo qual as pessoas descobrem quem elas são, como fornece a elas a comprovação básica de sua existência. O livro de April Benson trata da compulsão de comprar, logo, é possível que o título realmente queira indicar — humoristicamente falando — uma situação em que essa atividade passou a dominar totalmente a vida das pessoas que têm esse vício. Por esse prisma, constata-se que o livro se refere às pessoas para as quais não existe outra atividade na vida que tenha qualquer significado a não ser o ato de comprar. Mas acredito piamente que esse *slogan* se aplica a todos os consumidores da sociedade moderna, sejam eles compradores compulsivos ou não, e que se relaciona exatamente com o mesmo tópico ontológico que preocupava Descartes. Assim sendo, antes de desenvolver esse argumento, cabe dizer alguma coisa sobre a natureza da epistemologia que fundamenta o consumismo moderno.

Uma epistemologia consumista

Dois ditados populares são importantes indicadores da natureza da epistemologia que está implícita nas hipóteses metafísicas que, a meu ver, sustentam o consumismo moderno. Uma é "*de gustibus non est disputandum*", ou em português, "gosto não se discute". Este ditado referia-se, originariamente, ao fato de ser simples perda de tempo tentar convencer alguém, com argumentos racionais, a gostar ou desgostar de determinadas comidas ou bebidas. Mas isso também se relaciona claramente com a argumentação que acabei de fazer acerca da autodefinição do gosto pessoal. Isso quer dizer que nossos gostos são inquestionáveis, "nossos" no sentido de que não podem ser legitimamente contestados por outra pessoa. O segundo ditado, muito conhecido e praticamente já desgastado, é que "o cliente tem sempre razão". No início, esse ditado ganhou repercussão porque era o lema que os gerentes ou proprietários de lojas costumavam instilar em seus funcionários, a fim de que suas lojas ou cadeias de lojas adquirissem ou mantivessem uma reputação de bom atendimento. Nunca se pretendeu tomar isso literalmente, no sentido de ser uma afirmação do sistema epistemológico. Entretanto, diria que isso foi exatamente o que acabou acontecendo; ela se transformou em "o consumidor tem sempre razão". Na verdade, sugiro que as hipóteses contidas nesses dois ditados — que gosto não se discute e que o cliente está sempre certo — tornaram-se a base de uma epistemologia individualista, amplamente difundida e aceita como tal, na qual o *self* é a única autoridade quando se trata da verdade.

Há farta evidência em apoio a essa afirmativa de uma tendência cada vez maior a rejeitar tanto a autoridade da tradição quanto a dos especialistas em favor da autoridade dos indivíduos para fazer valer seus desejos, vontades e preferências. Isso fica claro, por exemplo, numa área como a da saúde, na qual houve um rápido crescimento das formas de medicina complementares e alternativas em detrimento de práticas médicas mais convencionais.[12] Está claro que esse desenvolvimento é uma conseqüência direta da suposição de que o consumidor está mais qualificado do que qualquer "especialista" para julgar que tratamento mais lhe convém. Outra área onde a mesma mudança é visível é a da religião. Nesse caso também a autoridade das igrejas, encarnada pelo clero, é rejeitada em virtude da determinação dos indivíduos de escolher sua própria versão de "verdade eterna"; um processo que levou ao que com freqüência se chama de "supermercado individual".[13]

Na verdade, o que aconteceu é que a autoridade do antigo "especialista", aquele que dizia o que cada um "precisava" e cuja autoridade advinha sobretudo de seu papel institucional, foi rejeitada, sendo substituída pela dos "gurus" ou "iluminados", pessoas cujo papel é ajudar os outros a descobrir o que eles realmente "querem" ou "desejam". Mas isso, é claro, é exatamente o que se poderia esperar que ocorresse numa sociedade em que a satisfação das vontades tomou o lugar do atendimento das necessidades. Como se observou, quando se trata de identificar vontades "o consumidor ou cliente está sempre certo". Está sempre certo no que considera ser, em última instância, verdadeiro. Do mesmo modo que se acredita que ninguém está em melhor posição para dizer a uma pessoa o que ela quer senão ela mesma, ninguém também está em posição de lhe dizer o que é verdadeiro. Assim, chega-se à noção popular "sua verdade é minha verdade" e à relativização generalizada de todas as verdades que acompanha tal *slogan*. Ao mesmo tempo, o processo pelo qual os indivíduos descobrem o que é verdadeiro para eles é sempre, e em qualquer lugar, o mesmo e assume a forma eles "sabem" o que querem. Pois hoje prevalece uma epistemologia consumista na qual a "verdade" é estabelecida da mesma maneira que a existência de vontades, isto é, mediante o escrutínio do estado emocional interno da pessoa.

Em busca da segurança ontológica

Retornemos, agora, à questão da ontologia e à famosa frase inspirada em Descartes mencionada antes — "Compro, logo existo". Até aqui sugeri que o consumismo moderno incorpora uma teoria específica sobre a identidade pessoal, juntamente com

---

[12] Para uma estimativa do movimento da medicina alternativa, ver Fuller, 1989.

[13] *The spiritual supermarket: religious pluralism in the 21st century* (O mercado espiritual: pluralismo religioso no século XXI) foi o título da conferência organizada pelo Inform e Cesnur em Londres em abril de 2001.

uma distinta epistemologia individualista. Mas está claro que também contém uma ontologia específica, ou teoria da realidade, que decorre logicamente das características distintivas do consumismo moderno. De fato, no mundo contemporâneo, a epistemologia é pouco mais do que uma auxiliar da ontologia. Ou seja, a primeira é comumente tratada como um simples indicador desta última, já que o desejo de experimentar o real é maior do que o de saber a verdade.

Sugeri anteriormente que o consumo, e mais especificamente talvez o fazer compras, poderia ser visto como um processo pelo qual os indivíduos resolvem o "problema" da identidade pessoal. Eles "descobrem quem são" monitorando suas reações a vários produtos e serviços, estabelecendo assim seus gostos e desejos específicos. Mas, como os pós-modernos gostam de salientar, na sociedade contemporânea, os indivíduos mudam de gostos e preferências à medida que, seja por seguirem a moda, seja por buscarem um *status* mais elevado, passam pelo processo de se recriarem. Isso parece contrariar a hipótese de que o consumo permite que as pessoas descubram quem elas realmente são; se já descobriram a resposta para essa pergunta, por que deveriam trocar uma identidade específica por outra? Na verdade, por que deveriam continuar participando tão entusiasticamente quanto antes da busca de novos produtos e serviços, se já resolveram a questão de sua identidade pessoal? Creio que as respostas para essas perguntas podem ser encontradas na compreensão da função ontológica que o atual consumismo moderno preenche.

O primeiro ponto crucial a ser apreciado é que se as pessoas na verdade mudam seu padrão de gostos ou preferências, isso não representa uma mudança na *maneira* pela qual a identidade é reconhecida ou concebida. Trata-se ainda do *self* sendo definido pelo desejo, ou de nosso perfil sendo traçado por nossas preferências. A esse respeito, a muito enfatizada variabilidade e mutabilidade do conteúdo percebido da identidade não é tão significativa quanto a continuidade manifestada no processo envolvido nessa "descoberta". De fato, mudanças de conteúdo tornam-se perfeitamente compreensíveis quando se deixa de focalizar a natureza e o conteúdo da identidade individual para centrar o foco na necessidade humana mais profunda de reafirmar a realidade do *self*. Isso porque o consumo, que, no sentido aqui tratado por mim pode ser visto como uma atividade que envolve a exploração do *self*, também pode ser visto como uma resposta à insegurança ontológica ou à angústia existencial. Ou seja, o consumo pode nos confortar por nos fazer saber que somos seres humanos autênticos — isto é, que realmente existimos. Nesse caso, o *slogan* "compro, logo existo" deve ser entendido em seu sentido literal.

Obviamente, para aceitar a verdade dessa afirmação é necessário avaliar em que medida vivemos numa cultura que adota uma "ontologia emocional" e, conseqüentemente, confere grande importância ao consumo. O que verdadeiramente pode julgar se alguma coisa é ou não real é o poder dessa coisa de nos suscitar uma reação emocional, e isso é ontologia emocional. Quanto mais forte for a reação experimentada, mais "real" será considerado o objeto ou o evento que o produziu. Ao mesmo tempo, quanto mais intensa for nossa reação, mais "reais" — ou mais verdadeiros — nos sentiremos naquele momento. Em termos mais simples: vivemos numa cultura em que a realidade é equiparada à intensidade da experiência e, conseqüentemente, atribuída tanto à fonte de estímulo quanto àquele aspecto de nossa existência que reage a ele. Portanto, aplicando-se essa doutrina à questão da identidade e do *self*, conclui-se que é através da intensidade do sentimento que os indivíduos adquirem a confiança de que necessitam para superar sua angústia existencial e se convencerem de que estão de fato "vivos". Assim, embora a exposição a uma vasta gama de bens e serviços ajude a nos dizer quem somos (por permitir que expressemos nossos gostos), essa mesma exposição exerce a função ainda mais vital de nos convencer de que nosso *self* é de fato "autêntico" ou "real". Dessa forma, enquanto o que desejo (e também o que não gosto) me ajuda a me dizer quem sou, o fato de eu desejar intensamente ajuda a me convencer de que realmente existo. Citando novamente April Benson, "creio que a reconfiguração do 'fazer compras' como um processo de busca, uma atividade vital que vai muito além das associações tradicionais do comprar ou do ter, pode ajudar [na] busca da identidade e do significado". E continua: "fazer compras conscientemente, fazer compras como um processo de busca, não tem a ver com a compra, tem a ver com o *ser*".[14]

Naturalmente, ninguém precisa fazer compras, ou mesmo se engajar em qualquer outra atividade de consumo, para empreender sua busca por identidade e significado. E muito menos para se assegurar da realidade da própria existência. Qualquer experiência que propicie a oportunidade de uma forte reação emocional pode servir a esse propósito. Isso talvez ajude a explicar a popularidade das viagens de aventura e dos esportes radicais em nossa cultura, assim como a contínua popularidade dos filmes de terror, de ficção científica e, é claro, de amor romântico, que prometem paixão, intimidade e desejo. Contudo, vale a pena observar que fazer compras é um contexto ideal para continuar a busca por significado. Ideal porque há uma pureza de auto-expressão ligada à atividade que não é comumente experimentada nessas outras atividades (contanto que não se esteja pensando em compras de rotina ou de presentes, mas em uma atividade que vise satisfazer vontades do *self*). Essa pureza deriva da não-consideração de qualquer necessidade, seja de sentimentos ou demandas de outras pessoas, seja da intensidade e variedade dos estímulos do que é ofertado.

Mas retornemos às mudanças de gostos e preferências e, por conseguinte, à identidade. O ponto-chave aqui é que estar seguro da "realidade" ou, se preferirmos, da "autenticidade" da nossa existência, através da exposição às experiências que produ-

---

[14] Benson (2000:502), grifo meu.

zem uma reação emocional em nós, não é uma exigência única. É uma necessidade psicológica que requer ser satisfeita repetidas vezes. Contudo, é impossível que o mesmo estímulo — quer dizer, os mesmos produtos e serviços — produza em nós a mesma intensidade de reação da primeira vez, quando nos expomos a eles uma segunda ou terceira vez. Ao contrário, o mais provável é que a repetição nos leve ao tédio. Conseqüentemente, é preciso haver exposições regulares a estímulos novos para evitar o tédio e satisfazer a contínua busca pela reafirmação ontológica. Nesse aspecto, o tédio é visto como uma ameaça porque destrói pouco a pouco nosso senso de identidade — corremos o risco de perder a noção de quem somos quando ele se instala — e, portanto, nossa apreensão da realidade falseia. Por isso é constante a nossa necessidade de novos estímulos, daqueles que produzem em nós forte reação. Daí a importância da moda — como mecanismo de introdução regular e controlada de "novos" produtos —, assim como o fato de os consumidores ficarem mesmo tentados a fazer, regularmente, mudanças significativas em suas "identidades".

Essas mudanças não devem ser vistas, porém, como indícios de que as primeiras tentativas de estabelecer a "real" ou "verdadeira" natureza do *self* falharam. Pelo contrário, como os desejos e as preferências que definiram aquela identidade foram intensamente experimentados naquele momento, isso "prova" que ela era "real", assim como a intensidade dos novos desejos demonstra, de modo semelhante, a autenticidade do novo *self* "substituto". O fato de que tantos *selves* diferentes sejam vistos como igualmente "reais" é admissível, se concebermos a verdadeira identidade do indivíduo como algo "em desenvolvimento" por natureza. Isso significa que, como indivíduos, somos concebidos como seres que estão em permanente processo de "transformação", de modo que cada nova "identidade" emerge como uma borboleta — de um nível mais profundo e, portanto, mais autêntico do *self* — da crisálida descartada pela antecessora.

A ontologia do consumismo

A essa altura deve estar claro que o que estou falando é que uma ontologia emanacionista ou idealista, ou teoria da realidade, serve de base ao consumismo moderno. Está claro também que uma hipótese emanacionista sempre esteve na base do paradigma econômico tradicional da análise do consumo, e está incorporada ao conceito central das "vontades latentes". Ou seja, esse paradigma necessariamente pressupõe que a verdadeira atividade de consumo no mundo — a seleção, a compra e o uso de produtos — deve ser entendida como um processo que resulta da manifestação ou da "conversão em realidade" de algo que antes era meramente latente. Critiquei esse conceito no passado, afirmando não só que a única evidência da existência das vontades latentes era o comportamento que elas supostamente deviam explicar, mas também que as vontades deviam ser consideradas constructos emergentes, produtos do "trabalho" psicológico dos consumidores.[15] Continuo acreditando na validade dessas críticas. Mas isso não significa negar que o consumismo moderno se apóia em hipóteses fundamentalmente emanacionistas. Como já salientei anteriormente, sua dinâmica resulta da capacidade dos indivíduos de realizar uma "mágica" psicológica especial, isto é, despertar o desejo que antes não existia. Contudo, para que os consumidores façam isso — realizar a "mágica" de querer o que nunca quiseram antes — têm que se engajar num processo altamente criativo. Na verdade, devem invocar, do nada, um sentimento positivo específico por um objeto ou experiência. É, então, o "desejo" subseqüente assim invocado que se torna a causa (presumindo-se que os consumidores possuam os recursos necessários) da experiência subseqüente, gratificante e bastante real. Não é, portanto, inteiramente fora de propósito sugerir que os consumidores na verdade criam suas próprias realidades. Ou seja, eles mesmos são responsáveis pela criação das condições necessárias para suas experiências de consumo. A meu ver, essa ontologia fundamentalmente emanacionista e idealista é que se tornou o paradigma subjacente da visão de mundo do consumismo moderno. Uma visão na qual tudo o que é real, e não apenas os itens que consumimos, é visto como passível de ser invocado de modo semelhante.

Essa afirmação pode parecer estranha, mas acho que parecerá menos estranha se pararmos para analisar como os objetos que nos rodeiam em nossas casas chegaram de fato até ali. A maioria dos produtos que compramos, se não todos, e que agora enchem nossas casas — como móveis, livros, CDs, quadros e objetos de arte etc. — estão ali apenas porque em algum momento os "quisemos". Nesse sentido em particular, sua presença em nosso mundo é uma conseqüência ou resultado direto de nosso estado emocional, especificamente de nosso desejo. Se não tivéssemos sentido desejo por eles, eles não fariam parte de nossa realidade cotidiana. Naturalmente, pode-se argumentar que esses bens ainda assim existiriam, mesmo que não os tivéssemos desejado, pois teriam provavelmente permanecido nas prateleiras das lojas em que os vimos pela primeira vez. Contudo, pode-se argumentar também que foi fundamentalmente o desejo, nesse caso partilhado por muitas outras pessoas, que, em primeiro lugar, deu vida a esses objetos, os produziu, como dizem os fabricantes, simplesmente para "satisfazer a demanda". Assim sendo, pode-se argumentar que não é apenas ou simplesmente nosso mundo pessoal de posses que deve ser visto como "invocado" mediante o processo do querer, mas que toda a moderna economia de consumo fundamenta-se num processo "mágico" semelhante.

Foi enquanto eu especulava em torno dessa linha de pensamento, ou seja, sobre a possível natureza difusa dessa ontologia idealista e emanacionista de nossa sociedade,

---

[15] Campbell, 1987:43-44.

que fui levado a pensar no fenômeno moderno do "*wannabe*" (o aspirante a ser). Em geral jovem, o "aspirante a ser" é um indivíduo que tem por característica sentir um intenso desejo (ou "vontade") de ser famoso e bem-sucedido, mais comumente de ser um *pop star*. O que achei tão interessante foi em que medida esses jovens parecem acreditar que seu desejo — se intenso o bastante — será suficiente para assegurar o resultado que almejam. Tipicamente, essa crença está firmemente arraigada, apesar das chances astronômicas de não dar certo e do fato — óbvio para os outros, se não para a maioria dos próprios "aspirantes a ser" — de que lhes falta o necessário talento. Nesse aspecto, eles constituem o melhor exemplo da crença hoje generalizada de que qualquer pessoa pode ter, ou fazer, qualquer coisa se *quiser* de fato. Eu costumava pensar que, quando as pessoas expressavam esse sentimento, elas estavam endossando a crença de que o sucesso viria para aqueles cujo desejo era tamanho que estavam preparados para trabalhar ou praticar ao máximo, por todo o tempo que fosse necessário, para atingir o sucesso. Mas agora — e seguindo a linha de pensamento que acabei de expor — estou cada vez mais inclinado a pensar que os "aspirantes a ser" na verdade interpretam essa frase de modo muito mais literal. Eles de fato acreditam que o próprio querer lhes propiciará o sucesso. Desde que, é claro, se queira o bastante. Em outras palavras, esses jovens exemplificam exatamente essa ontologia idealista e emanacionista que está por trás do consumo, a idéia de que o sentimento — se experimentado intensamente — pode modificar diretamente o mundo exterior.

Atualmente, a crença em que é possível modificar o mundo apenas através da força mental ou emocional é convencionalmente chamada de "mágica". Algo que a maioria de nós talvez associe tanto com o mundo do entretenimento e das festas infantis, quanto com um estágio muito mais antigo, primitivo e supersticioso da "evolução" humana. Mas pensar dessa forma revela justamente como se está alheio ao mundo contemporâneo. Pois não é apenas no mundo dos livros infantis e do cinema que a mágica se apresenta atualmente de forma tão proeminente, dominados que estão pelo personagem de Harry Potter e pelas fantasias épicas de *O senhor dos anéis*. A mágica também se apresenta de forma proeminente nos movimentos Nova Era e neopagãos, que fazem hoje tanto sucesso nas modernas sociedades ocidentais.[16] E como a mágica é definida pelos líderes desses movimentos? Ela é definida como a habilidade de modificar tanto a própria pessoa quanto seu meio ambiente apenas com atitudes, pensamentos e emoções.[17] Se nos dermos ao trabalho de examinar a natureza precisa dessa filosofia do movimento Nova Era, que encontrou tantos partidários nos últimos anos, perceberemos que ela contém uma ontologia idealista. Em outras palavras, os segui-

---

[16] Para o despertar dos movimentos da Nova Era e neopagãos, ver York, 1995; e Heelas, 1996.

[17] Ver a discussão de William Bloom em Button e Bloom, 1992:89.

dores da Nova Era acreditam que a realidade é realmente ideacional e espiritual em sua forma, e não material. Aí encontramos aquela ontologia que especulei que talvez estivesse por trás do consumismo moderno, e de forma bastante explícita. Na verdade, pode-se discernir na visão de mundo da Nova Era todos os elementos da metafísica consumista que já apontei.

A visão de mundo da Nova Era e a metafísica consumista

Isso, naturalmente, levanta uma questão muito interessante no que diz respeito à mudança cultural e à natureza da sociedade contemporânea. Será que a própria amplitude e a difusão da atividade de consumo contribuíram para modificar nossa visão da realidade? Será que o grau acentuado com que o mundo que vivenciamos vem sendo cada vez mais moldado por nós para satisfazer nossos desejos significa que agora aceitamos — se não implicitamente — uma teoria que considera a realidade um produto de nossos desejos? Daí resultando que a visão de mundo da Nova Era pode ser tomada como surgida em conseqüência de um processo de extrapolação dos pressupostos em que se fundamenta o consumismo moderno? Ou será que devemos entender que o consumismo moderno ganhou sua própria legitimidade cultural a partir de um desenvolvimento cultural — o movimento Nova Era — que teve outro tipo de origem?[18] Essas questões sobre a dinâmica da mudança cultural são fascinantes. Mas este não é o lugar para se explorar a natureza precisa da relação entre a visão de mundo da Nova Era e o consumismo moderno. Por isso, vou me restringir a traçar os paralelos mais marcantes entre os dois.

Antes, porém, parece-me apropriado me antecipar e responder brevemente a uma possível objeção quanto à insignificância do movimento Nova Era — que no século XXI parece tão antiquado, tão anos 1970 e 80 —, quanto ao fato de não se poder atribuir a ele um papel significativo na sociedade contemporânea. Embora não seja possível apresentar aqui evidências do que digo, é mais do que claro que nada pode estar mais longe da verdade. Pois as crenças e atitudes da Nova Era estão atualmente tão difundidas em nossa sociedade e em sua cultura que já domina todas as áreas da vida (apenas examine cuidadosamente as prateleiras de sua livraria local a próxima vez que for lá).[19]

Há três paralelos principais que podemos traçar entre a metafísica subjacente ao consumo moderno e a visão de mundo da Nova Era. O primeiro — e mais óbvio — é

---

[18] Ver a discussão sobre se a Nova Era deve ou não ser vista como uma ideologia do consumismo em Heelas, s.d.:103-116.

[19] Para evidências do papel significativo desempenhado pelas idéias e atitudes da Nova Era na vida moderna, ver York, 1995; e Heelas, 1996.

o que Roy Wallis (1984:100) chama de individualismo epistemológico. É a hipótese de que a autoridade emana do *self*, e de que não há autoridade verdadeira fora dele. Como diz o porta-voz da Nova Era *sir* George Trevelyan: "Só aceite o que soa como verdade para o seu eu interior".[20] Este, como já vimos, também é o princípio central da moderna ideologia do consumo, o pressuposto de que a experiência pessoal e somente ela — na forma de vontades e desejos — constitui a mais alta autoridade. Segundo, como também já visto, há um idealismo ou emanacionismo ontológico comum aos dois. É a crença em que a realidade consiste em mente e espírito, e não em matéria. O terceiro, como sugerido, é o fato de que partilham uma filosofia basicamente "mágica", segundo a qual o "mundo material" ou "exterior" está em geral subordinado diretamente ao poder dos pensamentos e desejos humanos.

A segunda semelhança, a crença comum numa metafísica idealista, me dá a oportunidade de citar a última daquelas frases bem conhecidas e populares comumente aplicadas ao consumo. Nesse caso, a expressão que tenho em mente é "terapia de varejo", que, segundo minha experiência, é quase sempre empregada num contexto humorístico, ou pelo menos mencionada de maneira irreverente e jovial. Contudo, gostaria uma vez mais de sugerir que tratássemos esse assunto com mais seriedade, considerando-o não uma metáfora ou uma piada, mas uma palavra-chave exata e significativa. Pois, quando a crença numa ontologia idealista é aplicada a indivíduos, leva à idéia de que o "verdadeiro *self*" está localizado nas profundezas da psique humana e só pode ser descoberto através do processo essencial que "expressa" ou "libera" essa realidade subjacente.

Naturalmente, essa crença acaba com toda e qualquer restrição ou constrangimento, seja imposto ao indivíduo de fora, seja, o que é mais significativo, pelo próprio indivíduo, mediante um excessivo autocontrole ou inibição, como a causa de tudo o que é falso, não-autêntico ou nocivo. A expressão "terapia de varejo" é comumente usada para significar pouco mais do que a atividade de comprar, entendida como uma forma de auto-indulgência, que tem o efeito de fazer com que nos sintamos melhor. Porém, gostaria de sugerir que a expressão — quando encarada com seriedade — significa que essa atividade deve ser considerada comparável a algo como a participação em um grupo de ajuda mútua. A terapia é, na verdade, um meio importante de superar inibições ou "bloqueios psíquicos" e de expressar claramente sentimentos mais intensos. Obviamente, não quero dizer com isso que as pessoas regularmente se desentendam com os vendedores irritantes, ou que se desfaçam em gentilezas constantemente com os vendedores educados e atenciosos. O que quero dizer é que, ao escolhermos e comprarmos os produtos que desejamos (não aqueles de que "necessitamos"), estamos expondo diretamente nossos sentimentos — e, conseqüentemente, nos li-

[20] Apud Heelas, 1996:21.

vrando de limitações inúteis — da mesma maneira básica que fazemos nos contextos terapêuticos elaborados de modo autoconsciente. Fazer compras, sem dúvida, freqüentemente se assemelha à terapia, como os adeptos do movimento Nova Era entendem o termo.[21] Ou seja, é essencialmente um processo em que se chega à cura e à "autotransformação" encorajando a expressão direta de emoções e, conseqüentemente, pode de fato ser vista como um meio de "liberar" o "eu verdadeiro". Na verdade, pelo menos um autor da Nova Era identifica explicitamente o ato de fazer compras como um meio para atingir esse fim.[22]

Conclusão

O objetivo deste trabalho foi explorar alguns pressupostos fundamentais que podem ser considerados subjacentes ao fenômeno do consumo moderno. E procurar essas idéias referentes à natureza do saber e do ser que estão implícitas nas crenças e atitudes tipicamente associadas a práticas de consumo aparentemente tão mundanas como fazer compras. A conclusão a que cheguei é de que há de fato hipóteses metafísicas significativas que servem de base ao consumismo moderno, hipóteses que, intrigantemente, não parecem estar limitadas à esfera do consumismo propriamente dito, mas que estão também presentes em muitas outras esferas da vida contemporânea. O que isso pode estar indicando é que a atividade de consumo — com seu emanacionismo e fé no poder da mágica — tem se tornado uma espécie de padrão ou modelo de como os cidadãos das sociedades contemporâneas ocidentais passaram a encarar todas as atividades. Como mais e mais áreas da sociedade contemporânea foram assimiladas a um "modelo de consumidor", talvez não seja de surpreender que a metafísica subjacente do consumismo tenha, nesse processo, se tornado uma espécie de filosofia *default* para toda a vida moderna. Visto por esse prisma, o fato de o consumo ter adquirido importância central em nossas vidas pode indicar algo bem diferente do que se costuma sugerir — que somos todos vítimas de uma aquisitividade e um materialismo egoísta. Muito pelo contrário, isso pode ser visto como indicativo da aceitação de uma metafísica fundamentalmente idealista. Se assim for, então, isso pode significar que o consumo não deve ser mais visto como uma reação desesperada e necessariamente fútil à experiência da insignificância e, sim, como uma perfeita solução para essa experiência. A sugestão é que o próprio consumo pode propiciar a significância e a identidade que os seres humanos modernos tanto desejam, e que é em grande parte através dessa atividade que os indivíduos podem descobrir quem são, e conseguir combater

---

[21] Sobre a questão da terapia, ver Button e Bloom (1992:131-146), sobre cura, ver Heelas (1996, cap. 3).

[22] Ver, por exemplo, Ray, 1990:135-137.

seu senso de insegurança ontológica. Por conseguinte, é exatamente nesse aspecto de suas vidas que a maioria das pessoas encontra as bases sólidas sobre as quais assentar sua percepção do real e da verdade, e também de onde extrair seu objetivo de vida.

Portanto, é com base nesse diagnóstico que, a meu ver, é justificável afirmar não só que vivemos numa sociedade de consumo, ou somos socializados numa cultura de consumo, mas que a nossa, num sentido bem fundamental, é uma civilização de consumo.

Bibliografia

BENSON, April Lane (Ed.). *I shop therefore I am: compulsive buying and the search for self.* Northvale, NJ: Jason Aronson, 2000.

BOCOCK, Robert; THOMPSON, Kenneth Alfred. *Social and cultural forms of modernity.* Cambridge: Polity Press, 1992.

BUTTON, John; BLOOM, William (Eds.). *The seeker's handbook: a new age resource book.* London: Aquarian, Thorsons, 1992.

CAMPBELL, Colin. *The romantic ethic and the spirit of modern consumerism.* Oxford: Blackwell, 1987.

———. Consumption and the rhetorics of need and want. *Journal of Design History*, v. 11, n. 3, p. 235-246, 1998.

EKSTROM, Karin; BREMBECK, Helen (Eds.). *Elusive consumption: tracking new research perspectives.* Oxford: Berg, 2004.

FEATHERSTONE, M. *Consumer culture and postmodernism.* London: Sage, 1991.

FULLER, Robert C. *Alternative medicine and American religious life.* New York: Oxford University Press, 1989.

HEELAS, Paul. The New Age in cultural context: the premodern, the modern and the postmodern. *Religion*, v. 23, n. 2, p. 103-116, s.d. (Special Issue).

———. *The New Age movement: the celebration of the self and the sacralization of modernity.* London: Blackwell, 1996.

HOLLINGER, Robert. *Postmodernism and the social sciences.* Thousand Oaks, Calif.: Sage, 1994.

KUMAR, Krishan. *The rise of the modern West: aspects of the social and political development of the West.* Oxford: Blackwell, 1988.

RAY, Sondra. *How to be chic, fabulous and live forever.* Berkeley, Calif.: Celestial Arts, 1990.

RITZER, G. et al. Theories of consumption. In: RITZER, G.; SMART, B. (Eds.). *The handbook of social theory.* London: Sage, 2002.

SLATER, Don. *Consumer culture and modernity.* Cambridge: Polity Press, 1997.

WALLIS, Roy. *The elementary forms of the new religious life.* London: Routledge & Kegan Paul, 1984.

YORK, Michael. *The emerging network: a sociology of the New Age and neo-pagan movements.* New York: Rowman & Littlefield, 1995.

3

Madame Bovary *ou o consumo moderno como drama social**

LAURA GRAZIELA GOMES

"Liberdade é pouco. O que desejo ainda não tem nome."
Clarice Lispector

Mito e escândalo

Muitos de nós conhecem o romance de Gustave Flaubert *Madame Bovary*, bem como o destino trágico de sua personagem principal, Ema Bovary. Após ter hipotecado a casa onde morava com o marido, à revelia dele, e contraído enormes dívidas, Ema é pressionada pelo agiota, que declara sua "falência pessoal". Em pleno século XIX, vivendo em uma província francesa, sem saída, Ema decide se suicidar tomando uma dose letal de arsênico. Sua agonia lenta e terrível é assistida pelo marido, que, apesar de médico, nada pôde fazer para salvá-la.

A ilusão de realidade que o livro produz e que, nesse caso, ao contrário de *A educação sentimental* (do mesmo autor), não se baseia nas interações sentimentais dos personagens, tampouco nas intrigas e no vaivém dos afetos que elas suscitam, repousa em alguns fatos novos, que, misturados a fórmulas literárias antigas — leia-se *D. Quixote de la Mancha*, por exemplo —, capturam a realidade por um ângulo inédito, o que não exclui os aspectos sentimentais, mas não faz deles o motor principal da psicologia dos personagens. Um desses fatos novos, sem dúvida, é a maneira pela qual Ema lida com o dinheiro e com o patrimônio do marido, encarnando "uma noção feminina do dinheiro, do qual faz instrumento de prazer e de luxo, mais que de poder".[1] Outro fato novo é a recusa da personagem em fazer o jogo para o qual sua condição e origem social pequeno-burguesa a impelia. Uma recusa que não é feita por amor à realidade, ou em nome de alguma crença moral, filosófica ou política, mas para seus críticos e detratores, motivada por uma *alodoxia*, isto é, por um "erro de percepção e de apreciação que consiste em reconhecer uma coisa por outra",[2] no caso a ilusão pela realidade. Sendo uma obra de ficção, *Madame Bovary* conta a história paradoxal de alguém, uma mulher, que resolveu levar a ficção a sério demais.

---

* Uma primeira versão deste texto foi apresentada na ESPM/RJ, em 1999, num ciclo de palestras intitulado Cinema, Consumo e Cultura, organizado pela professora Lívia Barbosa.

[1] Pierre Coigny, apud Bourdieu, 1996:30.

[2] Flaubert, apud Bourdieu, 1996:33.

Do ponto de vista da teoria antropológica mais recente, foi Victor Turner (1980) quem melhor explorou teoricamente os vínculos entre os dramas sociais e os gêneros narrativos que eles produzem nas sociedades letradas e não-letradas. Citando Frank Kermode, Turner chamou a atenção para o fato de o romance consistir em dois componentes: o mito e o escândalo. "Certamente o mexerico, que inclui o escândalo, é uma das fontes permanentes de gêneros culturais".

Não há dúvida de que *Madame Bovary*, de Gustave Flaubert, é um dos romances exemplares da literatura moderna justamente por se incluir nesse caso, ou seja, por ter sido concebido principalmente a partir dos dois componentes mencionados por Kermode — o mito e o escândalo —, o que o difere do folhetim.

Considerando inicialmente a questão do mito — e é importante ressaltar que Flaubert foi leitor e admirador confesso da literatura clássica —, o fim escolhido para Ema é muito semelhante ao das mulheres das tragédias gregas. Segundo as observações de Nicole Loraux (1988:25) acerca das representações da morte feminina na Grécia antiga, é somente na tragédia, e de forma violenta, que a mulher grega consegue conquistar a morte, "morte que lhe pertença como sua". Certamente, Flaubert buscou auxílio no mito para conceber o desfecho de sua história. A partir do momento em que Ema exerce sua autonomia ante o mundo que a cerca, tal como fizeram algumas personagens femininas trágicas, é justo que reafirmasse a tradição de que apenas recorrendo ao suicídio e morrendo de forma violenta a mulher consegue conquistar a própria morte. Sendo assim, o suicídio de Ema não deve ser confundido com a punição da personagem no sentido cristão e ocidental do termo. Ele tem uma dimensão trágica, pois parte de uma decisão da personagem, uma decisão cujo objetivo era o de deliberadamente "consumar" seu destino, preservando o controle de sua vida, não aceitar dividi-la com ninguém, nem mesmo com o marido, ainda que sabendo que este a perdoaria apesar de tudo o que fizera. Desse modo, Ema confirma o mito de que todas as vezes em que uma mulher ousa conquistar "o mundo viril da ação" assumindo o controle de sua vida, a morte é a solução "como única saída numa desgraça extrema".[3] De fato, mesmo no leito de morte, Ema não abre mão de sua escolha e não deixa dúvida de que não se arrependera de nada. Nesse particular, Ema se aproximaria ainda mais de suas congêneres trágicas pela maneira resoluta com que segue firme em direção à consumação de seu fim, distinguindo-se, assim, das personagens mais recentes e contemporâneas das produções midiáticas. O romance de Flaubert não dá à heroína qualquer possibilidade de empreender alguma forma de "negociação",[4] fato comum na

---

[3] Loraux, 1988:25.

[4] Citando Gledhill (1987), Heloisa Buarque de Almeida (2003:262) chama a atenção para o fato de que a construção dos tipos femininos na produção midiática orienta-se pela negociação, recorrendo tanto aos modelos tradicionais femininos quanto aos modelos modernos de mulheres trabalhadoras e independentes.

construção das personagens femininas nos melodramas, folhetins, cinema e, mais recentemente, radionovelas, telenovelas, seriados etc.

Tais considerações não deixam de ser sugestivas, uma vez que um dos temas principais de *Madame Bovary* é o consumo e o consumismo, entendendo-se pelo segundo termo não tanto o ato de consumir exageradamente, mas consumir em função de algo que se busca e que nunca é completamente satisfeito e atingido — o prazer, a felicidade.[5] Do latim *consumere*, consumir por si só significa "gastar", "destruir", "dar cabo de", "arruinar", "gastar ou corroer até a destruição", "extinguir", "destruir pelo fogo"; "queimar, calcinar". A morte de Ema, em termos de imagens, é a própria representação do processo de consumação pelo qual ela se deixa envolver: consumir e ser consumida, eis a questão. Nada mais coerente com a lógica da personagem e dos novos tempos que ela anuncia.

Já a questão do escândalo evidencia-se nas acusações de superficialidade e adultério que pesam sobre Ema, ambas provocadas não só por seu romantismo exacerbado, mas, sobretudo, pela forma com que se relaciona com o dinheiro e o patrimônio familiar. Ema é a própria imagem da dilapidação e da prodigalidade, sem dúvida uma das grandes ameaças introduzidas pelo consumismo e pelo materialismo modernos. Nesses termos, o que torna a prodigalidade de Ema particularmente escandalosa e ameaçadora é o fato de ela pertencer a uma classe social — a pequena burguesia — até então considerada um dos baluartes da ética do trabalho e da poupança. A certa altura, o romance mostra que algo havia mudado e que a pequena burguesia já não se ajustava mais tão pacificamente a esse papel social.

Assim, tendo em mente esses dois componentes estruturais do romance — o mito e o escândalo —, neste capítulo procurarei focalizar o consumismo de Ema Bovary como um drama social, e não como um caso isolado ou episódico ao longo do percurso da literatura moderna. Ao contrário, tentarei demonstrar que, de acordo com Flaubert, Ema Bovary é um primeiro instantâneo desse novo personagem social — o consumidor moderno — tal como o conhecemos nos dias de hoje, com todas as suas contradições, paradoxos e ambigüidades.[6] Ao tratar o romance a partir desse enquadramento sociológico, estarei interessada também em traçar a genealogia da condenação moral que pesa sobre o modo de vida de Ema, tal como retratado no romance. Pretendo mostrar ainda que, sem dúvida, essa condenação deve-se muito à escrita de Flaubert, isto é, ao estilo corrosivo do autor, que determinou sua recepção polêmica na França, com autor e personagem sendo inclusive processados. Toda a controvérsia que envolve *Madame Bovary* desde o seu surgimento faz do romance de Flaubert peça importante

---

[5] Campbell, 2001.

[6] Barbosa, 2004.

para se entender a condenação moral que recai sobre o consumismo em geral. Num exemplo de como a arte cria a realidade, Flaubert inaugura os tempos modernos não apenas retratando-os, mas fazendo isso de forma surpreendente. Ao tomar a história pelo seu avesso, pelo do mito e do escândalo, ele traduz em termos literários o que Berman (1986) tão bem elaborou em seu estudo sobre a modernidade, definindo ser moderno como viver uma vida de paradoxos.

Partindo da condenação de Ema e, por extensão, do mundo e das mudanças que ela anuncia e representa, outro objetivo deste capítulo é criticar uma certa postura e literatura feministas. Ao ignorar os muitos sentidos possíveis da modernidade, ao desconhecer seu lado contraditório e dialético, essa perspectiva feminista acabou não só por assimilar o preconceito moral em relação à personagem, mas, por extensão, por reduzir o "empoderamento" da mulher ocidental moderna ao processo de adoção dos padrões masculinos em relação ao trabalho (paradigma produtivista) e à cidadania em termos jurídicos.[7] Nesse sentido, o texto pode ser tomado como uma crítica a certo tipo de feminismo que acabou por tratar de forma irresponsável o nexo existente entre subjetividade feminina, consumismo e materialismo modernos, bem como suas relações com o romantismo, fazendo deles algo sistematicamente irrelevante e até mesmo intolerável do ponto de vista moral.

O equívoco de acreditar que somente valorizando aquelas conquistas femininas consideradas moral e politicamente corretas se possa garantir um conhecimento mais acurado dos mecanismos psicológicos e culturais que constituem a subjetividade feminina contemporânea só vem corroborar o quanto ainda estamos longe de uma abordagem que leve em conta toda a complexidade da condição feminina.

Tomando por base o próprio Flaubert, defendo o ponto de vista contrário, pois, enquanto o consumismo for mantido na penumbra ou mesmo numa posição marginal, uma parte do mundo tenderá para a irracionalidade. Assim, retomando os estudos pioneiros de Sombart (1966), Veblen (1965) e os trabalhos recentes de Colin Campbell (2001), Mica Nava (1997) e Victor Turner (1980), sustento aqui que não existe apenas uma relação entre romantismo e consumismo, mas um nexo profundo entre a lógica cultural do capitalismo contemporâneo pós-industrial e todo o campo do feminino, o que significa dizer, em resumo, que o capitalismo contemporâneo fundado no consumo está muito mais adequado ao feminino em suas premissas mais essenciais. Por último, sustento ainda que esse nexo não pode ser tratado como uma forma de desvio da história em relação a uma ordem social idealizada, segundo critérios morais e ideológicos que continuam a ter muito mais a ver com expectativas e padrões masculinos (paradigma produtivista) do que femininos.

---

[7] A esse respeito, ver o interessante texto de Mica Nava (1997:56-91) sobre a participação das mulheres na construção do espaço público na modernidade, mediante seu papel social de consumidoras.

Madame Bovary: um drama social

Sabe-se que Flaubert baseou-se em fatos reais, muito possivelmente em um caso escandaloso da época, objeto de inúmeros mexericos alimentados pelos jornais. Entretanto, o referido escândalo não continha todos os ingredientes e as etapas que, de acordo com Victor Turner (1980), anunciam um drama social:

> dramas sociais, "dramas de vida", como Kenneth Burke os chama, podem ser convenientemente estudados através de sua divisão em quatro fases. Essas fases eu rotulo de ruptura, crise, reforma, ou reintegração, ou reconhecimento de cisma. [Os] dramas sociais ocorrem com grupos de pessoas que compartilham valores e interesses e que têm uma história comum, real ou suposta. Os principais atores são pessoas para quem o grupo constitui uma prioridade de alto valor...

Foi preciso um escritor do porte de Flaubert não só para tomar o episódio real e transformá-lo em uma boa história, mas, a partir dela, para pôr em evidência uma nova realidade ou a realidade tal como ele a percebia. De fato, o romance *Madame Bovary* fala claramente de uma ruptura, de uma crise, de uma reforma e, finalmente, de um reconhecimento de cisma. A seguir, passo a explorar como essas quatro fases se encontram presentes no romance e em que medida elas anunciam claramente os novos tempos.

Ruptura

Assim como Colin Campbell (2001) assinalou em seu estudo sobre as origens da sociedade de consumo moderna, Flaubert também observou que a pequena burguesia, em dado momento, rompeu definitivamente com sua tradição anterior,[8] isto é, com o conjunto de crenças e valores que, historicamente, haviam sido responsáveis por sua ascensão econômica e política no advento do capitalismo, tal como Marx e muito especialmente Max Weber (1967) nos apresentam em *A ética protestante e o espírito do capitalismo.*

A grande novidade no que diz respeito a Flaubert é que, quando o romance foi publicado, essa ruptura ainda não havia sido objeto de reflexão ou mesmo dotada de alguma racionalidade, como acontece no livro de Campbell, no qual a ruptura é assinalada em termos inclusive cronológicos. Embora possa ser considerado um romance realista, o "realismo" de *Madame Bovary* não se prende a nenhuma "realidade objetiva"

---

[8] Sobre essa questão, ler também *A educação sentimental*, onde Flaubert descortina as principais contradições burguesas no momento mesmo em que esse grupo consolida seu poder político e econômico.

e exterior e, nesse sentido, não tem qualquer relação com uma outra literatura "realista", segundo a qual o conhecimento do meio social e físico conduziria à compreensão da psicologia, logo das ações dos personagens. De fato, se comparamos *Madame Bovary* com outros romances da época, observamos que, ao contrário destes, o cerne da narrativa não está nas descrições da paisagem, das ações, das relações sociais, incluindo as relações sentimentais dos personagens, apesar de todos esses elementos estarem presentes na narrativa. Assim, evidencia-se desde as primeiras páginas do romance que o "real" de que trata Flaubert caminha junto com a personagem principal, a traz consigo e é ainda relativamente desconhecido de todos, pelo menos como algo que mereça maiores atenções dos intelectuais. Na verdade, Ema é muito mais do que uma mulher romântica e frívola, é a própria encarnação do "desejo", uma noção que somente com o advento da psicanálise mereceria um estatuto teórico preciso. Temos então que Flaubert antecipa a descoberta feita por Freud, fazendo do desejo encarnado numa mulher o cerne de seu projeto literário. Conforme já assinalado, trata-se de uma dimensão do "real" cuja existência não deriva da exterioridade e da objetividade, muito embora suas conseqüências, como veremos daqui por diante, sejam responsáveis por mudanças objetivas profundas.

Em suma, Flaubert foi realista sim, especialmente em *Madame Bovary*, desde que se destaque a tensão fundamental de sua personagem, Ema: ela não é apenas uma mulher burguesa às voltas com as ilusões românticas e consumistas decorrentes de uma educação deformada, mas alguém que tomou consciência do seu desejo, na medida mesmo em que percebia haver um abismo entre ele e sua satisfação plena ou mesmo a "realidade tal como ela é". Trata-se, por conseguinte, de uma tensão que Flaubert, por intermédio de Ema, percebeu ser definitiva, irreversível e irreconciliável, ao mesmo tempo que se trata de uma tensão social e historicamente construída e, mais uma vez, percebida por ele como uma das marcas distintivas da burguesia e do Ocidente moderno. Temos assim, logo de saída, três tropos: o campo do individualismo, o campo do feminino e as subjetividades decorrentes, bem como as representações divergentes da realidade que cada um produz — dois problemas modernos e burgueses por excelência antecipados por Flaubert a seus contemporâneos.

Tais reflexões a respeito da ruptura em *Madame Bovary* leva-me a questionar até que ponto é possível construir um conhecimento válido sobre a identidade burguesa, ou mesmo sobre identidades de gênero, sem analisar profundamente o consumo e o consumismo. Ora, a partir de que lugar a burguesia apresenta de forma mais contundente sua especificidade não apenas histórica, mas sociológica e cultural — produção ou consumo? Por esse prisma, *Madame Bovary* pode ser tomado como um primeiro instantâneo desse personagem social — o consumidor moderno —, não devendo mais ser lido pelo viés único da negatividade que a personagem apresenta. No entanto, colocar nesses termos é pretender excluir da aventura da modernidade justamente aqueles paradoxos que a definem como uma experiência única — "viver em um turbilhão, viver um paradoxo, onde tudo o que é sólido desmancha no ar".[9] Sem dúvida, são esses paradoxos que têm levado a diferentes formas de destradicionalização, por meio de dramas sociais causados pela "ruptura de uma norma, a infração de uma regra de moralidade, lei, costume ou etiqueta".[10]

A acusação e o processo dirigidos tanto contra a personagem Ema Bovary quanto contra Flaubert não deixam dúvidas sobre o modo pelo qual essa ruptura foi percebida na época, isto é, exatamente como observado por Victor Turner (1980): "a expressão de uma divisão de interesses e lealdades mais profunda do que aquela que aparece na superfície". No caso em questão, o romance veio explicitar os conflitos morais decorrentes dos dois paradigmas instaurados no advento da modernidade e que até então se encontravam em relativo equilíbrio, a saber, o produtivismo e o consumismo.[11] De fato, Ema Bovary não apenas torna visível o impasse lógico e a crise entre esses dois paradigmas, como anuncia a supremacia futura do segundo sobre o primeiro, a transformação profunda que o consumo e o consumismo produzirão no âmbito das relações sociais, na cultura e, em conseqüência, nas relações de produção.

Crise

> Uma vez visível, dificilmente pode deixar de ser reconhecida. Seja qual for o caso, segue-se uma crise crescente, um momento de tensão ou de decisão nas relações entre componentes do campo social — no qual a aparente paz se transforma em conflitos evidentes, e antagonismos latentes tornam-se visíveis. Tomam-se partidos, formam-se facções e, a menos que o conflito possa ser encerrado rapidamente dentro de uma área limitada de interação social, a ruptura tende a se ampliar e a se espalhar até coincidir com alguma linha de clivagem no conjunto mais amplo de relações sociais relevantes ao qual as partes em conflito pertencem.[12]

O romance *Madame Bovary* não aponta apenas uma ruptura, assinala uma crise crescente, na qual ficam visíveis os conflitos e os antagonismos latentes de que fala Victor Turner. Tomando por base a fortuna crítica de *Madame Bovary*, considerada uma das mais extensas da literatura moderna, observa-se que poucos personagens despertaram tanto interesse ou mesmo tantos sentimentos contraditórios, desde que o romance foi publicado pela primeira vez na França, em uma revista literária — a *Revue*

---

[9] Berman, 1986.

[10] Turner, 1980.

[11] Sombart, 1966; Campbell, 2001.

[12] Turner, 1980.

de Paris —, em 1856. O fato de a história de Ema Bovary ter logo desencadeado uma onda de protestos e polêmica por toda a França que culminou com a instauração de um processo contra personagem e autor[13] vem ao encontro da tese de Victor Turner de que era preciso "limitar a difusão contagiante da ruptura"; de que era preciso pôr rapidamente em funcionamento mecanismos adaptativos e reformadores para avaliar a abrangência e o significado da ruptura, em suma, invocar uma cruzada moral para o restabelecimento da ordem social por meio de mecanismos e procedimentos variados.

> Os mecanismos podem variar de conselhos pessoais *a arbitragens informais, a mecanismos formais e legais e, até mesmo, para resolver certos tipos de crise, chegar ao desempenho de rituais públicos. Tais rituais envolvem um "sacrifício" literal ou moral, isto é, uma vítima é oferecida como bode expiatório para redimir o grupo da ofensa representada pela violência reformadora.*[14]

Essa afirmação de Turner nos permite entender que o processo contra Ema e Flaubert se insere em uma racionalidade que não os define como bodes expiatórios, mas aponta com veemência o sentido da ruptura anunciada por ambos. Ema antecipa as teses de historiadores como McKendrick e Campbell de que o espírito do consumismo moderno não se originou na aristocracia, tampouco na alta burguesia, mas precisamente nos seus estratos médios e baixos. É nessa particularidade que reside a ruptura e, conseqüentemente, a grande ameaça revelada por Flaubert. De origem camponesa e modesta, Ema é, desde o início da narrativa, apresentada como uma mulher dotada de uma sensibilidade especial, romântica, além de demonstrar interesse por coisas e assuntos totalmente variados, díspares, mundanos, fora de sua realidade imediata, fato que já a distancia bastante de seu meio social, predispondo-a a romper com ele. De acordo com o narrador, esse romantismo, que lhe empresta um certo encanto e a distingue das pessoas de seu meio, deveu-se ao hábito de ler romances que ela adquiriu no convento para onde foi levada ainda bem jovem, lá vivendo por alguns anos. No breve relato que se segue, retirado de *Madame Bovary*, temos a comprovação de que o importante papel representado pela leitura e pelo romance na construção de uma nova sensibilidade burguesa, tema tão bem discutido por Campbell (2001), já havia chamado a atenção de Flaubert, que, ironicamente, incluiu no próprio romance alguns detalhes sobre a composição da literatura preferida de sua personagem.

> Só amores, amantes, damas perseguidas que desmaiavam em pavilhões solitários, postilhões assassinados nas estações de muda, cavalos rebentados em todas as páginas, florestas som-

[13] De acordo com o próprio Flaubert, em carta endereçada ao irmão Achille, ele contratou um estenógrafo para anotar todas as sessões do julgamento (dele e de madame Bovary) em 31 de janeiro de 1857. Ver Machado, 1993:165.

[14] Turner (1980), grifos meus.

> brias, perturbações do coração, juramentos, soluços, lágrimas e beijos, barquinhos ao luar, rouxinóis no arvoredo, cavaleiros bravos como leões e mansos como cordeiros, virtuosos como já não há, sempre bem postos e chorando como chafarizes... Mais tarde, com Walter Scott, [Ema] apaixonou-se por coisas históricas, sonhou com armários, salas de guardas e menestréis. Quisera viver nalgum velho castelo, como aquelas castelãs de corpetes compridos que, sob os ornatos das ogivas, passavam os dias com o cotovelo apoiado ao peitoril e o queixo na mão, à espera de ver surgir do extremo do horizonte algum cavaleiro de pluma branca, galopando num cavalo negro (...).[15]

Cabe, no entanto, questionar se Flaubert, ao descrever de forma tão corrosiva os romances lidos por Ema, pretendia simplesmente condená-los, responsabilizando-os pelos problemas vividos pela personagem. Afinal, Flaubert era contra o hábito de leitura feminino ou contra a leitura de romances? De qualquer modo, não resta a menor dúvida de que, vindo de um romancista, essas condenações soam, no mínimo, contraditórias. Uma consulta à correspondência e aos comentários de Flaubert sobre *Madame Bovary* permite constatar que, para ele, o hábito da personagem ler romances não seria em si problemático. Segundo o narrador, o problema estaria em como ela leu e fruiu esses livros, se apropriou deles para buscar ou construir o sentido de sua vida, ou seja, na forma *conspícua*. De acordo com os dicionários, *conspícuo* quer dizer sério, grave e respeitável, além de visível. No contexto da obra, pode-se depreender que Ema Bovary levou absolutamente a sério essa literatura, atribuindo-lhe uma função que foi além do mero entretenimento de salão. Disso decorrem duas conseqüências graves para a posteridade no que se refere à genealogia da condenação moral que pesa sobre Ema e o consumismo em geral e, mais ainda, aquela que recai sobre a chamada cultura de massas. A primeira delas, a suspeita moral sobre qualquer forma de consumo cultural que possa se realizar sem alguma tutela intelectual. Assim, o que torna o hábito de Ema Bovary condenável é o fato de sua leitura ser feita solitariamente, sem qualquer controle, e ser visivelmente uma forma de fruição e obtenção de prazer. Ela escolhia livremente o que ler, quando ler, e o que fazer com suas leituras, sem intermediários ou mesmo tutores. Ora, nesse caso, pode-se dizer então que a crítica não visava tanto ao romantismo em si, mas a uma determinada forma de consumo ou de leitura que o romantismo estimulou. Esse é o *xis* da questão que desencadeia a ruptura seguida de crise. Tem-se, assim, a segunda conseqüência importante para a posteridade, na medida em que o modo de ler de Ema Bovary marca uma ruptura definitiva entre dois modos de consumo cultural: aquele que define o consumo da chamada alta cultura, institucionalizado e formalizado pela cultura escolar, portanto tutelado, e aquele que define o consumo da cultura de massa, realizado de

---

[15] Flaubert, 2003:51.

forma livre, sem nenhum tipo de tutela, marcado por misturas, e que não obedece aos cânones do gosto da alta cultura.

Em *Madame Bovary*, a crise é marcada pelas escolhas e decisões que Ema toma a partir do rompimento com o *habitus* de seu grupo social — que estabelecia, além de certas normas estéticas, um certo comedimento —, na medida em que constrói para si um gosto próprio, baseado no luxo e cultivado de forma completamente estapafúrdia. É nesse contexto que se tem de examinar suas outras escolhas, que a conduzem ao adultério e à dilapidação dos bens do casal. Mais uma vez, a leitura atenta do romance e da correspondência do escritor nos informa que histórias de adultérios acompanhados de bancarrotas eram recorrentes na época e bastante utilizadas na literatura, fosse para enaltecer ou degradar os personagens. No plano da recepção da obra, seria o caso então de investigar se os protestos em torno de *Madame Bovary* deveram-se apenas aos adultérios cometidos por Ema, pois, afinal, não seria a primeira vez que um romance contaria a história de uma mulher adúltera. Nesse caso, o que haveria de surpreendente nos adultérios vividos por Ema Bovary?

Sem dúvida, estamos diante de outra novidade da obra, que reafirma sua grandeza. Pela primeira vez em um romance sugere-se que a sexualidade feminina é algo mais que um problema de ordem moral. Estamos, assim, diante de uma situação de ruptura bastante delicada, explorada literariamente com maestria por Flaubert, e que somente muito mais adiante seria desenvolvida teórica e clinicamente por Freud. Revela-se que a conquista das mulheres não diz respeito somente à consciência de seus direitos e obrigações na condição de cidadãs e trabalhadoras, mas, sobretudo, aos avanços que obtiveram quanto a seu corpo, seus sentidos, seus usos e significados, enfim, sua sexualidade, bem como às formas de prazer que poderiam obter a partir do conhecimento de tudo isso. Na realidade, Flaubert narra a história de um certo tipo de empoderamento feminino que se refere à consciência que as mulheres adquiriram do desejo, e de como, a partir do conhecimento desse desejo, estabeleceram uma nova relação com o mundo ao seu redor, com os homens e, finalmente, com sua própria sexualidade, tendo desenvolvido uma forma muito particular de heroísmo na sua busca pela felicidade pessoal.

Nesse sentido, Ema não só ilustra a passagem entre os dois modelos de hedonismo, segundo Campbell, mas marca a diferença dessa passagem em termos de gênero. Se do ponto de vista de Colin Campbell, o século XIX marca a transição do hedonismo tradicional, baseado nas sensações físicas, para o moderno, fundado na busca do prazer, entendido como uma busca de qualidade na experiência, é preciso lembrar que essa mudança não tem o mesmo significado para ambos os sexos. É no contexto dessa transição entre as duas espécies de hedonismo que se deve situar a outra ruptura seguida de crise provocada por Ema, a saber, como ela e, de certa forma, todas as mulheres ocidentais lidarão daí por diante com a equação amor, sexo e casamento. A partir de então, cada uma dessas "experiências" passa a ser reconhecida pelas mulheres como distinta e nem sempre (na maioria das vezes) coincidentes ou convergentes, muito pelo contrário; percebe-se que cada experiência implica escolhas, projetos de vida, formas de sacrifício, renúncias e obtenção de prazer e de felicidade pessoais bem diferentes. É nesse contexto que a "experiência do adultério" se reveste de um significado inteiramente novo para muitas mulheres. Embora ainda continue a pesar sobre ele uma forte interdição moral e jurídica, isso não impediu que o adultério se tornasse uma alternativa gratificante para as mulheres, quando estas se sentem frustradas em seus relacionamentos conjugais. Flaubert foi o primeiro romancista a registrar a existência dessa mudança profundamente moderna e que marca a emancipação feminina e a relação da mulher com as novas práticas hedonísticas, junto com a leitura de romances, o cinema etc.[16] Dessa forma, o adultério deixa de ser uma fatalidade na vida de uma mulher, tornando-se um componente cada vez mais associado à subjetividade e à experiência femininas, impregnadas de sonhos e fantasias e que, como tal, têm seu lado fáustico, construtivo e destrutivo. Ao trazer à tona essa ambigüidade que marca o feminino, e sobretudo o feminino moderno por excelência — uma mescla contraditória de realismo, senso prático e anseios mais românticos —, por meio da associação explícita entre busca do prazer ou mesmo da felicidade e adultério, também desvendou para o público não só aquilo que pode estimular a sua existência (romantismo, consumismo), mas exatamente as razões pelas quais o adultério se tornou crível do ponto de vista de uma "psicologia" feminina moderna. Embora o próprio Flaubert tenha sido um crítico do modo de vida de sua personagem, coerentemente optou por mostrar ao mundo uma das maiores transformações que estavam ocorrendo em sua época, mas que, apesar de tudo, pareciam passar ao largo do escrutínio dos estudiosos da sociedade, porque diziam respeito às mulheres burguesas.

Reconhecimento de cisma

Como se viu, o fim de Ema Bovary não aponta para uma reforma, ou uma reintegração, no sentido de uma reconciliação e um retorno ao papel da mulher e às representações tradicionais do universo feminino burguês. Nesse romance não existe "negociação" entre a tradição e a modernidade. Ao contrário, o suicídio de Ema, sua opção por uma morte dolorosa e violenta, indica uma ruptura definitiva com tudo isso, sugerindo ainda que os meios usados por ela em sua busca pelo prazer e pela felicidade pessoais se tornariam um vetor importante para a construção da identidade feminina moderna, mesmo quando conduzindo as mulheres a situações de vida incompatíveis com aquelas consideradas moralmente aceitáveis pela sociedade. A experiência de ser

---

[16] Campbell, 2001.

esposa/mãe ao mesmo tempo que amante e libertina torna-se uma equação fundamental para se pensar a mulher moderna, uma vez que a distância entre cada uma dessas experiências tende a desaparecer, passando, contraditoriamente, a ser possível sua ocorrência em uma mesma trajetória de vida. A esse respeito, sabe-se que, para Ema, o adultério, embora não a fizesse mais feliz, tornou-se o meio pelo qual ela, a seu modo, obtinha "seu" prazer — não apenas o prazer sexual, erótico —, mas o prazer advindo de viver uma "outra vida", mesmo que fosse uma "vida paralela" na sua imaginação. Essa é a principal herança e a lição fundamental deixada por Ema às suas sucessoras, o que nos leva a outro ponto central do romance: os devaneios de Ema. Além do adultério, Ema consagrou definitivamente a evasão como uma das possibilidades femininas de obtenção de prazer, de desfrute de emoções até então inacessíveis às mulheres de sua condição social. Na medida em que suas "aventuras amorosas" são conseqüência, em primeiro lugar, de sua sensibilidade alimentada pela literatura romântica, ela é uma pioneira, já que exercitou, no plano da imaginação e da fantasia, as emoções que essa literatura lhe proporcionou. Nesse sentido, retomando a distinção de gênero, que, ao meu ver, se encontra presente na passagem do hedonismo tradicional ao moderno, é claro que neste último coube às mulheres um papel fundamental, especialmente no que diz respeito aos usos da imaginação e da imagem visual.

Para além do drama social

No início deste capítulo, afirmei que existe uma profunda conexão entre a lógica do capitalismo contemporâneo e todo o campo do feminino, o que acaba tornando ambos alvos fáceis de condenações morais. O que quis dizer com essa afirmação é que as crenças e os valores que sustentam o capitalismo contemporâneo não dependem mais da racionalidade (*logos*) de que fala Weber, fundada na ética do trabalho, em suma, no paradigma produtivista, mas sim da fantasia e da evasão (mito, retorno ao mito). Embora tanto o trabalho e a racionalidade quanto a fantasia e a evasão não possam ser classificados *a priori* como pertencentes a homens ou a mulheres, o fato é que, na história do Ocidente, essa classificação procede. De fato, as principais conquistas relacionadas com a racionalidade e a ética do trabalho dizem respeito aos homens, a ponto de se poder dizer que os dois heróis do capitalismo — o capitalista e o operário —, bem como o lugar onde ambos exercitam sua *virtu* são, por excelência, representados em toda a literatura sociológica pela figura masculina. Ao mesmo tempo, é antiga a associação entre mulheres, visão e imaginação, especialmente quando se trata de ressaltar o lado ameaçador dessa associação. A história do cristianismo, da Igreja Católica e de sua guerra contra as heresias — a Inquisição e a perseguição à bruxaria — parece nos dizer que as mulheres sempre foram acusadas de um pendor para o uso indevido de sua imaginação. O caráter visionário que esse uso assume sempre foi um dado assustador da condição feminina, resultando nas diferentes formas de acusação que vão da possessão demoníaca ou loucura, até chegar à acusação mais recente e moderna, a de histeria. Não há dúvida de que Freud consideraria Ema Bovary uma histérica.

É nesse contexto que se tem de refletir sobre toda a crítica que é feita à personagem e também sobre o que ela simboliza em termos das associações entre devaneio, fantasia e consumismo, e que se estende a toda a cultura de consumo e de massas contemporânea. De fato, esta seria impensável se a fantasia e o poder de desfrutar emoções fortes imaginariamente não tivessem se tornado possíveis graças a mulheres como Ema. É aí que reside toda a pobreza da crítica social e moral feita a essa dimensão da vida moderna. Ela soa como um apelo nostálgico à Inquisição, uma espécie de reivindicação de pureza de forte cunho fundamentalista, na qual a imaginação continua sendo representada sartrianamente como a "louca da casa". Ora, uma das características da modernidade é que a liberdade deixa de ser apenas uma categoria política e jurídica para tornar-se também uma condição existencial, tornar-se, enfim, uma experiência pessoal, única e intransferível, originando-se daí um de seus dilemas principais, já que um sem-número de experiências libertárias passa a depender muito mais da imaginação e de seus usos do que exclusivamente de circunstâncias políticas e sociais. Em muitos aspectos, a conquista de direitos políticos, sociais e civis, a liberdade para trabalhar e exercer uma profissão não substituem a autonomia para se ter um mundo interior próprio, onde o sonho e a fantasia estejam presentes, e isso se aplica bem às mulheres. Afirmar que a evasão é uma condição negativa por si só tem sido um preconceito constante da literatura sociológica, a começar pela acusação freqüente de que se trata apenas de uma "fuga da realidade".

Nesse sentido, o que está sendo condenado em *Madame Bovary* é muito mais o poder que uma mulher pode ter quando, apesar de simplória, de condições sociais modestas, põe em marcha seu desejo corroborado por uma imaginação poderosa. Nesses termos, não seria exagerado dizer que Ema inaugura na literatura essa nova forma de sensibilidade que nós, contemporâneos, consideramos como que fundada na experiência e na busca não só das sensações físicas que as coisas, as pessoas e o mundo oferecem ou podem proporcionar, mas, sobretudo, de emoções e prazeres que a imaginação assim liberada pode propiciar.

Sem dúvida, é inevitável que esse fato produza negatividades, algumas delas responsáveis por mudanças culturais profundas, cujos efeitos não há ainda como avaliar.

Diante do exposto, creio que agora já dispomos dos elementos necessários para voltar ao romance em outros termos, ou seja, à luz das teorias sociológicas mais recentes, que tratam do consumo e do consumismo contemporâneos mais como um processo sociocultural e, menos, como uma ilustração do fracasso da economia e da política. Assim, do ponto de vista do consumo, qual é realmente a novidade que o romance publicado ainda na segunda metade do século XIX apresenta?

Inicialmente, é preciso dizer que Flaubert não foi exceção entre os escritores franceses que trataram da nova atitude em face do consumo emergente em sua época. Junto com ele, Balzac e Émile Zola também fizeram suas observações e registraram em suas obras esse aspecto já bastante visível da vida social e cotidiana da Paris do século XIX, embora esse fenômeno estivesse longe de merecer a atenção dos filósofos sociais e historiadores. A esse respeito, é importante assinalar que muitos dos acontecimentos sociais e culturais que anunciavam os tempos modernos, tais como o consumo, foram primeiramente abordados e mostrados pelos escritores e romancistas, simplesmente pelo fato de muitos deles privilegiarem como matéria-prima de seus romances as transformações urbanas e sociais, bem como o efeito delas no cotidiano e na cultura das cidades européias.

Assim, coube aos escritores, principalmente aos romancistas, o registro das primeiras incursões desse outro personagem social que é o consumidor moderno de origem pequeno-burguesa, face a face com os dilemas éticos advindos de suas escolhas, baseadas cada vez menos em critérios de necessidade (utilitarismo), mas atendendo, sim, ao exercício do gosto e à busca do prazer e da felicidade pessoal em detrimento da felicidade coletiva.[17] Nesse sentido, *Madame Bovary* é um testemunho eloqüente daquilo que Grant McCraken (2003) declarou sobre a "grande transformação" do Ocidente, a saber, que ela não inclui apenas uma revolução industrial, mas também uma revolução do consumo. Para esse autor:

> *the consumer revolution represents not just a change in tastes, preferences, and buying habits, but a fundamental shift in the culture of the early modern and modern world. The consumer revolution is now seen (by historical community) to have* ***changed Western concepts of time, space, society, the individual, the family and the state.***

As razões dessa divisão de trabalho que colocou, de um lado, escritores e romancistas e, de outro, filósofos sociais e historiadores não são o tema deste capítulo, mas é importante compreendê-las no âmbito do debate moral e ideológico que se estabelece a partir de então entre a esfera da produção e do consumo. Afinal de contas, o trabalho sempre foi um tema caro à filosofia ocidental — social e política — pela influência da teologia cristã. Dessa forma, não é surpreendente que o "mundo do trabalho" ou da produção tenha sido representado como moralmente superior ao "mundo do consumo".

Em relação ao consumo, a própria definição do termo remete ao sentido de destruição, sendo moralmente aceitável apenas quando atrelado à religião, à Igreja, ao clero, como um fenômeno ou mesmo atividade intrinsecamente pertinente ao campo

---

[17] Campbell, 2001.

religioso. Nesse sentido, foi moralmente absorvido como algo necessário ao bom desempenho dos rituais religiosos, da liturgia cristã, associado às práticas sacrificais. Assim, se as mudanças ocorridas em relação ao trabalho não foram consideradas pela moral cristã, na medida em que houve aí uma continuidade histórica acrescida de uma valorização, a partir do momento em que o trabalhador-operário adquiriu *status* político e jurídico, o mesmo não ocorreu com o consumo, muito menos com o consumidor. Quanto mais o consumo se tornou uma atividade cotidiana, saindo do controle religioso, mais ele se descolou da produção, no sentido de ser entendido como um desfecho moral dela, associado, portanto, à idéia de recompensa pelo dever cumprido (trabalho). Consumir passa a dizer respeito à vida mundana, individualizada, relacionada com a busca do prazer e da felicidade ainda neste mundo.

Tem-se então uma ambigüidade inerente à categoria "consumidor" que, somando-se àquela inerente ao sentido original do termo, é absolutamente moderna, recente, apontando para uma quebra profunda de continuidade, não apenas em relação à produção, mas quanto à percepção que os agentes sociais passam a ter da própria cultura material. Uma percepção que culmina em nossa época contemporânea, quando o ócio e o lazer, e não mais o trabalho e a produção, passam a ser analisados por algumas correntes de pensamento como o centro da própria economia, fato, no entanto, que não minimiza as questões morais relativas ao consumo, já que, para muitos, o trabalho continua a ser identificado como a atividade que distingue o humano por excelência. Em todo caso, é o crescimento do consumo que faz com que essa visão de mundo deixe de ser hegemônica no capitalismo contemporâneo, embora, vale reiterar, essa mudança de paradigma não elimine as questões morais que suscita.

Evidentemente, Flaubert, assim como Balzac e Zola, não podia estar a par de todas essas discussões. É isso que torna tão interessante a leitura de seus romances nos dias de hoje, pois podemos observar o quanto as obras mais importantes desses autores, ao abordarem o consumo, direta ou indiretamente, inauguram questões que somente nos tempos atuais têm merecido a atenção dos pesquisadores.

No caso de Flaubert, não resta a menor dúvida de que *Madame Bovary*, se não é o primeiro registro do consumidor moderno, é o mais significativo e o mais contundente. Significativo e contundente porque, antecipando-se em muitos anos aos sociólogos Sombart (1966), Thorstein Veblen (1965) e, mais adiante, a Colin Campbell (2001), Grant McCraken (2003), Mica Nava (1997), Flaubert apresentou sua personagem em conformidade com os delineamentos sociológicos com que eles definiram a figura do consumidor em suas obras. Em primeiro lugar, a personagem é do sexo feminino e pertence a uma classe social igualmente bem definida na obra desses autores:[18] a pequena burguesia. Em relação a tal particular, é interessante ler esses autores para, em

---

[18] Veblen, 1965; Campbell, 2001; Nava, 1997.

seguida, cotejar as argumentações deles com os "fios" que, segundo o "narrador" de *Madame Bovary*, atam a personagem ao seu destino. É possível que os autores citados não tenham lido o romance, mas é inevitável que soubessem de sua existência. Já Flaubert, surpreendentemente, escreveu e publicou sua história muito antes de todas essas questões serem pensadas e tratadas como objetos da sociologia e da antropologia, ou de qualquer outra ciência em particular.

Um aspecto que chama a atenção é como Flaubert ilustra magnificamente bem tanto as teses de Veblen quanto as de Colin Campbell. Em relação às teses veblenianas, temos o desejo, a inveja e o anseio de Ema Bovary de imitar o modo de vida aristocrático, pelo menos tal como ela o imaginava em função de suas leituras.[19] Em relação a Campbell, Flaubert surpreende ainda mais, apresentando a mesma conexão entre a sensibilidade romântica de Ema e o seu consumismo. Além disso, temos o hábito da personagem de devanear, ficar sonhando e imaginando coisas. Em suma, Flaubert antecipa e ilustra, literariamente falando, as teses de Campbell sobre o lugar do hedonismo auto-elusivo na forma da evasão, do devaneio, do "sonhar acordado" na construção do consumismo e da subjetividade modernos.

Essa questão fica mais evidente quando se observa que o romantismo de Ema é acompanhado de um materialismo especial. Em seu íntimo, Ema Bovary já sabe distinguir, diferentemente de suas contemporâneas reais, que o prazer que certas emoções proporcionam está relacionado com a experiência da posse de "belos objetos". Muito antes dos profissionais de marketing, Ema entendeu que o prazer é, sobretudo, uma construção estética e imaginária, até certo ponto independente das sensações físicas proporcionadas pela satisfação imediata dos sentidos.[20] Também em relação aos sentidos, Ema teve percepções acuradas. Compreendeu que eles precisam ser realimentados, cultivados constantemente com a ajuda da imaginação, enfim, por meio das formas que serão impressas na materialidade dos objetos, sugerindo que estes devam ser primeiro usufruídos esteticamente. Nesse sentido, é particularmente significativa a passagem que se segue, do capítulo V do romance, na qual o narrador descreve a chegada de Ema, recém-casada, à casa do marido:

> Atrás da porta [de entrada] estavam pendurados uma capa de gola curta, um freio, um boné de oleado e, a um canto, no chão, um par de polainas ainda cobertas de lama seca. À direita era a sala, isto é, o lugar onde comiam e onde sempre ficavam. Um papel cor de canário, com cercadura de flores descoradas, tremia sobre o pano em que estava colado; cortinas de chita branca, orladas de galão vermelho, entrecruzavam-se nas janelas, e na estreita pedra do fogão resplandecia um relógio com a cabeça de Hipócrates (...) do outro

---

[19] A esse respeito, ler todo o capítulo no qual Charles e Ema, após receberem o convite para o baile no castelo, entregam-se aos preparativos da festa. O que chama a atenção não são apenas as reações e ações dos personagens, mas a diferença entre elas, que já anunciam ao leitor o que acontecerá com Ema a partir do baile.

[20] Campbell, 2001.

> lado do corredor estava o gabinete de Charles, pequena peça de dois metros de largura, mais ou menos, com uma mesa, três cadeiras e uma poltrona (...) Abrindo para o pátio, onde era a cavalariça, seguia-se um casarão desmantelado, onde havia um forno (...) atulhado de ferros velhos (...) e grande quantidade de outras coisas empoeiradas, cujo uso era impossível adivinhar (...) O jardim amplo, de comprimento igual à largura, era fechado dos lados por muros cobertos de pessegueiros e, ao fundo, por uma sebe de silvas que o separava dos campos. No centro havia um quadrante solar de ardósia (...) Ema subiu aos quartos. O primeiro não estava mobiliado; mas o segundo, que era o quarto conjugal, tinha um leito de acaju com cortinas vermelhas. Uma caixa de conchas enfeitava a cômoda (...).[21]

Quem leu a correspondência de Flaubert, especialmente as cartas nas quais ele descreve seu processo de criação de *Madame Bovary*, sabe que essa descrição da casa de Charles Bovary não é um acessório, mas uma forma de, a partir da cultura material, o narrador marcar as diferenças entre ambos os personagens, marido e mulher, assinalando o contraste entre as suas sensibilidades e suas respectivas visões de mundo, bem como revelar o que cada um esperava do casamento e da vida conjugal. Nesse sentido, a descrição do ambiente e dos objetos não serve apenas para denunciar a ausência de qualquer senso estético em Charles em relação às comodidades de uma casa, mas ela também prepara o leitor para o significado que as modificações introduzidas por Ema, logo nos primeiros dias de casada, sugerem sobre a sensibilidade e a trajetória da personagem, completamente opostas às de Charles e seu mundo:

> Logo nos primeiros dias, começou a pensar em operar modificações na casa. (...) mandou forrar as paredes com papel novo, pintar a escada e fazer bancos para o jardim, em volta do quadrante solar; perguntou mesmo, como havia de arranjar um tanque com repuxo e peixinhos (...).[22]

Essa descrição leva o leitor a observar de imediato que as modificações introduzidas por Ema visavam, antes de tudo, ao embelezamento, à estética da casa. Tal característica é bem acentuada no trecho a seguir, em que o narrador apresenta as habilidades de Ema como dona-de-casa:

> Ema sabia governar a casa. Mandava aos doentes as contas das visitas, em cartas muito bem escritas e que não tinham aspecto de fatura. *Quando, aos domingos, tinham algum vizinho para jantar, achava sempre meio de apresentar um prato bonito; era exímia em dispor, sobre folhas de parreira, pirâmides de rainhas-cláudias, e servia os potes de doce invertidos, sobre um prato; dizia até que havia de comprar, para a sobremesa, tigelas de lavar a boca. De tudo isso resultava consideração para Bovary* (...).[23]

---

[21] Flaubert, 2003:28.

[22] Ibid., p. 29.

[23] Ibid. (p. 36), grifos meus.

Embora não fosse algo comum em sua época, Flaubert antecipou alguns traços hoje recorrentes na publicidade. Esta, a todo o momento, nos coloca diante de imagens que, além de explorar o romantismo, investem também sobre o gosto feminino, não apenas no que se refere à cultura material da casa (utilidades domésticas), mas também no que se relaciona com a forma dos objetos a partir do seu aspecto estético, do *design*. Stuart Ewen (1988) discute esse interesse atribuído às mulheres pela forma dos objetos domésticos, que é responsável pela segunda Revolução Industrial, toda ela voltada para a casa. Segundo Ewen, tal interesse estabelece mais um forte elo entre o consumismo moderno e a construção do feminino, conduzindo a uma revolução doméstica sem precedente. A estetização da realidade e da vida cotidiana, o consumo do estilo e do *design* em detrimento da matéria-prima[24] são, para Ewen, aspectos dos mais importantes do consumismo e do marketing modernos, demonstrando o quanto é um fenômeno essencialmente pouco relacionado com a razão prática. No que se refere ao romance de Flaubert, um dos principais motivos para a polêmica que provocou foi exatamente o apurado gosto de Ema para o *design*, apesar de suas condições sociais.

Há ainda um último aspecto sobre o consumismo e o materialismo de Ema a ser levado em consideração neste capítulo. É a atitude da personagem em relação ao dinheiro e a seu patrimônio. Trata-se de sua prodigalidade e, conseqüentemente, da dilapidação dos bens do casal, fato este diretamente relacionado com seu endividamento e suicídio. Fosse Ema Bovary uma aristocrata, isso não teria causado tanto impacto, pois a prodigalidade e a dilapidação não eram novidades nesse grupo social. Aliás, boa parte dos folhetins que Ema lera na juventude exploravam exaustivamente o tema. A maioria das pessoas conhecia uma boa história — de ficção ou verdadeira — envolvendo um(a) nobre herdeiro(a) encalacrado(a) em dívidas e que passava a viver de expedientes, entre os quais, alimentar os sonhos aristocratizantes de famílias burguesas ricas, cujas(os) filhas(os) casadoiras(os) pudessem ser trocadas(os) por títulos e brasões. Assim, a prodigalidade e a dilapidação sempre foram marcas distintivas da nobreza e, se elas aparecem com freqüência no imaginário romântico da época, como nos folhetins que Ema lia, era porque, juntamente com as leis suntuárias, a prodigalidade se constituía, afinal, em um signo identitário da aristocracia para marcar a sua

---

[24] Ao discutir o papel da fotografia na publicidade, o autor fala dessa revolução dos sentidos que, segundo ele, vai atingir em cheio toda a experiência do consumo na modernidade: a materialidade propriamente dita das coisas deixa de ser o foco principal de atração, para dar lugar à forma e ao *design*. É dentro desse princípio, por exemplo, que ele explica a difusão em massa de objetos domésticos fabricados em escala industrial, tais como as louças feitas de matéria-prima barata, mas com a forma das louças sofisticadas. Para Ewen, essa mudança está relacionada à alteração dos sentidos provocada pela fotografia que permite o descolamento da forma do objeto em relação à sua materialidade. A partir da fotografia, a forma desloca-se e pode ser apropriada de muitas maneiras, como uma segunda pele que pode ser colada a qualquer superfície, a qualquer matéria (Ewen, 1988).

diferença em relação à burguesia: enquanto os burgueses trabalham e poupam, os nobres governam, divertem-se e gastam! Ema, com seu desejo avassalador, ousou comportar-se ainda uma vez de um modo que não condizia com sua classe social. Mais do que tudo, esta foi sua principal ofensa, um fato, aliás, pouco analisado quando se trata de discutir o consumismo moderno.

O consumo e o consumismo tornaram-se, portanto, moralmente condenáveis quanto mais se democratizaram e se expandiram pela sociedade, eliminando as fronteiras tradicionais entre aqueles que trabalham (produzem) e aqueles que consomem (gastam). Exatamente no momento em que todos estavam aptos a se tornar consumidores, no momento em que os operários deixavam de ser apenas trabalhadores e começavam a ter acesso ao consumo, este passa a ser alvo de condenação. Não é de outra forma que o narrador anuncia essa propensão de Ema, ao comentar as dificuldades dela com a sogra:

> Contudo, a sra. Bovary, mãe, parecia prevenida contra sua nora. Achava-lhe um "feitio realçado demais para os seus haveres"; a lenha, o açúcar e a luz eram "gastos como em casa de rico" e a quantidade de carvão consumida na cozinha seria suficiente para 25 pratos![25]

Chega-se assim a outro ponto crucial desse romance admirável, no qual se percebe novamente outra ruptura, acompanhada de reconhecimento de cisma: pela primeira vez, a prodigalidade e a dilapidação de bens são mostradas também como um problema burguês, além de serem associadas à condição feminina e a uma atitude também identificada como feminina em relação ao dinheiro — a propensão a consumir bens de luxo.[26] Assim, o romance apresenta sem meias palavras aquele aspecto do consumismo moderno que tende a se tornar problemático por ser justamente o que se chocará com um dos valores mais tradicionais da burguesia — a questão da poupança e do patrimônio (capital e acumulação).

É verdade que, na ótica dos tempos atuais, o materialismo e o consumismo de Ema não seriam mais considerados particularmente escandalosos. Afinal, trata-se de gastos com objetos destinados à decoração de sua casa, ao embelezamento de sua pessoa e da pessoa amada, enfim, objetos que tornam a vida mais confortável e agradável, que acrescentam, por sua aparência, desenho, matéria-prima — e não apenas por sua utilidade —, o bem-estar e o prazer de viver. Nos tempos atuais, nada mais normal no contexto das camadas médias e altas do que desejar um estilo de vida que permita esse tipo de relação com os objetos. No entanto, aqueles eram outros tempos, e tais desejos eram ilegítimos para uma pessoa da categoria social de Ema Bovary. Pessoas como ela deviam ter um regime de vida confortável, porém comedido. Assim, o que tornava seu

---

[25] Flaubert, 2003:36.

[26] Veblen, 1965; Sombart, 1966; Campbell, 2001.

gasto particularmente escandaloso perante a sociedade da época era o fato de Ema estar desviando recursos para comprá-los e usufruí-los, comprometendo não só seu *status* na vida real, como também o patrimônio dela e do marido. Nesse sentido, a falta de Ema foi dupla, portanto de natureza mais complexa. Sua recusa em viver de acordo com sua condição social, não agindo mental, espiritual e materialmente conforme o esperado, acaba por levá-la ao endividamento e, por fim, à dilapidação do patrimônio do casal. Em resumo, pode-se dizer que a principal "falta" de Ema foi ela ter simplesmente rejeitado o bom senso e o comedimento, até então percebidos como uma marca distintiva da pequena burguesia. Ema escandaliza ao mostrar cabalmente que o consenso em torno desses valores, àquela altura, já pertencia ao passado.

Assim sendo, o grande mérito de Flaubert, bem como o que lhe valeu sua condenação, foi ter demonstrado, num estilo corrosivo, que não havia apenas uma associação inequívoca entre *romantismo* e o desejo de consumir bens considerados supérfluos, antecipando as teses de Veblen sobre consumo conspícuo e, especialmente, as práticas hedonísticas.[27] Além disso, o escritor, com uma percepção acurada, descortinou os bastidores de uma profunda mudança social em curso e, junto com ela, um fenômeno social que se tornaria cada vez mais comum a partir de então, a saber, as situações em que o consumo e o consumismo assumiriam contornos dramáticos para os indivíduos, trazendo conflitos, muitas perdas e sofrimentos. Por esse prisma, sua crítica e ironia tinham um caráter muito mais abrangente do que se costuma pensar, pois não se referem apenas ao consumismo de Ema, ou ao seu romantismo, mas ao efeito explosivo que ele vislumbrou na combinação de todos esses elementos, um processo ao mesmo tempo irreversível e incontrolável.

De todo modo, se hoje a combinação de romantismo, consumismo e hedonismo podem conduzir à prodigalidade (gastos excessivos) — e isso se tornou, até certo ponto, um fenômeno banal —, ele não é menos dramático para as pessoas que vivem os seus efeitos do que foi naquela época. Certamente, em 1856, por constituir uma "novidade" quando referido ao contexto pequeno-burguês e, muito especialmente, como um evento pertencente à biografia de uma mulher, chamou a atenção e produziu mais escândalo. Talvez se a personagem fosse uma aristocrata, ela teria chocado menos e provocado menos confusão.

Conclusão

Como vim sustentando até aqui, o romance fala de uma ruptura, portanto de uma mudança social profunda, provocada pela revolução do consumo. A partir da crise

---

[27] Campbell, 2001.

instaurada, ficam evidentes os três paradoxos mais importantes do capitalismo moderno. O primeiro diz respeito à primazia que a pequena burguesia passa a ter na sociedade moderna, não mais exatamente por causa de sua "ética do trabalho", mas, e cada vez mais, por causa de suas atitudes quanto ao consumo, fazendo com que este deixasse de ser um fenômeno restrito a determinados grupos sociais (aristocracia, alta burguesia), para difundir-se por toda a sociedade, tornando-se efetivamente um fenômeno de massas.[28] Contemporânea da primeira revolução do consumo moderno, exatamente quando ele emerge, segundo Colin Campbell, como um fenômeno pequeno-burguês e associado à sensibilidade romântica, a heroína de Flaubert personifica toda essa situação.

O segundo paradoxo diz respeito ao papel ativo das mulheres na construção da modernidade e do espaço público, primeiramente como consumidoras. Aqui temos uma questão diretamente vinculada ao gênero e ainda pouco pesquisada pelas ciências sociais: antes de serem cidadãs (sufragistas e eleitoras) ou mesmo trabalhadoras, as mulheres burguesas circulavam pela cidade, logo contribuíram para a construção do espaço público moderno na condição de consumidoras. De fato, o casal Bovary representa bem a situação descrita por Mica Nava (1997) sobre essa divisão de papéis no interior da pequena burguesia no início dos tempos modernos e que, prudentemente, foi mantida na sombra pelo paradigma produtivista e pelo feminismo, que tende a considerar o empoderamento da mulher a partir do ponto de vista masculino, como um episódio que se resume ao direito de votar e de trabalhar, ou seja, exatamente a reprodução daquilo que os homens são e fazem. De acordo com a autora, enquanto os homens, cidadãos, trabalhavam nos escritórios ou nas profissões liberais, eram as mulheres burguesas (pequena e média burguesia) que faziam as compras, cuidavam do provimento do lar. Com essa argumentação, a autora pretendeu relativizar a visão masculina que a sociologia tradicional tem sobre o acesso da mulher ao espaço público e como se movia nele no início da modernidade. Embora estivesse em curso uma verdadeira revolução da domesticidade, que envolvia uma transformação da casa, no que diz respeito às condições de moradia, conforto, cultura material, administração do lar, decoração, isso não foi feito à custa do confinamento ou do enclausuramento da mulher burguesa ao ambiente doméstico, mas, ao contrário, como efeito de seu crescente acesso ao espaço público, como resultado de sua livre circulação pela cidade, primeiramente na condição de consumidora e, em seguida, na condição de trabalhadora. Ema representa exatamente a esposa e dona-de-casa burguesa que ainda não trabalha, mas que tem liberdade de ir à rua para ver as novidades e fazer compras, enquanto o marido trabalha. Nesse sentido, ela não é muito diferente de suas contem-

[28] Campbell, 2001.

porâneas. Na Paris do século XIX, as mulheres circulavam livremente pela cidade, entregues ao prazer de olhar as vitrines e comprar bens com o intuito de tornar suas vidas mais agradáveis e confortáveis, tudo isso envolvido nos sonhos e fantasias embalados pelos folhetins da época. Como foi dito anteriormente, Ema conhece bem o *daydreaming*, o "sonhar acordado", expressão usada por Colin Campbell para definir esse estado de espírito que, na primeira fase da revolução do consumo, distingue a sensibilidade feminina moderna. É importante ressaltar que, pouco a pouco, com a emergência da publicidade e do marketing, esta deixa de ser uma experiência apenas feminina, difundindo-se pela sociedade como algo que diz respeito à própria condição do consumidor moderno, seja ele homem ou mulher, e que se baseia nesse "bovarismo" latente que inclui o devaneio, o criar situações imaginárias que podem antecipar o desejo de consumir, mesmo não havendo necessidades objetivas a serem atendidas.

É nesse contexto que se pode falar do terceiro paradoxo, a questão da prodigalidade e da dilapidação dos bens, em um meio social e econômico cada vez mais definido pelo *consumo* e não mais pela *produção*. Como fazer com que as pessoas continuem a poupar, continuem a ter uma atitude racional em relação ao dinheiro e aos meios de que dispõem (salários, rendas, patrimônios etc.), se, ao mesmo tempo, se estimula o consumo como condição necessária para a existência e para a obtenção da própria felicidade, realização e bem-estar pessoal? No caso de Ema, não se pode esquecer que, para dar vazão a seus gastos excessivos, ela contou com a ajuda de um dispositivo até então pouco acessível aos membros de sua classe social, a saber, o "crédito". Embora não costumasse fazer suas compras diretamente em lojas, experiência já comum entre as parisienses de sua classe, Ema contou com o "crédito direto ao consumidor" para obter os objetos que desejava, o que demonstra o grau de autonomia que possuía em relação ao dinheiro e às finanças do casal, o que vem corroborar a tese de Mica Nava sobre a divisão dos papéis no interior da família burguesa: homens (trabalho, produção), mulheres (consumo).

É muito provável que, entre os *faits divers* recolhidos e consultados por Flaubert, houvesse relatos sobre situações de dilapidação de bens, com características muito semelhantes às da história de Ema. O fato de não se ter acesso a essas "histórias reais" pode mostrar não tanto o grau de condenação moral ao consumismo moderno, mas o cuidado em não se discutir o que constitui um dos aspectos mais contraditórios da economia capitalista. De fato, no capitalismo, nada se tornou mais moralmente condenável e temerário do que a dilapidação dos bens, mas também nada é mais perturbador do que passar a vida juntando e amealhando recursos e bens sem haver uma perspectiva de consumo, mesmo que a longo prazo. Para dar conta desse impasse lógico, tem-se a invenção de todo um complexo sistema financeiro para facilitar todas as formas de investimento, poupança e consumo. Ao mesmo tempo, em muitos países criou-se uma jurisprudência para controlar e minimizar situações dramáticas, que levariam pessoas físicas, principalmente as consideradas ricas e/ou "herdeiras" de grandes fortunas, a contrair dívidas impagáveis ou a dilapidar pura e simplesmente seus bens.[29]

O que importa dizer é que, se, por um lado, o capitalismo não pode sobreviver com a prática da prodigalidade levada ao extremo, também não sobrevive sem o consumo e, conseqüentemente, sem a dívida, contraída pelo crédito. Isso explica em parte por que, na economia capitalista moderna, a prática do dom, o ato de presentear foi institucionalizado pelo próprio mercado. Quanto mais a sociedade capitalista moderna foi-se tornando uma "sociedade de consumo", mais a dádiva foi sendo ritualizada em relação a certas datas e festividades, criando-se, assim, muitos rituais de consumo e de compras. Natal, Páscoa, Dia das Mães, Dia dos Namorados, Dia dos Pais, casamentos, sem contar a tradição de se festejar o aniversário de nascimento, constituem um ciclo anual, baseado na troca de presentes. Nesse caso, manter o equilíbrio satisfatório entre o exercício considerado socialmente benéfico da prodigalidade e do endividamento (crédito), sem ao mesmo tempo comprometer aquela outra qualidade fundamental para o capitalismo que é a poupança, tornou-se um verdadeiro desafio que muitas vezes termina em conflito, sofrimento e agonia, enfim, em drama social.

Ao fim deste capítulo, é preciso assinalar que uma das grandes virtudes de *Madame Bovary* está no fato de Flaubert ter apresentado, sem maiores rodeios, essa relação conflituosa que envolve o consumo e o consumismo modernos, caracterizando-os como parte de um contexto dramático por excelência. As muitas situações de risco experimentadas por sua personagem — protótipo do consumidor moderno — acabam gerando conflitos, rupturas, bem como inúmeros paradoxos que envolvem não só suas escolhas de consumo, mas também sua vida, chegando a atingir a administração de suas finanças, riqueza e condições de vida. O romance antecipa alguns dos limites da teoria econômica para dar conta da complexa equação entre o consumo considerado necessário, básico, e aquele considerado supérfluo, em sociedades e contextos sociais onde o consumismo está intimamente ligado ao hedonismo — sociedades em que consumir é praticamente sinônimo de adquirir prazer e felicidade.

A esse respeito, Flaubert mais uma vez antecipou-se ao futuro, ao mostrar, pela trajetória de Ema, que a dificuldade crescente dos tempos atuais em manter um equilíbrio satisfatório entre ganhos e gastos não se deve tanto ao estímulo ao aumento do consumo de bens por si só, dadas as facilidades de crédito (endividamento), mas sim, sobretudo, à associação explícita — e atualmente bastante difundida — entre cultura material e novas formas de experiências sensíveis, espirituais, religiosas, místicas, éticas ou mesmo relacionadas com a ampliação dos limites da consciência. Na medida em que essas novas experiências exigem formas de subjetividade que só podem ser construídas pela adoção de certos *habitus* ou estilos de vida, os quais, por sua vez,

---

29 Gotman, 2001.

envolvem formas específicas de relação com a cultura material, torna-se praticamente impossível imaginar, para as sociedades contemporâneas, um cenário onde não exista qualquer forma de materialismo e consumo. O que é possível imaginar são situações cada vez mais freqüentes e complexas de reinvenção do próprio materialismo.

Finalmente, em *Madame Bovary*, Flaubert antecipou uma situação cada vez mais presente nos tempos atuais — a centralidade do consumo —, ao mesmo tempo que previu a impossibilidade de uma "reintegração", ou seja, uma "recuperação ou reencontro com a pureza perdida". Para usar as expressões de Turner ao se referir às etapas do drama social, *Madame Bovary* nos coloca diante dessa impossibilidade histórica de retorno às origens e, nesse sentido, a obra pode ser lida como uma representação dramática desse cisma entre valores, interesses e lealdades, provocado pelas transformações operadas a partir da revolução do consumo.

Bibliografia

ALMEIDA, Heloisa Buarque de. *Telenovela, consumo e gênero*. São Paulo: Edusc, 2003.

BARBOSA, Lívia. *Sociedade de consumo*. Rio de Janeiro: Jorge Zahar, 2004.

BERMAN, Marshall. *Tudo o que é sólido desmancha no ar*. São Paulo: Cia. das Letras, 1986.

BOURDIEU, Pierre. *As regras da arte*. São Paulo: Cia. das Letras, 1996.

CAMPBELL, Colin. *A ética romântica e o espírito do consumismo moderno*. Rio de Janeiro: Rocco, 2001.

EWEN, Stuart. *All consuming images: the politics of style in contemporary culture*. New York: Basic Books, 1988.

FLAUBERT, Gustave. *Madame Bovary*. Porto Alegre: L&PM, 2003.

GLEDHILL, Cristine (Ed.). *Home is where the heart is: studies in melodrama and the woman's film*. London: BFI, 1987.

GOTMAN, Anne. Dilapidation et prodigalité. Paris: Nathan, 1995.

LORAUX, Nicole. *Maneiras trágicas de matar uma mulher: imaginário da Grécia antiga*. Rio de Janeiro: Jorge Zahar, 1988.

MACHADO, D. (Org.). *Cartas exemplares: Gustave Flaubert*. Rio de Janeiro: Imago, 1993. (Coleção Lazuli).

McCRAKEN, Grant. *Cultura & consumo*. Rio de Janeiro: Mauad, 2003.

NAVA, Mica. Modernity's disavowal: women, the city and the department store. In: FALK, Pasi; CAMPBELL, Colin. *The shopping experience*. London: Sage, 1997.

SOMBART, Werner. *Le bourgeois: contribution à l'histoire morale et intellectuelle de l'homme économique moderne*. Trad. S. Jankélévitch. Paris: Payot, 1966.

TURNER, Victor. Social dramas and stories about them. *Critical Inquiry*, v. 7, n. 1, Autumn 1980.

VEBLEN, Thorstein. *Teoria da classe ociosa*. São Paulo: Pioneira, 1965.

WEBER, Max. *A ética protestante e o espírito do capitalismo*. São Paulo: Pioneira, 1967.

PARTE III

Cultura e consumo

4

*Plásticos: a cultura através das atitudes em relação aos materiais artificiais**

Tom Fisher

As relações entre culturas e práticas de consumo são talvez mais óbvias quando as práticas em questão são claramente sociais em sua natureza e complexas o bastante para incluírem permutas e modulações que reflitam a cultura na qual ocorrem. Essas práticas social e economicamente significativas — considerando-se o consumo numa escala relativamente "macro" — são constituídas de processos nos quais os consumidores interagem com os objetos numa escala relativamente "micro". Este capítulo mostra que os detalhes desses microprocessos, no que diz respeito às matérias-primas com que se fabricam os produtos a serem consumidos, são também capazes de nos informar sobre a relevância cultural do consumo.

No que diz respeito às perspectivas das diferentes disciplinas sobre o consumo, a maioria adota uma abordagem relativamente "macro", embora algumas considerem o consumo de produtos específicos ou de determinados aspectos desses produtos. Tais trabalhos tratam da relevância econômica, psicológica, social e cultural do consumo, mas concentram-se quase exclusivamente nas relações dos consumidores com as mercadorias. Na economia neoclássica, o consumo de produtos pelos indivíduos é racionalizado em termos de custo e utilidade;[1] na psicologia, em termos das relações psíquicas do consumidor com os produtos, através das biografias individuais;[2] na sociologia, em termos da distinção social;[3] e na antropologia, em termos de padrões culturais.[4] Embora alguns outros trabalhos tenham se concentrado no estudo do consumo de determinados tipos de produto, como mobiletes[5] e vestuário,[6] por praticamente ignorarem a materialidade dos produtos consumidos, as sutilezas das experiências de consumo permanecem inacessíveis.

---

* Tradução de Niza Neves Cheroto.

[1] Fuat-Firat e Dholakia, 1998.

[2] Csikszentmihalyi e Rochberg-Halton, 1981.

[3] Ver os trabalhos de Veblen, 1961; e Bourdieu, 1984.

[4] Douglas e Isherwood, 1979.

[5] Hebdige, 1988.

[6] Wilson, 1985; Barthes, 1983.

Uma explicação para a total falta de interesse na materialidade do consumo talvez seja a preocupação em identificar as maneiras pelas quais os produtos funcionam como portadores de significados culturalmente relevantes. Este capítulo, ao contrário, apresenta um modo de pensar como os produtos são consumidos que enfatiza sua materialidade, assim como suas propriedades físicas e simbólicas. Ele mostra não só que a cultura influencia a maneira pela qual os consumidores negociam essa materialidade, mas também que isso é revelado quando se presta atenção em como o consumidor a negocia.

O mais próximo que a literatura sobre consumo já chegou em relação a essa abordagem pode ser encontrado nos trabalhos de Alan Warde (1997) e Tim Dant (1999). Eles analisaram certas práticas de consumo — refeição formal e windsurfe — colocando os produtos consumidos em primeiro plano e abordaram, respectivamente, suas relações com as formações do gosto contemporâneo e com seu ambiente social e físico. Dant procurou tratar da materialidade das práticas de consumo, especialmente no esporte do windsurfe. Ele observou como o relacionamento íntimo dos esportistas com o equipamento de windsurfe é necessário para o sucesso da prática do esporte e explorou as maneiras de conceituar esse relacionamento entre objeto e usuário. Ele se refere ainda à idéia de *pushiness*[7] de Mead, que traz para o primeiro plano a experiência de tocar os objetos do mundo material. Experimentamos "...o interior dos objetos como uma 'atração' (...)",[8] quando os tocamos, temos a sensação de que eles nos atraem de volta para eles.

Os relatos de Dant das interações com o equipamento de windsurfe conferem grande importância às propriedades objetivas invariáveis do equipamento; e ele menciona o fato de Mead reconhecer essa *pushiness* exercida pelos objetos[9] e as implicações para seus significados. A leitura que E. Doyle McCarthy (1988) faz da linha de pensamento de Mead ressalta a importância desse relacionamento entre pessoas e objetos. McCarthy identifica o papel que Mead atribuiu aos objetos como um processo de autodefinição, que resulta num sentido de *self* que existe, em parte, na identificação com as coisas e que ocorre através de nossas relações de percepção e de manipulação com elas. Sua análise confirma a relevância da estrutura *relacional* que este capítulo aplica para entender como os consumidores desenvolvem e confirmam suas atitudes em relação aos materiais, às vezes mediante a exploração divertida. A significância cultural de aspectos desse relacionamento entre indivíduos e objetos é explorada a seguir, a partir da idéia de *affordance*[10] do psicólogo James Gibson (1977).

---

[7] N. do T.: Dependendo do contexto, *pushiness*, como os leitores poderão observar, pode significar poder de atração, sugestão ou ainda sensação.

[8] Dant, 1999:122.

[9] Ibid., p. 122.

[10] N. do T.: O termo *affordance* contém a idéia daquilo que os objetos permitem que as pessoas façam.

Se prestarmos ainda mais atenção na materialidade das práticas de consumo do que Dant, perceberemos fenômenos que nos falam da cultura em que ocorrem e que demonstram algumas influências particulares sobre o consumo. Este capítulo faz isso considerando os materiais que talvez tenham sido os mais característicos do consumo de massa desde a II Guerra Mundial — os plásticos.[11]

Partindo de um estudo qualitativo realizado com consumidores britânicos no final dos anos 1990, o capítulo mostra os conceitos culturais subjacentes às atitudes dos consumidores em relação aos plásticos, particularmente atitudes e crenças que invocam sua materialidade. Enquanto revisa conceitos culturais específicos apreendidos através das atitudes em relação aos plásticos, observa que as propriedades objetivas destes, além de terem algum potencial simbólico, estão também fortemente vinculadas às atitudes relacionadas com eles. O capítulo propõe um esquema para se entender as atitudes em relação aos objetos materiais que reconcilia suas dimensões simbólicas e suas propriedades objetivas. Para dar conta desses aspectos das atitudes em relação aos plásticos o estudo lança mão do conceito de *affordance*, encontrado na psicologia "ecológica" de Gibson. *Affordances*, ou o que o mundo dos bens permite que os consumidores *façam*,[12] têm natureza intrinsecamente relacional. Ao se reconhecer essa "relacionalidade", torna-se possível admitir a dimensão cultural das práticas de consumo que parecem ser determinadas pela materialidade dos plásticos e vice-versa.

A *pushiness* dos objetos materiais e seus significados simbólicos

> — A sensação é melhor do que a que se sente quando se está usando uma de plástico para cozinhar (...) quando estou fazendo minha sopa, ela dá uma sensação melhor do que quando uso algo de plástico, parece realmente melhor...

Esta afirmação é de uma das entrevistadas sobre as distinções que ela própria faz entre os utensílios de cozinha.

Dant explora o windsurfe tanto através da experiência da utilização física de seus equipamentos, quanto através de sua relação com a cultura do esporte que define o sucesso em praticá-lo. Diferentemente do equipamento esportivo, que exige uma maior atenção por parte dos aficcionados do esporte, os plásticos são tão comuns que raramente chamam a atenção. No dia-a-dia, os consumidores provavelmente não pensam

---

[11] Entendo aqui por "plásticos" os materiais artificiais que são palpáveis no consumo — a superfície plástica de objetos produzidos em massa, fibras artificiais, plásticos efêmeros.

[12] O princípio de *affordance* aplica-se a qualquer relacionamento de organismos com seu meio ambiente.

conscientemente em desenvolver habilidades para utilizar plásticos como as que são empregadas na confecção de equipamentos esportivos ou em nossa habilidade para utilizá-los. Apesar disso, os plásticos nos "sugerem" de diferentes maneiras e os consumidores interpretam essa "sugestão" utilizando conjuntos específicos de idéias. Este capítulo demonstra que, em suas interações com os plásticos, os consumidores empregam um "conhecimento popular" culturalmente definido que é parcialmente obtido *através* de interações físicas com os materiais e se relaciona com as idéias preestabelecidas *sobre* eles. Embora esse conhecimento popular não forneça uma definição de "sucesso" com plásticos equivalente àquela proporcionada pela cultura do windsurfe, exerce grande influência nas ações com esses materiais que os consumidores acham aceitáveis. Aspectos da cultura na qual os itens plásticos são consumidos definem os significados simbólicos dos plásticos e, juntamente com determinadas qualidades objetivas deles, definem esse conhecimento popular.

Elementos relevantes desse "conhecimento popular" são amplamente encontrados na literatura da história e sociologia da tecnologia que trata dos plásticos. Parte dessa literatura aborda o assunto a partir de uma perspectiva cultural e identifica significados simbólicos para o material que ainda está em uso. O mais completo compêndio dessa natureza é *Plásticos americanos*, de Jeffrey Meikle (1995), que documenta as conexões entre a cultura americana e a descrição de plásticos na mídia popular, na literatura e na propaganda feita pela indústria. Os trabalhos de Bijker (1995) e Schneider (1995) adotam uma abordagem ampla similar de materiais específicos — baquelite e poliéster, respectivamente. Esses estudos identificam claramente as idéias específicas com as quais os plásticos se associaram através de suas histórias.

Por outro lado, a pesquisa aqui discutida adotou estratégias que estavam além do escopo dos estudos mencionados acima, em virtude da natureza de suas fontes. Ela gerou *insights* sobre a relevância dos plásticos no consumo contemporâneo, através de entrevistas com consumidores britânicos e de um levantamento de e-mails de indivíduos de língua inglesa de todo o mundo com interesse sexualmente fetichista nesse material. Os participantes discorreram, como era de se esperar, sobre as idéias contidas na literatura existente, mas o mais significativo foi o estudo demonstrar que as propriedades objetivas de certos plásticos, sua "sensorialidade" (*pushiness*), *também* contribuíam para as atitudes em relação aos plásticos expressas pelos consumidores. Essas atitudes, por sua vez, afetam as maneiras pelas quais os consumidores estão preparados para usar plásticos — suas funções sociais e físicas.

Um tópico importante no estudo foi a relativa falta de importância dos plásticos e outras matérias-primas para os consumidores — na maioria das situações, os objetos é que são consumidos, não os materiais de que são feitos. A presença dos plásticos em toda parte significa que os consumidores, por vezes, não necessitam fazer qualquer distinção entre os materiais em suas decisões de compra, pois boa parte dos objetos consumidos no dia-a-dia só estão disponíveis em plástico.[13] Contudo, muitos tipos dos objetos são produzidos com mais de uma matéria-prima. Como tem acontecido desde que o plástico foi inventado, eles ainda são freqüentemente usados para imitar ou para substituir um ou mais materiais "nobres".[14]

Plásticos simbólicos — autenticidade

> — Parece que está tentando ser um garfo normal, é típico da pretensão do plástico (risadas) tentar ser um garfo normal.
> — Não é exatamente madeira, só parece... não é madeira é... não é madeira, parece alguma coisa coberta de plástico ou algo assim... aplicaram alguma coisa, não sei o que é... é o que acho... é estranho...

Talvez em conseqüência do grande período de tempo em que os plásticos foram usados, algumas vezes sem sucesso, para imitar ou substituir materiais mais nobres, há evidências de sobra de que os consumidores continuam sendo influenciados pela idéia de que o plástico é um material usado em bens de alguma forma inferiores, como sugerem as citações acima. Essa aparente inferioridade não inibe absolutamente seu consumo, como Meikle (1995:230-231) assinala. O consumo de plásticos tem crescido paralelamente à persistência dessa idéia negativa.

Também há idéias positivas sobre plásticos na literatura. Os plásticos têm sido considerados intrinsecamente "progressistas", associados a uma visão otimista de modernidade e, por vezes, entrado muito em moda tanto no mobiliário quanto no vestuário. Os vestidos de plástico de Paco Rabane, o mobiliário de plástico de Verner Panton e os elementos das fantasias arquitetônicas de Archigram nos anos 1960 demonstram a dimensão cultural positiva que Whiteley (1987 e 2002) associa com a arte *pop*.

Embora a literatura indique que tais idéias ainda influenciam atitudes, suas modulações atualmente são impactantes. Essas idéias positivas e negativas parecem estar ligadas a uma gama de categorias, nas quais os conceitos culturais operam. As mais significativas dessas categorias são as ligadas por uma preocupação com a autenticidade. A noção de autenticidade é bastante forte quando se julga o bom gosto dos objetos de plástico em comparação com os objetos feitos de outros materiais. Tais distinções entre materiais podem ser explicadas em termos da dimensão simbólica do consumo, que está relacionada ao cultivo e à projeção da auto-identidade.[15] Nesse particular, as

[13] Estabelecer a inclusão nessa classe de objetos só é indicado se o termo "plástico" for redundante como qualificador, como no caso de "computador de plástico", ou "bola de pingue-pongue de plástico", ou "telefone de plástico".

[14] Para usar o termo de Veblen, 1961.

[15] Belk, 2001.

escolhas entre materiais se assemelham a outros aspectos do consumo, que oscilam entre o simbolismo coletivo e o individual. Contudo, restringir a análise das atitudes do consumidor em relação a materiais a esse nível simbólico significa ignorar sua materialidade e sua *pushiness*.

Esta pesquisa demonstra que os materiais são registrados simultaneamente nos níveis simbólico e físico e que ambos podem ser vistos atuando por trás de atitudes e crenças sobre materiais que se relacionam com idéias de autenticidade. Os participantes deste estudo expressaram essas crenças através de idéias sobre "o natural" — o plástico representando seu oposto, aquilo que não é natural e, conseqüentemente, não é autêntico. Eles demonstraram isso muito claramente no caso de reproduções em plástico de objetos naturais, por exemplo, flores de plástico.[16] As flores de plástico são literalmente não-autênticas, pois são uma imitação mais ou menos natural de objetos comuns e são feitas para se parecer o mais possível com esses objetos. Essa inautenticidade parece provocar, freqüentemente, reações bastante negativas, que, na verdade, são tão reveladoras das atitudes em relação aos plásticos quanto das atitudes em relação à natureza.[17] No nível em que os plásticos atuam simbolicamente, as atitudes negativas para com as flores de plástico baseiam-se claramente em códigos de bom gosto.[18] Perguntada por que optaria por cortar flores, e não por flores de plástico, uma das entrevistadas respondeu que:

— Simplesmente porque as pessoas desprezam flores de plástico.

Para outras pessoas, as flores de plástico são claramente indicadores de distinções sociais, incluindo diferenças geográficas e religiosas. Um dos participantes relacionou sua atitude negativa para com flores de plástico a pessoas que considerava "estrangeiras" por sua origem e religião:

— Quando a gente vai a cemitérios católicos encontra muitas flores de plástico. Eu acho isso simplesmente — horrível.

---

[16] Na Grã-Bretanha contemporânea, parecem existir três "posições" de gosto relativas a flores de plástico e outras imitações da natureza. O gosto da classe média comumente considera as flores de plástico e outros usos imitativos dos plásticos como mau gosto. Uma segunda posição sobre a imitação de flores de plástico as favorece, pois elas parecem funcionais, se considerarmos que não murcham nem perdem as folhas e que frutas de plástico não apodrecem. Essa posição parece coincidir com o gosto das classes mais baixas. Para uma terceira parcela, detentora de um acervo cultural maior, flores de plástico podem ter um valor cultural tão irônico quanto qualquer item *kitsch*. Ver Pierce, 1997.

[17] A imitação em si não é a causa da ofensa. A cuidadosa imitação da natureza encontrada na pintura de uma natureza-morta é valorizada culturalmente e muito improvavelmente seria considerada inautêntica. O problema específico das flores de plástico pode advir do fato de serem tridimensionais, e se forem bem feitas poderem, pelo menos momentaneamente, ser bem-sucedidas em sua pretensão, o que não acontece com a pintura de uma flor, nunca confundida com uma flor de verdade.

[18] Esse princípio se aplica à flor de plástico avaliada negativamente, como aqui, ou positivamente, como podem ser por uma pessoa que goste de objetos *kitsch*.

Esse senso de demarcação social através dos materiais utilizados em tributos é reforçado pelo testemunho que associa os plásticos às conseqüências de alguns aspectos da modernidade segundo os quais as pessoas vivem. Isso está resumido na seguinte afirmação:

> — Gostamos de coisas naturais, eu acho que não importa o que seja, nós sempre tendemos a ficar do lado das coisas naturais mais do que do lado das coisas de plástico. Algumas pessoas gostam do lado plástico da vida, não gostam?

Aqui, não só as "coisas naturais" estão claramente em oposição ao "lado plástico" através da sugestão de uma metáfora espacial, como a idéia de plástico foi também estendida de "uma coisa para fabricar objetos" até uma qualidade que pode caracterizar não apenas objetos, mas vidas inteiras. Tal vida é "fácil" — talvez fácil no mesmo sentido de baixo *status* cultural[19] — e não é autêntica por não ser natural.

Essa evidência de que a escolha de materiais no consumo de flores de plástico e em outros exemplos do cotidiano invoca noções do que constitui uma vida autêntica dá um destaque especial ao já bem estabelecido uso do "plástico" como uma metáfora para aquilo que não é autêntico.[20] Isso aponta para o "fundamento" objetivo da metáfora, para as propriedades físicas dos materiais; nesse exemplo, a falta de mão-de-obra artesanal na manufatura de objetos de plástico. Tais referências ao consumo de plásticos não são apenas meramente metafóricas em seu conteúdo — embora descrevam uma retórica acerca da autenticidade comparativa de materiais desenvolvidos desde o século XIX, conforme definido por William Morris.[21]

Plásticos simbólicos e físicos — aversão

A "materialidade" dessas referências é enfatizada pela presença do senso de aversão em algumas reações negativas aos objetos de plástico. Por exemplo, algumas afirmações sobre as atitudes em relação a flores de plástico são acompanhadas de expressões faciais

---

[19] Bourdieu, 1984:486.

[20] Nos anos 1960, Stan Russel usou "plástico" para significar uma "realidade irreal", uma camada superficial que esconde outra profunda, e conseqüentemente verdadeira, à qual a cultura *hippie* poderia se conectar (Russel, apud Yablonsky, 1968:24).

[21] Numa palestra proferida no Royal Institute of British Architects, em 20 de novembro de 1891, Morris afirmou a importância dos materiais para a "boa arte": "(...) alguém pode se enganar redondamente se quiser definir a arquitetura como a arte de construir adequadamente com materiais adequados"; e apresentou uma hierarquia de materiais de construção, usando um critério "nobre", onde pedra é o mais nobre material, seguido da madeira e, então, do tijolo, que ele denomina *makeshift* porque é feito pelo homem, e não encontrado na natureza.

demonstrando aversão.[22] Essas reações mostram que o consumo de materiais de modo geral, e de plásticos em especial, não só abrange distinções sociais e de gosto, mas também está ligado às propriedades físicas dos materiais, registradas em nível visceral.

Os entrevistados descreveram as flores de plástico como *"poeirentas e revoltantes"* e invocaram memórias que são *"simplesmente — horríveis"*.

Tais reações a flores de plástico parecem ser uma forma branda da aversão moral descrita por Rozin (1999), relativa a objetos que quebram um código estético baseado em idéias profundamente arraigadas sobre o natural e o autêntico. Para Rozin, tal aversão pode independer das qualidades objetivas de uma pessoa ou objeto supostamente desagradável.[23] Mas essa reação aparentemente estética a plásticos freqüentemente parece ter uma forte dimensão física, que existe numa relação recíproca ao domínio simbólico acima descrito. Esses dois pólos, pelos quais os consumidores podem expressar suas atitudes e crenças acerca dos plásticos, estão claramente resumidos no uso do vocábulo inglês *tacky* para descrever tanto a dimensão simbólica do plástico, quanto algumas de suas propriedades objetivas distintivas, atribuindo a ambas uma construção negativa.[24]

Mesmo que apenas o inglês relacione os aspectos simbólicos e sensoriais das atitudes em relação aos materiais dessa maneira, isso serve para demonstrar a possibilidade da existência de tal relação. Mesmo sendo *tacky* por serem, normalmente, de pouco valor em termos de gosto e força relativa, os objetos de plástico freqüentemente têm uma qualidade "pegajosa" que os consumidores registram e podem expressar e que parece ser um importante aspecto de suas atitudes para com eles.

É a essa qualidade "pegajosa", evidente quando os plásticos entram em contato com a pele, que uma jovem senhora se refere quando fala das qualidades táteis de seu urso de pelúcia, que ela tem desde que era criança, e que preza, embora ele:

> — não [seja] macio. Ele parece macio e peludo, mas não é, a gente sabe que ele não pode ser realmente "macio". Ele passa a sensação — quase faz você ficar grudado nele. (...) O que me faz pensar que ele é sintético.

A "aderência" a que ela se refere é uma conseqüência da impenetrabilidade dos plásticos, o que é particularmente evidente em algumas formulações de tecidos sintéticos, mas também surge em outras aplicações nas quais os objetos de plástico entram

---

22 Darwin, 1904:264.

23 Como ele sugere, a maioria das culturas acha a idéia de comer vermes nojenta, mas estes podem ser muito saborosos.

24 Das quatro definições possíveis de *tacky*, as três a seguir são aqui relevantes: pegajoso, como na tinta ou no verniz ainda fresco; desgastado ou de baixa qualidade; ostentatório e vulgar.

em contato com a pele durante certo período de tempo. Essa é a "aderência" que passou a estar associada aos tecidos de poliéster nos anos 1970 e que Jane Schneider (1995) identifica. Outros entrevistados observaram, por exemplo, as qualidades "pegajoso" e "chamativo" presentes nos talheres, cabos de ferramentas e canetas de plástico. Essa propriedade física parece produzir uma aversão mais visceral do que o desprezo social pelas flores de plástico já discutido. Utilizando a análise de Rozin (1999:24) para as reações de aversão, esta parece nascer da má vontade cultural, segundo ele, de sermos lembrados de nossas "entranhas sentimentais". As conseqüências pegajosas e sudoríferas da impermeabilidade dos plásticos produzem, numa intensidade relativamente baixa, aversão porque comprovam nossa fisicalidade humana.

Plásticos simbólicos e físicos — saúde e porosidade

> — parece... mais higiênico do que o plástico, o que é totalmente ilógico porque a gente sabe que não há razão para que o plástico não seja tão higiênico quanto o metal...

Como essa citação indica, outra propriedade física do plástico que parece afetar, especificamente, as atitudes dos consumidores em relação a eles é sua porosidade palpável, óbvia em conseqüência da utilização, da durabilidade e do envelhecimento dos objetos de plástico. Essa propriedade fica mais evidente à medida que os objetos de plástico tornam-se sujos e manchados pelo envelhecimento, freqüentemente em virtude de seu uso cotidiano.[25] Seguindo um padrão semelhante àquele citado acima, essa propriedade física torna-se relevante por causa de idéias específicas sobre saúde e higiene. Esses fatores físicos e essas idéias parecem se combinar para determinar as ações específicas que os consumidores estão preparados a tomar com os objetos de plástico ao utilizá-los.

Como ocorre com a crença de que os plásticos são pegajosos, as atitudes em relação aos plásticos que se relacionam com sua porosidade exigem tanto um registro simbólico de idéias sobre saúde e higiene quanto um registro físico da materialidade dos plásticos. Contudo, embora o aspecto simbólico dos plásticos pegajosos pareça ser mais impactante do que o físico, as conseqüências físicas da porosidade dos plásticos, à primeira vista, parecem mais importantes do que o conjunto de idéias que abrangem. Todos os materiais tornam-se sujos, apesar de seu estado de limpeza original, como uma conseqüência inevitável de seu uso, mas as maneiras pelas quais os plásticos

---

[25] Todos os termoplásticos são, até certo ponto, porosos, uma vez que são compostos das formulações de moléculas polímeras longas fracamente ligadas. Enquanto o vidro é um material completamente fundido, os termoplásticos têm a porosidade em comum com o papel e a madeira.

ficam assim parecem influenciar as atitudes em relação a eles de modo específico e conectá-los a certos conjuntos de idéias dos consumidores. Por exemplo, a porosidade do polietileno utilizado na fabricação de recipientes comuns para alimentos torna-se evidente se o recipiente for usado para armazenar alimentos muito coloridos, que mancham o plástico. Essa mancha não só demonstra a capacidade do material de absorver substâncias, como também levanta a possibilidade de o plástico poder exsudar substâncias.

Tal possibilidade poderia ser hoje pouco significativa se não fosse pela divulgação, no passado, de que os plásticos eram produtos da indústria química e pelo elo resultante entre os dois no "saber popular" contemporâneo. Por exemplo, dos anos 1920 até os recentes anos 1970, a gigante química Du Pont, que criou o *nylon* em 1936, tinha como *slogan* "Coisas melhores para uma vida melhor através da química". Essa propaganda, assim como as propriedades objetivas de alguns plásticos, por exemplo seu cheiro quando novos, parecem ter tornado comum para os consumidores a associação dos plásticos a uma indústria que sintetiza matéria que está "além da natureza". Desde de inícios dos anos 1960 e após a publicação de *Silent spring*, de Rachel Carson, a indústria química tem sido associada a um sistema de valores que teme as conseqüências da ciência em geral, e das "substâncias químicas" em particular, para a saúde dos seres humanos e outros animais. A própria indústria química, respondendo à disseminação dessa atitude, cunhou, no início dos anos 1970, o termo "quimiofobia".[26] Essa mesma atitude permanece, de forma mais aguda, na preocupação de alguns consumidores especialmente bem informados com as supostas ameaças à saúde de determinados materiais plásticos. Isto é exemplificado pela longa campanha para banir o PVC, por ser um material utilizado tanto na fabricação de brinquedos infantis quanto na embalagem de alimentos, com base no fato de que o material exsuda os *plasticidas phthalate* que o tornam flexível e põem em risco a saúde humana.[27]

Essa atitude, ou algo parecido, parece estar por trás de algumas práticas com objetos de plástico relatadas por consumidores. Por exemplo, o cuidado com que uma mãe prepara a alimentação de seu filho pode envolver ponderações de sua parte sobre a segurança dos recipientes de alimentos e chamar sua atenção para sua "pureza" química. O conhecimento empírico de que um recipiente de plástico pode absorver substâncias e a desconfiança de que isso pode, conseqüentemente, exsudar "substâncias químicas" não identificadas e suspeitas foi citada por uma entrevistada como a razão pela qual ela embrulha os sanduíches dos filhos antes de os colocar num recipiente de plástico, em vez de colocá-los diretamente em contato com o plástico.

---

[26] Descrito em Fountas, 1978.

[27] Tem sido divulgada pela imprensa inglesa a preocupação com a ligação existente entre os *phthalates* e danos à saúde dos fetos que reduziriam sua fertilidade na vida adulta.

— tudo que carregam ali — mesmo que eu tenha dado para eles colocarem ali —, eu embrulho antes.

Isto indica que alguns consumidores percebem que os plásticos têm uma superfície indeterminada, que pode favorecer vazamentos indesejáveis de substâncias e contaminar os alimentos que entram em contato com essas sustâncias.

Essa indeterminação, essa qualidade incontrolável e instável dos plásticos, que deve ser ignorada se estamos satisfeitos em consumir objetos de plástico, talvez equivalha à indeterminação dos limites de nossos corpos, que a impermeabilidade dos plásticos pode revelar. Assim como as práticas civilizadas de higiene nos ajudam a ignorar as secreções de nossos corpos, devemos ignorar a natureza potencialmente dúbia das superfícies dos plásticos, se os formos utilizar. As maneiras pelas quais as superfícies plásticas tornam-se gastas — a visível absorção de manchas, a aderência estática da poeira e a propensão a se arrastar em vez de deslizar — fazem com que se tornem "desordenados" em termos dos padrões culturais prevalecentes que definem a sujeira. Como Mary Douglas observa, "onde há sujeira, há sistema", e as ocasiões em que os plásticos foram considerados contaminados ou contaminadores nos fornecem evidências dos sistemas em que se inserem.

As afirmações discutidas acima de que a porosidade de um objeto é um indicador de sua relativa instabilidade — sua propensão a se tornar desordenado porque não apresenta uma superfície compacta — constituem uma evidência de tal sistema. Na verdade, uma superfície porosa em contato com alimentos pode ou não fisicamente contaminá-lo. Para os hindus, recipientes de cerâmica não-vitrificada apresentam um risco de contágio espiritual — não-físico — se pessoas espiritualmente "sujas" os tocarem.[28] Parece muito pouco provável que uma merendeira de plástico lavada possa fisicamente contaminar sanduíches, portanto a ameaça de contágio presente nesse exemplo também é, presumivelmente, de "essência", e não de substância — uma essência química. A percepção de tal ameaça implica a existência de um princípio segundo o qual as "substâncias químicas" que estão potencialmente nos lugares errados são poluidoras, são nocivas. Esse princípio também pode significar que o odor "químico" que os consumidores relatam provir de certos plásticos pode constituir um estímulo para uma avaliação negativa de um objeto.[29] O trabalho de Rozin e Nemeroff (1995:318-340) sobre o medo do contágio reforça a idéia de que o cheiro é importante para a relação entre materiais e consumidores. Em seu trabalho sobre o princípio natural mágico do contá-

---

[28] Rozin e Nemeroff, 1990.

[29] Constatou-se que o gosto de plástico da água potável relatado em Perth, Austrália, era provavelmente causado pelos componentes plásticos das chaleiras que lixiviavam a água. Isso evidencia que os consumidores podem identificar tal gosto e associá-lo ao cheiro do plástico (Heitz et al., 2002).

gio por essências, eles sugerem que (...) "o cheiro é um caso especial de essência (...) ele partilha muitas propriedades com a essência e pode ser, em algum nível do desenvolvimento ou evolução cultural, a origem das idéias sobre contágio".[30]

Os odores relacionados com os plásticos certamente parecem indicar a possibilidade de contaminação para alguns dos entrevistados. Segue o comentário de um deles:

> — *Acho que os* tupperware *tendem a ter um certo odor. (...) Acho que eles retêm o odor depois que a gente retira o que estava dentro dele.*

O fato de essa pessoa relatar um odor indica que se percebe alguma instabilidade na superfície do recipiente de plástico. E o fato de a superfície poder absorver odores foi razão suficiente para que se evitasse utilizar esse recipiente, servindo o cheiro como evidência de sua ambigüidade e conseqüente não-confiabilidade.

Essa evidência sugere que o odor sutil do plástico denota sua porosidade e sua essência química. A importância dessas propriedades objetivas dos plásticos indica os padrões culturais dos quais fazem parte. Esses padrões podem ser discernidos comparando-se as atitudes em relação aos plásticos e à madeira como materiais usados em implementos de cozinha. As colheres de pau usadas para mexer os alimentos enquanto eles cozinham não só não têm o caráter "químico" dos plásticos, com sua aparente ameaça, como as propriedades da madeira também significam que elas podem ser limpas por aquecimento. As propriedades de muitos plásticos indicam que isso é inviável, como mostra a experiência cotidiana. Uma jovem entrevistada aprendeu isso, novamente através do olfato, e sugeriu que o odor desagradável equiparava-se a sabor ruim:

> — *Eu já derreti bandejas de plástico no grill e pouco antes, você sabe (...), elas cheiram. Quando elas derretem. Bem, o plástico que eu derreti cheirou mesmo; e o cheiro é horrível. E isso fez, é claro, com que a sopa, hum — não tivesse um gosto bom também...*

Essa declaração chama a atenção, e com razão, para o fato de que seja qual for a causa do cheiro ruim também é responsável pelo gosto ruim.

Uma diferença significativa entre as colheres de cozinha de plástico e de madeira é que a colher de pau contaminada resiste à fervura, enquanto as propriedades físicas de algumas colheres termoplásticas não permitem que isso aconteça, uma vez que amolecem, derretem e cheiram. Jean Schneider ressalta que o poliéster quebra as "regras da integridade" pelo fato de que, quando exposto ao calor, derrete, em vez de ficar carbonizado. Essas parecem ser as regras que se aplicam aos plásticos em utilizações tais como utensílios de cozinha. Uma entrevistada referiu-se a essas mesmas razões para

---

[30] Rozin e Nemeroff, 1990:212.

rejeitar o plástico como material para colheres de cozinha e preferir as colheres de pau, pois as de plástico *"...derretem e cheiram mal"*. A referência à incorreção do cheiro do plástico derretendo/queimando implica a "correção" do cheiro da madeira queimada, que é tão familiar quanto freqüente. O cheiro de madeira e plástico carbonizados provoca, pois, respectivamente, reações positivas e negativas.

A literatura antropológica e psicológica sobre o sentido do olfato[31] demonstra que essas reações são importantes tanto por causa da ação dos odores diretamente sobre o corpo quanto por seu significado cultural. Moncrieff demonstrou, experimentalmente, que os indivíduos em geral preferem cheiros que não sejam "quimicamente" acres. Conseqüentemente, a aversão ao cheiro do plástico queimado observada acima baseia-se, até certo ponto, na dimensão orgânica do sentido do olfato. Moncrieff (1966:194, 252) observou também que o sentido do olfato tem um componente "estético" e que "a sensação olfativa é (...) fortemente carregada de um tom afetivo". Essas dimensões estéticas e afetivas às reações dos indivíduos a cheiros apontam em direção aos seus significados culturais — no caso do cheiro dos plásticos apontam na direção da "quimiofobia" que tem sido associada aos plásticos — e suas avaliações negativas.

Essas duas dimensões das reações ao cheiro dos plásticos — a orgânica e a cultural — são um exemplo do padrão geral pelo qual parecemos dar sentido aos materiais. Nossas reações a cheiros baseia-se em mecanismos objetivos/orgânicos, assim como em estéticos e afetivos, do mesmo modo que nossas atitudes para com materiais têm aspectos tanto simbólicos quanto físicos — ambas são objetivas e subjetivas.

Debate: *Affordance* — um modelo para solucionar o simbólico e o físico

As atitudes em relação aos plásticos têm uma forte dimensão cultural — demonstrada pelos exemplos citados sobre as idéias do que é gostoso e do que é saudável. Os consumidores percebem também as propriedades objetivas que distinguem os plásticos dos outros materiais. Para muitos, eles são impermeáveis mas porosos; derretem em vez de ficar carbonizados, e desprendem um cheiro "químico" característico; acumulam poeira de uma maneira característica; produzem sons peculiares quando golpeados.

Não é viável, nesse contexto, apresentar uma visão compreensível da dimensão simbólica das atitudes em relação aos plásticos — dos sistemas culturais em que se inserem —, determinadas que são por variações entre grupos de pessoas e entre tipos de objetos e contextos de uso. Porém, é possível demonstrar que esses sistemas *estão presentes* nas atitudes em relação aos plásticos. E também é possível demonstrar que

[31] McCartney, 1968; Classen, Howes e Synnott, 1994; Moncrieff, 1966; Engen, 1982; Stoddart, 1990.

em suas atitudes para com os plásticos, os consumidores negociam a relação entre o simbólico e o físico — *idéias* sobre plásticos e suas *materialidades*.

Mesmo nas atitudes que parecem ser simples julgamentos de gosto, os consumidores parecem simultaneamente suscitar idéias culturais e indexá-las às propriedades físicas dos plásticos. Isso é evidente nos comentários dos consumidores quanto à aversão a flores de plástico. Um mecanismo para explicar essa resolução do mental e do físico em atitudes para com os plásticos desenvolve um conjunto de idéias que atravessam a oposição subjetiva/objetiva que parece diferenciá-los. Essas idéias[32] provêm da psicologia "ecológica" de James Jerome Gibson (1977) e foram desenvolvidas numa linha sociológica por Harry Heft (1989). Gibson apresenta a idéia de *affordance* para conciliar a dicotomia objetivo/subjetivo. Em vez de se pensar a "função" como uma qualidade intrínseca a um objeto, Gibson sugere que aquilo que o objeto "vale" para uma pessoa requer a presença e características especiais tanto do objeto, com suas propriedades físicas e invariáveis, quanto da pessoa, com suas caracterizações físicas e culturais. A idéia de *affordance* baseia-se na relação entre eles. Conseqüentemente, é necessário interpretar a *affordance* de um objeto plástico avaliando sua utilidade ou não, o prazer ou a aversão que provoca, a relação entre suas propriedades físicas e a posição social, cultural e temporal do consumidor.

Em virtude de suas colocações quanto a esses aspectos, as atitudes para com os plásticos dos consumidores ingleses contemporâneos invocam princípios específicos, que são estimulados por determinadas propriedades objetivas dos plásticos, mais especificamente por sua porosidade e impermeabilidade. Um princípio poderoso indicado por essas propriedades parece ser o desejo de estabelecer uma demarcação entre nossos corpos e o mundo exterior. Materiais impermeáveis podem nos perturbar porque tornam evidente o fato de que nossos corpos exsudam, nosso próprio potencial para a "doença". Materiais que são visivelmente absorventes, mas que não podem ser limpos por calor, parecem também desafiar os princípios que governam nossa sensibilidade à contaminação. Ambos transgridem as leis que governam a "conduta" aceitável dos objetos.

A discussão acima demonstra que as características das dimensões culturais do consumo podem ser percebidas por meio das atitudes para com os materiais. Se pensarmos nessas atitudes como exemplos do que os materiais permitem aos consumidores, em termos gibsonianos, então é sempre possível compatibilizar certas propriedades objetivas dos materiais com os padrões culturais que fazem essas propriedades terem significado, tornando-as parte objetiva daquilo que os objetos inspiram. Dessa maneira, concentrar a atenção na materialidade do consumo — o aspecto do consumo que está contido no aspecto físico daquilo que é consumido — pode claramente indicar as dimensões culturais do processo de consumo.

---

[32] Esse assunto é explorado mais a fundo em Fisher, 2003.

Essa é uma dimensão que as interpretações das diferentes disciplinas sobre o consumo, identificadas no início deste capítulo, não podem fazer porque atuam fortemente na direção oposta — do macro para o micro. Não é de surpreender que, embora tais descrições sejam freqüentemente bem-sucedidas na identificação dos aspectos simbólicos dos bens, só consigam capturar até certo ponto toda a experiência do consumo, que é sensual e emocional, tanto quanto intelectual. Ao nos concentrarmos na materialidade dos objetos, é possível fazer isso, e também descobrir as influências culturais em sua utilização. Essa abordagem abrangente do consumo era talvez o que Pierre Bourdieu tinha em mente quando a sugeriu no estudo sobre o gosto: "não basta criticar, é preciso mostrar objetos e até pessoas, tocar as coisas com os próprios dedos".[33]

Bibliografia

BARTHES, Roland. *The fashion system.* New York: Hill and Wang, 1983.

BELK, Russell. Possessions and the extended self. In: MILLER, Daniel (Ed.). *Consumption: critical concepts in the social sciences.* [1988] London: Routledge, 2001. p. 180-238.

BIJKER, Weibe B. *Of bicycles, bakelites and bulbs.* London: MIT Press, 1995.

BOURDIEU, Pierre. *Distinction: a social critique of the judgement of taste.* London: Routledge, 1984.

BROWN, Paul. Common plastics causing low IQs. *The Guardian*, 8 May 1997.

CARSON, Rachel. *Silent spring.* London: Hamish Hamilton, 1963.

CLASSEN, Constance; HOWES, David; SYNNOTT, A. *Aroma: the cultural history of smell.* London: Routledge, 1994.

CSIKSZENTMIHALYI, Mihaly; ROCHBERG-HALTON, Eugene. *The meaning of things: domestic symbols and the self.* Cambridge: Cambridge University Press, 1981.

DANT, Tim. *Material culture in the social world: values, activities, lifestyles.* Milton Keynes: Open University Press, 1999.

DARWIN, Charles. *The expression of the emotions in man and animals.* London: John Murray, 1904.

DOUGLAS, Mary; ISHERWOOD, Baron. *The world of goods: towards an anthropology of consumption.* London: Allen Lane, 1979.

ENGEN, Trygg. *The perception of odors.* London: Academic Press, 1982.

FISHER, Tom. What we touch touches us: materials, affects and affordances. *Design Issues*, 2003.

FOUNTAS, Nick. Tired of the flak, the industry talks back. *Plastics World*, Dec. 1978.

FUAT-FIRAT, A.; DHOLAKIA, Nikhilesh. *Consuming people: from political economy to theatres of consumption.* London: Routledge, 1998.

[33] Bourdieu, apud Garnham e Williams, 1996:51.

GALBRAITH, John Kenneth. *The affluent society.* New York: Mentor, 1969.

GARNHAM, Nicholas; WILLIAMS, Raymond. Pierre Bourdieu and the sociology of culture: an introduction. In: PALMER, Jerry; DODSON, Mo (Eds.). *Design and aesthetics.* [1980] London: Routledge, 1996.

GIBSON, James Jerome. The theory of affordances. In: SHAW, Robert; BRANSFORD, John (Eds.). *Perceiving, acting and knowing; towards an ecological psychology.* London: John Wiley, 1977.

HEBDIGE, Dick. *Hiding in the light: on images and things.* London: Routledge, 1988.

HEFT, Harry. Affordances and the body: an intentional analysis of Gibson's ecological approach to visual perception. *Journal for the Theory of Social Behaviour*, v. 19, n. 1, p. 1-29, 1989.

HEITZ, A. J. et al. Plastic tastes in drinking water: factors affecting the chemistry of bromophenol formation. *Water Science and Technology: Water Supply*, v. 2, n. 5-6, p. 179-184, 2002.

McCARTHY, E. Doyle. Towards a sociology of the physical world: George Herbert Mead on physical objects. *Studies in Symbolic Interaction*, v. 5, p. 105-121, 1988.

McCARTNEY, William. *Olfaction and odours: an osphresiological essay.* Berlin: Springer, 1968.

MEIKLE, Jeffrey L. *American plastic: a cultural history.* New Brunswick: Rutgers University Press, 1995.

MONCRIEFF, R. W. *Odour preferences.* London: Leonard Hill, 1966.

PIERCE, S. Forward: words and things. In: PIERCE, S. (Ed.). *Exploring material culture in the Western world.* Leicester: Leicester University Press, 1997.

ROZIN, Paul. Food is fundamental, fun, frightening and far reaching. *Social Research*, v. 66, n. 1, p. 9-30, 1999.

_______; NEMEROFF, Carol. The laws of sympathetic magic: a psychological analysis of similarity and contagion. In: STIGLER, J. W. *Cultural psychology.* Cambridge: Cambridge University Press, 1990.

_______; _______. The borders of the self: contamination sensitivity and potency of the body apertures and other body parts. *Journal of Research in Personality*, n. 29, p. 318-340, 1995.

SCHNEIDER, Jane. In and out of polyester. *Anthropology Today*, v. 10, n. 4, p. 2-10, 1995.

STODDART, David M. *The scented ape: the biology and culture of human odour.* Cambridge: Cambridge University Press, 1990.

VEBLEN, Thorstein. *The theory of the leisure class.* New York: Random House, 1961.

WARDE, Alan. *Consumption, food and taste: culinary antinomies and commodity culture.* London: Sage, 1997.

WHITELEY, Nigel. *Pop design: from modernism to mod.* London: Design Council, 1987.

_______. *Reyner Banham: historian of the immediate future.* London: MIT Press, 2002.

WILSON, Elizabeth. *Adorned in dreams: fashion and modernity.* London: Virago, 1985.

YABLONSKY, Lewis. *The hippie trip.* New York: Pegasus, 1968.

5

Cultura, consumo e identidade: limpeza e poluição na sociedade brasileira contemporânea*

Lívia Barbosa

Aspectos teóricos

A relação entre cultura e consumo, embora íntima e óbvia para os antropólogos, sempre foi considerada marginal pelos demais cientistas sociais, economistas e profissionais de marketing. A idéia de que as pessoas consomem para satisfazer suas necessidades físicas e biológicas e adquirem bens a partir de uma crua lógica de custos e benefícios e/ou por imposição direta ou indireta do mercado — influências diretas da teoria do consumidor dos economistas, por um lado, e dos marxistas, por outro — foi durante muito tempo a explicação mais disseminada sobre por que as pessoas consomem, apesar das suas óbvias inadequações.[1]

Mais recentemente, com o processo de globalização — da informação, dos transportes e das comunicações — e a crescente expansão de experiências empresariais em mercados até então protegidos e desconhecidos, a sociedade ocidental foi confrontada com uma miríade de lógicas e valores distintos sobre formas de aquisição, uso e fruição de bens e serviços que a mera satisfação das necessidades, o pragmatismo e as imposições nuas e cruas do mercado não mais podiam explicar. Dificuldades de ingresso em determinados mercados, rejeições de produtos consagrados, pesquisas de mercado que sinalizavam o sucesso de determinados produtos e, posteriormente, tinham que lidar com retumbantes fracassos indicaram a importância do famoso, porém mal compreendido, "fator cultural" nos negócios. Aquilo que sempre fora classificado como exótico e/ou subdesenvolvido ganhou foros de "diversidade cultural", de "autenticidade de estilos de vida", e de "novas oportunidades de mercado". Entender, por conseguinte,

---

* Uma primeira versão deste capítulo foi publicada no *Journal of Consumer Culture*, v. 4, n. 3, p. 385-405, 2004.

[1] O grande e polêmico sucesso dos dois capítulos finais de *Cultura e razão prática*, de Marshall Shalins, deve-se ao fato de estes procurarem justamente estabelecer de forma clara essa relação entre cultura e consumo, demonstrando que tanto a indústria alimentícia quanto a de vestuário têm suas bases assentadas em um sistema de classificação cultural que as precede. O trabalho de Mary Douglas e Baron Isherwood, recentemente traduzido no Brasil com o título de *O mundo dos bens*, apresenta um diálogo fundamental com a teoria do comportamento do consumidor, tal como proposta pelos economistas. Além disso, é um texto esclarecedor sobre as relações entre cultura e consumo.

como as diferentes sociedades (e não só elas mas também nós mesmos) fazem uso do universo material a sua volta, como se apropriam das inovações e desenvolvimentos tecnológicos, como recriam a si mesmas e a própria modernidade passou a ser um diferencial competitivo não só para executivos e profissionais de marketing, mas para acadêmicos surpresos, muito deles, com a incrível vitalidade de inúmeras sociedades ante os avanços do "sistema mundial". Vem daí parte do atual e crescente interesse pela etnografia de marcas, produtos e mercados que tem promovido a importância da cultura e da antropologia para além das esferas estritamente acadêmicas.[2]

Na verdade, o que essa "descoberta" da estreita relação entre cultura e consumo abre de possibilidades para outros públicos é a percepção da impossibilidade de se separar um do outro, da mesma forma que acontece com a tentativa de se discernir necessidades humanas básicas, fixas e universais das supérfluas. Ou seja, todo e qualquer ato de consumo é essencialmente cultural. Ninguém come, veste, dorme, bebe e compra de forma genérica e abstrata. Toda atividade, das mais triviais e cotidianas às mais excepcionais e específicas, ocorre sempre em um determinado esquema simbólico que lhe dá sentido e significado. Do mesmo modo, todos os objetos, bens ou serviços são partes integrantes de sistemas de práticas e representações que os tornam significativos e, portanto, "reais" para determinados grupos e indivíduos. São essas estruturas de atribuição de sentido que ordenam o mundo a nossa volta e criam condições para que se estabeleçam critérios e distinções do que é ou não, por exemplo, uma mercadoria; do que é ou não comestível; do que é ou não vendável, entre outros; e por que é assim, dessa maneira, e não de outra.[3] Essas dimensões, dos atos e das coisas, não se encontram na natureza intrínseca dos mesmos, mas nas qualidades e especificidades que lhes são atribuídas por determinado grupo social e que são permanentemente ressignificadas e renegociadas no fluxo da vida social.

É nesse sentido que cultura e consumo são interligados e indissociáveis, pois todo o processo de seleção, escolha, aquisição, uso, fruição e descarte de um bem ou serviço, ou ainda de uma "identidade", como querem os pós-modernos, só ocorre e faz sentido dentro um esquema cultural específico. Como bem assinala McCracken (1990), "a cultura material faz a cultura material", ou seja, materializa sistemas de classificação e princípios culturais dentro de certos limites sociais, históricos e geográficos. Estes ganham tangibilidade através de comportamentos, objetos, bens e serviços.[4] Por meio

---

[2] Miller, 2004; Shalins, 1994; Burke, 1996.

[3] Sahlins, 1994.

[4] É justamente o fato de os bens materiais possuírem capacidade expressiva que possibilita a arqueologia, como área de conhecimento. Através dos restos materiais deixados por sociedades que já desapareceram e do tipo de material utilizado, pode-se inferir princípios classificatórios e valores inscritos nos cacos de cerâmica, nas ruínas arquitetônicas, nos restos de vestuários e de comida etc.

dela estabelecem-se fronteiras entre grupos e indivíduos. Nas comunidades, estabelecem-se diferenças e reforçam-se semelhanças, a partir das quais são delineados os limites das relações sociais. A cultura material "comunica", ou seja, funciona como uma espécie de código, no sentido de fornecer informações acerca das pessoas e do mundo que as cerca, materializando as categorias da cultura.[5] Como Douglas e Isherwood (1979) indicam, "os bens são neutros e seu uso, social; eles podem ser usados como cercas ou pontes".[6]

Embora esse poder classificador e comunicador da cultura seja constitutivo e constituinte da vida social, o reconhecimento de sua importância não esgota toda a complexidade que envolve o desejo por um objeto, sua aquisição, uso, fruição, manipulação e descarte. As classificações e princípios culturais não se reproduzem sempre, direta e rigidamente, na ação social. Entre ambos existe uma relação complexa, na medida em que a "própria prática" desse sistema classificatório é, em si mesma, constitutiva e constituinte dele. Ela sempre testa sua "utilidade" na explicação da realidade e sua viabilidade para a própria existência e continuidade social de um grupo. Como muito bem afirma Shalins (1976), a prática põe o sistema de representações permanentemente em risco. Assim, o conhecimento de determinado sistema classificatório e os significados que este atribui ao universo a seu redor não determina diretamente a maneira pela qual as relações entre pessoas e mercadorias serão estabelecidas. Se assim fosse, o significado da vida social poderia ser inferido simplesmente a partir do conhecimento dos sistemas de classificação cultural vigentes em determinada sociedade, assim como também se poderia inferir dele todo o sistema de práticas sociais.[7] Ao fazermos uso de um objeto, bem ou serviço, procuramos transferir para eles ou afastar de nós ou da situação em que nos encontramos as qualidades que lhe são atribuídas, ao mesmo tempo que sofremos os efeitos destas e das materialidades percebidas e, assim, as ressignificamos e as reposicionamos, permanentemente, no fluxo da vida social, em uma circulação interminável de sentido deles para nós e de nós e do mundo para eles.[8]

Perceber, portanto, o conjunto de objetos, bens e serviços de uma sociedade como um conjunto de coisas inertes e mudas, que adquirem existência apenas através das classificações culturais, é transformar a vida social, as relações entre os homens e destes com as coisas em um grande esquema taxonômico. Assim, faz-se necessário perceber os objetos como coisas que possuem materialidades distintas, que nos afetam e provocam reações diferenciadas; que têm a capacidade de levar as pessoas para além delas mesmas, sem, para tanto, lhes negar a iniciativa e o controle das ações, como

---

[5] McCracken, 1990.

[6] Ver também Sahlins, 1976; Appadurai, 1988; e Bourdieu, 1984.

[7] Schneider, 1968; Barth, 2000.

[8] McCracken, 1990.

McCracken (1990) tão bem ilustra com o efeito Diderot, Appadurai (1988) com a idéia de fetichismo metodológico e Cochoy (2004) com a expressão "fazer fazer", quando os objetos condicionam escolhas e atitudes e se reconhece neles uma certa autonomia para além das biografias individuais de seus portadores. Mas é fundamental, acima de tudo, relacionar o mundo material ao conjunto de práticas, às hierarquias de sentidos e às estruturas sociais a que ele está articulado no fluxo da vida social de indivíduos e grupos. É necessário conhecer as transações, as motivações e as estratégias em que estão envolvidas as pessoas e as coisas nos diferentes contextos. Somente quando se juntam práticas, estratégias e representações é que o contexto humano e social é iluminado.

Neste capítulo estou interessada em examinar as relações entre cultura, consumo e identidade a partir da forma em que está estruturado, simbólica e praticamente, o sistema de higiene e limpeza da sociedade brasileira, mais especificamente de uma dimensão desse sistema constituída pela lavagem de roupa, e em saber como essa estrutura afeta o consumo de determinados bens e serviços, a organização do trabalho doméstico, e interfere no jogo de identidades de mulheres de diferentes segmentos sociais. Portanto, em verificar como as práticas de limpeza e higiene interagem com esse sistema de classificação no fluxo da vida social cotidiana. Examinarei, assim, um sistema cultural "em ação", enquanto analiso como se estrutura e reestrutura um sistema de práticas.

A pesquisa e os dados

O interesse pelo tema da limpeza e da poluição nas sociedades contemporâneas surgiu a partir de um trabalho de consultoria que realizei para uma empresa transnacional de produtos de higiene, limpeza e alimentos em meados da década de 1990.

Naquela ocasião, a empresa resolveu inovar na "compreensão" de suas consumidoras de baixa renda de produtos de limpeza, localizadas no Nordeste, a partir de novas perspectivas metodológicas. Para tanto, realizou uma coleta de dados diferenciada, enviando seus gerentes de produtos a campo, institucionalizando a observação do consumidor em suas condições reais de existência. Esse tipo de abordagem, de forte inspiração etnográfica, configurou-se, posteriormente, em uma nova tendência de pesquisa de mercado, sendo hoje aplicada por inúmeras empresas, tanto para produtos quanto para serviços e marcas. Encontra-se associada à grande influência que a antropologia adquiriu no meio dos profissionais de marketing nos últimos anos e que, em alguns contextos, nos permite falar quase de "moda".

Uma vez coligidos os dados da pesquisa de campo pelos gerentes de marketing da empresa, fui solicitada por ela a analisar o material. Concluído o trabalho, e diante das múltiplas possibilidades acadêmicas e práticas que ele sugeria, resolvi continuar pesquisando o tema da lavagem de roupa e da higiene e limpeza no cotidiano brasileiro. Assim, as questões levantadas a partir dos dados originais foram retomadas e complementadas em uma série de outras idas a campo que se estenderam até o ano de 2002 e que devem prosseguir este ano, em virtude de um estudo comparativo das representações e práticas de limpeza e higiene da sociedade brasileira com outras.

A primeira de minhas idas a campo se deu ainda em 1993, quando pesquisei 38 mulheres de diferentes segmentos sociais nas cidades do Rio de Janeiro e São Paulo, o que envolveu a observação direta de suas práticas de lavar roupa e entrevistas, em profundidade, acerca de suas representações sobre higiene e limpeza e o consumo de produtos relacionados.

Todo esse material foi enriquecido com novos dados coletados entre 1998 e 1999, tanto em observações diretas quanto em entrevistas realizadas com usuários e donos de lavanderias automáticas (num total de 12 pessoas: oito mulheres e quatro homens) na cidade do Rio de Janeiro. A essa etapa, seguiram-se mais duas. Uma em que a produção de dados é constante, na medida em que se baseia em depoimentos e discussões em sala de aula, em cursos de graduação e pós-graduação de antropologia e sociologia do consumo, sobre práticas de higiene e limpeza da sociedade brasileira. Nessas oportunidades, os alunos são estimulados a falar e analisar suas práticas de higiene e limpeza e as de suas famílias, bem como seus padrões de consumo de produtos correlatos. A outra etapa foi uma grande pesquisa de campo realizada em 2002, por encomenda da mesma empresa transnacional, com moradoras das favelas de Fortaleza e que envolveu entrevistas com mais de 50 mulheres, além de visitas e observações em suas casas por um período de dois meses.

Considerando todas essas idas a campo e o conjunto de dados produzidos, reuni um material de incrível riqueza, obtido a partir de diferentes fontes e oportunidades de pesquisa, e que compreende informantes de ambos os sexos, faixas etárias distintas, segmentos sociais e regiões geográficas diversas. Essa forma variada de pesquisar um mesmo tema proporcionou-me a oportunidade única, a meu ver, de colocar em permanente questionamento hipóteses, dados e interpretações, dando-me, como pesquisadora, uma base sólida para reflexão. É esse tipo de material que embasa a discussão que se segue.

Contudo, é bom frisar que o trabalho que se segue baseia-se, única e exclusivamente, nos dados concernentes à lavagem de roupa, não incluindo outros sistemas de higiene e limpeza da rotina doméstica brasileira e pessoal. Os dados sobre lavagem de roupa estão organizados segundo dois critérios distintos. O primeiro é tecnológico, ou seja, o material apresentado e discutido diz respeito à lavagem de roupa a mão, por mulheres nordestinas e do restante do Brasil, pertencentes aos segmentos mais carentes da população. Inclui desde moradoras de palafitas, em Salvador, até moradoras da favela Brasília Teimosa, em Recife, passando por empregadas domésticas do Rio de Janeiro, São Paulo e Fortaleza. A esse material, segue-se outro, referente à lavagem de roupa a máquina tanto em casas das camadas médias quanto em lavanderias automáticas públicas, e se compõe de depoimentos de mulheres das camadas médias, de empregadas domésticas e de funcionárias e donas(os) de lavanderias, no Rio de Janeiro e em São Paulo.

O material coligido indica que existe um claro e bem definido sistema cultural, que tem como categoria central a noção de poluição, e que estrutura um sistema classificatório complexo que orienta as práticas de limpeza e higiene das casas, das roupas, e também dos corpos de mulheres, homens e crianças brasileiras. Esse conceito de poluição não se encontra em oposição a critérios práticos e econômicos que privilegiem a eficiência e a economia dos processos de lavagem que, supostamente, organizam a rotina doméstica das modernas sociedades industriais. Na verdade, apesar do uso crescente de tecnologias para a realização do trabalho doméstico,[9] os dados sugerem que estas ajudam a refinar a lógica classificatória centrada no princípio da poluição, em vez de excluí-la.

O conceito de poluição

O conceito de poluição tem sido central nas discussões teóricas da literatura antropológica tradicional. Contudo, têm se desenvolvido no contexto ou das sociedades "primitivas", "tradicionais" e em desenvolvimento, ou relacionadas ao vínculo sagrado/profano da religião.[10] Como observado por Appadurai (1988), a tendência da literatura a concentrar as discussões nesses tipos de sociedade não se relaciona com a presença específica desse fenômeno nesses universos sociais. Ao contrário, relaciona-se com a concepção difundida, que beira o estereótipo, do que se considera um "nativo": alguém preso a determinados locais e definido pelas características consideradas como as que mais o definem com clareza e precisão. Em conseqüência, questões relacionadas à poluição e à pureza tendem a ser desconsideradas por antropólogos e sociólogos que se preocupam com as modernas sociedades industriais. Quando essas questões são levantadas nesses contextos, geralmente estão associadas, predominantemente, a estudos referentes à classe trabalhadora[11] ou a aspectos históricos da formação dos modernos hábitos de higiene. Uma das poucas exceções a esse respeito é a teoria estrutural

---

9 Shove, 2003; Thomas, 2001.

10 Douglas, 1975; Dumont, 1966.

11 Reynolds, 1943; Wright, 1960; Gullestad, 1984.

de poluição desenvolvida por Douglas (1966), que argumenta que a limpeza se encontra no cerne da reprodução simbólica da ordem. Outro trabalho sobre o tema, também de Douglas, é o livro *Implicit meaning* (1975), que analisa a questão da organização social segundo critérios econômicos e de poluição, e sua relação com a dignidade humana, a partir das teorias desenvolvidas por Louis Dumont em *Homo hierarchicus* (1966:2):

> Ao procurarmos a sujeira em papéis, na decoração, não somos governados pela ânsia de escapar de doenças, mas estamos positivamente reorganizando nosso meio ambiente, transformando-o de modo a nos adaptar a uma idéia.

Portanto, novos critérios e práticas de higiene e limpeza podem indicar uma reconfiguração de ideais sociais e representações simbólicas tanto inter quanto intra-sociedades. Este é o argumento histórico de Elias (1979) e Vigarello (1985), que relacionaram mudanças nas maneiras e hábitos de higiene e limpeza a formas privadas de autocontrole e a diferentes percepções do corpo, respectivamente.

Mais recentemente, mudanças nas práticas de limpeza e de manipulação da sujeira têm sido relacionadas a descobertas científicas de doenças e infecções e à introdução de novas tecnologias industriais e conceitos de conforto e bem-estar.[12] O foco da maioria dessas discussões é a compreensão de que os hábitos de limpeza e higiene se alteraram drasticamente nas últimas décadas, mas, ao mesmo tempo, passaram despercebidos em nossas vidas cotidianas. Assim, o propósito das pesquisas atuais sobre higiene e limpeza não é tanto entender os princípios organizatórios por trás das práticas e como ambos se relacionam, e, sim, compreender melhor a organização social da vida cotidiana, as convenções de decência e decoro doméstico relacionadas com as análises das transformações sociotécnicas.[13]

Neste capítulo, gostaria de retomar a importância do idioma da poluição nas modernas sociedades industriais. Além de ser um critério importante na organização das práticas higiênicas cotidianas, ele tem-se mostrado, no caso brasileiro, extremamente inserido e integrado no contexto das mudanças tecnológicas e das concepções de conforto e bem-estar. Embora as mulheres brasileiras encontrem, ao seu dispor, nas lojas e supermercados, dos grandes centros urbanos e das cidades do interior, modernos produtos industriais, estes não têm sido utilizados para desenvolver apenas processos e representações de pragmatismo, eficiência e modernidade, envolvendo economia de tempo, esforço e consumo de determinados produtos e serviços. Ao contrário, têm

---

[12] Mohum, 1999; Tomes, 1998; Shove, 2003; Cowan, 1983.

[13] Shove, 2003.

sido usados também para refinar, simbólica e praticamente, a noção de poluição, introduzindo novas formas de classificação e separação de roupas, pessoas e objetos.

Lavagem de roupa a mão: dureza e orgulho das trabalhadoras de baixa renda

Os dados referentes às mulheres de baixa renda apresentam alto grau de homogeneidade no tocante às práticas e representações. Independentemente dos lugares onde as entrevistas e observações foram conduzidas — interior do Nordeste, casas de Brasília Teimosa ou quintais da periferia do Rio de Janeiro e São Paulo —, as respostas e os dados obtidos apresentam um quadro claro e consistente de práticas e de representações de lavagem de roupa semelhantes, assim como alguma dificuldade em verbalizar os motivos pelos quais as mulheres lavavam as roupas da forma que faziam. Essa dificuldade se originava tanto do constrangimento de julgar não saber se expressar diante da entrevistadora de forma conceitual sobre a atividade que realizavam, quanto do caráter "naturalizado" de muitas de suas práticas.

As práticas de lavagem e as razões de seus procedimentos sugerem que a conduta dessas mulheres encontra-se enraizada em uma mesma lógica cultural, apesar das grandes diferenças geográficas.

A freqüência com que essas mulheres lavam roupa varia e depende de a mulher exercer ou não alguma atividade econômica fora do lar. Nesse caso, as roupas são lavadas apenas uma vez por semana, principalmente aos sábados. Caso a mulher não trabalhe fora, a freqüência varia de todo dia — "não agüento saber que tem roupa para lavar" — até três vezes por semana, "para não deixar acumular". Mas em qualquer circunstância, "lavar roupa" é considerada uma das mais, se não a mais, importante atividade doméstica.

> — O trabalho de casa mais importante é lavar roupa. Se você limpa a casa, mas não lava a roupa, tem roupa de dias acumulada, a casa não está limpa. (Mulher casada, nordestina, moradora de Brasília Teimosa, idade não declarada.)
>
> — Você pode arrumar a casa e lavar os pratos, mas se você não lava a roupa parece que está tudo sujo. (Mulher casada, 30 anos, Rio de Janeiro.)

Acumular roupa para lavar de forma sistemática não recomenda uma mulher como boa dona-de-casa. O interessante é que a roupa suja não fica necessariamente à mostra, ou seja, à vista do público. Apenas ela ou os mais íntimos sabem que tem roupa para lavar. Mas a consciência desse fato mostrou-se sempre extremamente importante para todas elas. Inclusive para a construção de uma sensação de conforto e bem-estar.

— Eu me sinto bem quando sento lá fora, no fim do dia, para ver o povo passar, e sei que tá tudo pronto aqui dentro. É muito gostoso. (Mulher nordestina, 25 anos, dona-de-casa.)

Embora seja uma tarefa fundamental da vida doméstica, "lavar roupa" é um trabalho pesado e extenuante. Envolve a manipulação de roupas que requerem força física, como lençóis, toalhas de mesa e banho, entre outras, que, quando molhadas, pesam muito, são difíceis de torcer, pendurar e depois passar. Mesmo assim, a grande maioria gosta de lavar roupa. O prazer está no fato de ser este um momento em que muitas mulheres têm a oportunidade de ficar sozinhas ou, no caso das mulheres nordestinas que precisam sair do perímetro doméstico para buscar água e lavar roupa, de se socializarem com outras mulheres entregues à mesma ocupação. Além disso, mexer na água e no sabão tem uma dimensão lúdica, agradável, e a visão das roupas limpas e penduradas, brilhando ao sol e cheirando "gostoso" lhes dá um sentimento de prazer, orgulho e alívio pelo dever comprido. Nenhuma dessas mulheres mencionou qualquer sentimento de repulsa ou nojo pelo fato de, na prática, estarem "lavando a sujeira alheia", como registrado em Cox (2005). Deve-se considerar, contudo, que esses relatos referem-se, unicamente, à lavagem da roupa da própria família e da casa, e que as entrevistas e observações tratavam da rotina do trabalho doméstico. Quando ocorriam digreções acerca da vida doméstica e/ou conjugal, surgiam afirmações sobre o pouco valor que a família dá às atividades e ao trabalho de dona-de-casa, o que indica possíveis fontes de conflito e representações negativas.

Apesar da distância geográfica que separa as mulheres nordestinas das do Rio de Janeiro e São Paulo, a lógica que estrutura a atividade de lavar a roupa é a mesma. Todo o processo é composto de três fases: a separação das roupas, a lavagem propriamente dita e a secagem ao sol, seguida da dobra e da passada.

A primeira etapa se inicia com a separação das roupas brancas das de cor. Esses dois tipos de roupa nunca são lavados juntos, pois a possibilidade de manchar é grande, fato que, quando ocorre, acarreta ou prejuízo, pela perda total da peça, ou trabalho adicional para tirar a mancha, além de indicar desleixo ou falta de *expertise* na tarefa. Depois dessa etapa, segue-se uma outra, menos óbvia, porém, como veremos, não menos importante, e que nunca é mencionada de forma clara e explícita, mesmo quando a pergunta é estimulada. Sua presença é percebida pela observação direta, em alguns casos, ou pelo exame de vídeos de mulheres lavando roupa, quando a pesquisadora não se encontrava presente, ou ainda por fragmentos de discursos que tentam falar de forma mais conceitual sobre essa atividade prática e cotidiana.

O que o exame desse material revela é que, após a separação inicial, ocorre outra, mais complexa, a partir da qual são feitas pilhas menores de roupas tendo como critério de agrupamento o tipo de roupa, o tipo de atividade e a categoria da pessoa a quem a roupa pertence. Tem-se assim roupas de mesa, de cama, de corpo, de criança, de adulto, de sair, de ficar em casa etc. A mistura desses diferentes tipos e categorias é considerada "nojenta".

A existência desse segundo critério, baseado na não-mistura de roupas, é reforçada pela observação de que essas mulheres dividem o sabão em barra que usam em três pedaços: um para lavar roupa, outro para lavar louça e um terceiro para tomar banho, caso a situação econômica esteja no limite e não possibilite a compra de sabonete, que é caso raro. Da mesma forma que as roupas, esses pedaços de sabão também não podem ser misturados, sob pena de ocorrer uma brecha nos critérios de higiene e limpeza, sempre afirmados por todas como extremamente severos. Na prática, a partir da observação direta, foi possível constatar que esse declarado código severo de higiene e limpeza é em grande parte praticado, mas que existem brechas "perdoáveis" e "imperdoáveis", que comumente ocorrem. Não foi possível identificar categorias de mulheres que quebram regularmente essas regras, como mais velhas ou mais jovens, mães de família ou solteiras, casadas ou "amigadas", mulheres que lavam roupa para fora ou só as da família, embora a razão para a ocorrência dessas quebras sempre seja clara: não gostar da atividade e querer se ver livre logo da tarefa para fazer coisas mais agradáveis. Para essas mulheres, o desprazer e o sacrifício envolvidos na tarefa de lavar roupa é sempre maior do que uma categorização social positiva de *expert* em "lavar roupa" ou de boa dona-de-casa.

> — Minha mãe sempre diz que eu lavo roupa mal, mas eu não me importo, nem ligo. Eu não gosto de lavar roupa nem de trabalho de casa. Eu quero acabar logo. (Jovem nordestina, 19 anos, "amigada".)
>
> — Eu lavo tudo junto. Não tô nem aí. Odeio lavar roupa, só fico querendo acabar logo. (Mulher nordestina, casada, mais de 30 anos.)

A segunda fase do processo, que envolve a lavagem das roupas propriamente dita, subdivide-se em duas etapas. A primeira envolve a retirada da sujeira pesada, definida como "tirar o grude". Ela consiste em esfregar as roupas com sabão em pedra na bacia ou no tanque. Em seguida, a roupa é colocada de molho ao sol, para quarar, em uma mistura de água com sabão em pó. No caso de roupas brancas, muitas mulheres utilizam algum tipo de clareador, sendo o preferido água sanitária, industrializada ou de fabricação caseira, e vendida em botijões nas portas das casas pelos fabricantes, no caso nordestino. A parte final do processo consiste em enxaguar, torcer e colocar a roupa para secar.[14]

---

[14] As mulheres que tinham máquinas de lavar, cerca de seis e todas trabalhando como empregadas domésticas no Rio de Janeiro e em São Paulo, escovavam algumas roupas no tanque, principalmente calças jeans ou roupas mais sujas de terra ou graxa, com sabão em pedra e depois as colocavam na máquina. Segundo elas, esse procedimento se faz necessário, pois a máquina não tira toda a sujeira da roupa. Aliás, elas sempre pontuavam, "é preciso saber usar a máquina".

Um aspecto interessante a considerar nesse processo é o papel e o significado atribuído ao sabão em pó. Enquanto no segmento médio este é utilizado para "lavar" efetivamente a roupa, no caso das mulheres do segmento que lava a roupa a mão, ele é usado como acabamento, para tirar a dureza do sabão em pedra e deixar a roupa macia e com cores brilhantes.

Aliás, maciez, brancura, brilho das cores e roupa cheirosa são qualidades permanentemente enfatizadas por todas. Estes não são apenas indicadores de roupas limpas e bem lavadas, mas também da *expertise* das mulheres nessa atividade. "Saber lavar uma roupa" envolve determinados conhecimentos e detalhes "técnicos" de como tirar melhor rendimento do sabão em pó, do sol, do sabão em pedra e demais ingredientes que participam do processo. Esses conhecimentos são implícitos e transmitidos informalmente de geração para geração, via observação direta das filhas, que vêem as mães lavando as roupas da família ou de estranhos, ou via experiência prática a partir de certa idade, sob a orientação materna.

"Eu sempre digo para minha filha que roupa branca tem que quarar muito no sol, mas tem que saber fazer para não encardir..." e "eu ensinei para as minhas filhas que calça jeans tem que ser lavada..." são frases comuns, que indicam a transmissão intencional de um conhecimento prático já estabelecido e consagrado pela tradição.

A esse respeito, o desempenho "técnico" adequado ou não das tarefas domésticas como um todo funciona como um elemento central nas estratégias de acusação entre essas mulheres. Através deste, reputações são construídas ou destruídas, na medida em que lavar roupa bem, cuidar da casa e da família são elementos esgrimidos entre elas e em suas comunidades para atestar a qualidade dessas mulheres como esposas e mães de família. Observações do tipo "fulana sabe lavar roupa bem" ou "a roupa de dona sicrana é branquinha e cheirosa" ou ainda "minha nora é uma moça muito trabalhadeira; a roupa dela é clarinha, clarinha; ela é uma excelente dona-de-casa" designam o reconhecimento da *expertise* e/ou da competência de certas pessoas que ajudam na classificação social dessas mulheres para determinados fins e contextos. Ou seja, são elementos utilizados para afirmar identidades positivas ou negativas. Representam uma dimensão importante da imagem pública da identidade de cada uma delas, seguida pela moralidade.

Os dados sugerem também que, além de a maciez, a brancura e o brilho serem importantes ingredientes nas identidades dessas mulheres como mães, donas-de-casa e "pessoas limpas", também têm um aspecto estético e de bem-estar muito valorizado por todas. Aqui entramos numa dimensão do processo identitário na qual este não se encontra ligado unicamente à exposição e à apreciação do *self* por terceiros, mas tem a ver com sua dimensão cognitiva e emocional/subjetiva de gostos, preferências e sensações com os quais essas mulheres se identificam. Maciez, brancura, cheiro gostoso, roupa bem lavada são, assim, fontes tanto de oportunidades de apreciação de si mesmas pelo dever cumprido quanto de prazer sensorial e emocional.

— É tão bom deitar numa cama com lençol limpo e cheiroso. Se eu pudesse trocava de lençol todo dia.
— No dia em que eu troco o lençol eu não deixo de maneira alguma meu marido se deitar sem antes tomar banho. Aquela sensação de roupa lavada é tão boa.
— Eu adoro sentar na varanda de banho tomado, a roupa lavada, a casa cheirosa e olhar o povo passando na rua.

Várias das mulheres descreveram, durante as entrevistas, situações imaginárias nas quais aparecem como versões aprimoradas de si mesmas, em que a brancura, o brilho e a limpeza de suas roupas e de si mesmas desempenham papel fundamental.

— Se você chega em algum lugar e suas roupas estão limpas e cheiram bem, todo mundo admira você. Mas se suas roupas cheiram mal e você parece sujo, todos vão comentar o fato. (Mulher casada, idade não declarada.)
— Roupas brancas são muito bonitas. Roupas brancas brilhantes são para mim uma fonte de admiração. Minha mãe costumava usar vestidos de linho branco imaculadamente brancos e meu pai em seu uniforme de marinheiro branco. Eles pareciam lindos! (Viúva, morava com o pai, idade não declarada.)
— Eu adoro perfume, desodorante, esse tipo de coisa. Quando eu saio quero sentir que estou perfumada, fresca e limpa. Quando eu vou à igreja desse modo, isso significa que eu amo Deus. (Viúva, idade não declarada.)

Esse uso da limpeza, particularmente da roupa bem lavada, como matéria-prima de "devaneios e sonhos" equivale estruturalmente ao papel que a roupa nova e a moda desempenham no imaginário das mulheres jovens deste segmento e das mulheres dos segmentos de maior poder aquisitivo.[15] Pois é através da experimentação delas que, em grande parte, nós, mulheres, fabricamos alguns de nossos *daydreams* de admiração e sedução. Essa experimentação vai desde rituais de "experimentação", envolvendo a composição de uma toalete por antecipação e o efeito que esta poderá causar em certos ambientes e pessoas até fantasias auto-ilusivas e não-compartilhadas com mais ninguém, a não ser consigo mesma.

Esses múltiplos significados que a roupa limpa assume no processo identitário dessas mulheres e a ausência da máquina de lavar nesse cotidiano influenciam a política dessas mulheres em relação às marcas. Ao contrário da lógica econômica tradicional, que nos leva a pensar que elas tenderiam a comprar os produtos de menor preço no mercado, o que se verificou foi justamente o contrário. Muitas delas usavam justamente as marcas mais caras, ou seja, demonstravam pouca sensibilidade a preço e alta lealdade a certas marcas. Embora preço seja e continue sendo um fator importante, para certos produtos, ele não é decisivo no processo de tomada de decisão. O sabão em pó

[15] Campbell, 1987.

demonstrou, no caso desta pesquisa, ser justamente um desses produtos. A explicação para esse comportamento encontra-se no uso da lógica "o barato sai caro", que associa critérios que privilegiam a dimensão simbólica da limpeza em detrimento da objetiva.

Essas mulheres não desejam qualquer limpeza ou qualquer brancura, que poderiam ser obtidas usando-se qualquer sabão disponível no mercado. O que elas desejam é um certo tipo de limpeza e brancura, que remete à maciez, ao brilho, à beleza e ao conforto. Uma beleza e uma brancura que falem não só delas como donas-de-casa e mães, mas que sejam agradáveis ao toque, que proporcionem satisfação íntima e prazer estético. Assim, o risco envolvido na compra de um produto desconhecido, mesmo que de preço mais baixo, é muito grande. A possibilidade de se gastar dinheiro, tempo e esforço e não se alcançar o resultado desejado faz com que elas optem pela segurança do mais caro, porém aprovado e conhecido. Como vivem em um ambiente de permanente restrição econômica, uma série de estratégias para economizar o "precioso pó" é desenvolvida, como carregar apenas a porção que vai ser utilizada em um saco plástico, para não se correr o risco de molhar o fundo da caixa e perder parte do sabão; utilizar a marca predileta apenas como acabamento; comprar embalagens menores etc.[16]

Outro fator que influencia a escolha e a compra do sabão em pó e legitima ainda mais a lógica "o barato sai caro" é o contato direto dessas mulheres com o sabão em pó durante o processo de lavagem. Isso faz com que todas sejam conscientes da qualidade daquilo que usam. Para elas, um bom sabão é, primeiramente, aquele que desliza sobre a roupa, não é arenoso, ou seja, cheio de micropartículas que o tornam difícil e áspero no momento da esfrega. Segundo, tem que ser "espumoso", ter bom cheiro e deixar a roupa

---

[16] Essa lógica do "barato que sai caro" não se restringe ao sabão em pó. Ela se aplica também à escolha e à compra de outros produtos, para os quais a experimentação de novas marcas apresenta uma alta dose de risco quanto à certeza do resultado. Em vários grupos focais, compostos de mulheres dos segmentos C, D e E (critério Brasil) tanto do Nordeste quanto do Sul do país, para a análise do comportamento do consumidor, verificou-se o mesmo tipo de comportamento em relação a uma série de outros produtos, como arroz, feijão, café etc. Na situação de compra em que a marca preferida não se encontra disponível, as mulheres vão a outros supermercados até encontrar a de sua preferência. Não se trata aqui de uma vitória, manipulação ou domínio do marketing sobre a mente entorpecida de consumidoras, fascinadas com os estilos de vida descritos nas embalagens ou nos encartes de jornais, como afirmam vários autores, mas de um simples raciocínio econômico descrito com precisão no relato a seguir: — *Veja, no caso do arroz X, eu sei que cinco quilos vão durar exatamente quase três semanas. Eu sei o quanto este arroz rende. No caso de uma outra marca, pode acontecer, como já aconteceu, que não dê para todo esse tempo. Além de não ser aquela que todo mundo gosta eu ainda vou gastar mais dinheiro.* (Mulher, divorciada, "amigada", 60 anos, classe E, de Curitiba, PR.) É importante lembrar também que o uso da lógica "o barato sai caro" não se aplica nem a todos os produtos, nem a um mesmo conjunto fixo de produtos, como bens provisionais, e ela não impede que essas mulheres experimentem novos produtos. Essa lógica social é aplicada de forma personalizada a um conjunto específico de produtos e regula como ocorre a experimentação de novos produtos. As pessoas, em vez de comprarem a cota mensal de determinado produto, compram a menor embalagem disponível deste para fins de experimentação.

brilhante e cheirando "gostoso". E, por fim, porém não menos importante, não estrague a mão, provocando inflamações, dor e má aparência. Assim, o critério usado para se definir o que é ou não um bom sabão baseia-se em uma lógica do concreto, no mesmo sentido utilizado por Lévi-Strauss (1970). Isso significa que a definição de bom ou ruim enraíza-se nas propriedades perceptíveis pelos sentidos, que são assim a base da classificação. No caso específico, os sentidos mais enfatizados são o tato e o olfato.

Essa "etnografia" da lavagem de roupa entre mulheres de baixa renda de todo o Brasil indica a existência de princípios e lógicas culturais tão claros e tão profundamente enraizados nas práticas cotidianas que muitas vezes não são sequer explicitados, e que são transmitidos informalmente e através da observação prática entre mulheres de diferentes gerações. Esses *habitus* exercem um claro poder coercitivo, na medida em que as mulheres que os transgridem sofrem restrições do ponto de vista simbólico acerca de seus desempenhos como donas-de-casa e mães de família. Eles influenciam também o consumo de determinados produtos e marcas, na medida em que estes sejam considerados aqueles capazes de produzir o padrão adequado de limpeza e brancura almejado. Como veremos a seguir, grande parte desses aspectos encontram-se presentes também nas camadas médias e de maior poder aquisitivo.

Lavando roupa na máquina: limpeza e conflito nas camadas médias

A comparação dos dados anteriores com os obtidos com as mulheres dos segmentos médios do eixo Rio de Janeiro-São Paulo revela algumas diferenças, oriundas da participação da máquina de lavar no processo, mas não altera os princípios organizatórios. Isso significa que as mulheres dos segmentos médios, exatamente como as nordestinas, as cariocas e as paulistas da base da pirâmide social, classificam e organizam as roupas brancas num primeiro momento e, posteriormente, de acordo com o tipo, a atividade e as pessoas. Da mesma forma que na amostragem anterior, esse segundo critério também não foi de imediato explicitado pelas entrevistadas. Ele tem, como nos demais segmentos, um *status* de "coisa dada", tão óbvia que não precisa ser mencionada. Porém, quando a entrevistadora "casualmente" perguntava se, depois da separação inicial entre branco e de cor, todas as roupas eram lavadas juntas e citavam exemplos dessas misturas, a reação comum e imediata era de surpresa e nojo, sendo "claro que não!" a resposta típica. De fato, todas as mulheres entrevistadas declararam enfaticamente que dividiam as roupas a serem lavadas segundo outros critérios além do das cores.

— Obviamente que eu separo as roupas. Eu não posso imaginar ninguém lavando tudo junto.

— Meu Deus, claro que não! Isso é nojento!

A freqüência da lavagem é duas a três vezes por semana, dependendo do tamanho da família. Existem inclusive dias certos para lavar determinadas roupas, como, por exemplo, sexta-feira para se lavar lençóis e toalhas de banho. A troca desse tipo de roupa é feita regularmente, pelo menos uma vez por semana, e os dias preferidos para fazê-lo são quinta, sexta ou sábado, devido à proximidade do fim de semana. O objetivo é começar ou passar a semana com "lençol limpinho e fresquinho". Para algumas:

— A roupa de cama aqui em casa não vai nem para a cesta de roupa suja, sai da cama direto para a máquina. (Mulher casada, dois filhos, 56 anos.)
— Aqui em casa no dia em que se troca a roupa de cama e as toalhas vai tudo direto para a máquina. Eu não deixo nem a empregada colocar na cesta para não ter a tentação de lavar depois. (Mulher casada, cinco filhos, 42 anos.)

Segunda-feira é outro dia privilegiado para se lavar roupa, na medida em que essa atividade, ao contrário do que ocorre entre as mulheres dos segmentos mais carentes da população, não é realizada durante o fim de semana e, portanto, na segunda-feira há roupa acumulada de dois dias.

Como nos demais segmentos, lavar roupa é uma das mais importantes tarefas domésticas. Tanto é que roupa suja acumulada para ser lavada e passada é sempre fonte de tensão e aborrecimento entre as donas-de-casa, as empregadas e os membros da família. "Botei essa roupa para lavar há mais de uma semana e ainda não voltou" ou "não tem uma cueca limpa na gaveta" são frases conhecidas de mães de família e donas-de-casa brasileiras que sinalizam para o que os membros das famílias consideram ineficiência no sistema de lavar e passar roupa no Brasil, mas que para elas indicam outras coisas. A essas reclamações seguem-se as acusações, por parte delas, do descontrole no uso de roupas limpas pelos membros da família bem como da total falta de participação e de conhecimento de todos sobre as tarefas domésticas no Brasil. Como disse uma delas:

— Eles acham que as roupas vão para a roupa suja e que depois magicamente voltam limpas e dobradas para as gavetas, talvez voando, que nem nos anúncios... Meu marido e meus filhos não sabem sequer onde se guarda a roupa para passar aqui em casa. (Mulher casada, dois filhos, idade não identificada.)
— Aqui em casa, às vezes, é o dobro de toalhas de banho em relação ao número de pessoas. Ninguém estende toalha, deixam em cima da cama, molhada, e quando chegam tiram outra sequinha. É um inferno. (Mulher casada, três filhos.)
— Um dia eu contei 18 toalhas de banho em uso. Algumas molhadas, outras sujas, outras de piscina e praia. Dá vontade de matar. (Meu depoimento como dona-de-casa e mãe de cinco filhos.)

Muitas outras citações desse teor poderiam ser incluídas, mas o que está por trás delas é sempre a mesma coisa: um conflito sobre a gerência de todo o sistema, cuja responsabilidade as próprias mulheres e a sociedade atribuem a elas, e a grande quantidade de roupa limpa que se troca diariamente na sociedade brasileira, o que faz com que esse processo seja ininterrupto e sujeito a descontrole e colapso ante qualquer fato novo, como um hóspede, dias seguidos de chuva etc. A razão dessa incessante troca de roupa é justamente a presença, no âmbito da higiene pessoal, do mesmo critério de poluição que organiza a lavagem de roupa. Uma roupa usada, mesmo que por breve período, é considerada suja, seja camiseta, meia, camisa e, principalmente, roupa íntima. Uma vez usada e outro banho tomado, ela se torna uma séria candidata à cesta de roupa suja.

Embora as mulheres de classe média não estejam envolvidas diretamente na lavagem de roupa ou na realização de outras tarefas domésticas, elas são as responsáveis por seu andamento. Mesmo a despeito do alegado aumento da participação masculina nas tarefas domésticas, principalmente entre casais jovens, é na mulher que ainda recai a responsabilidade pelos resultados. Cobra-se dela, tanto na prática quanto simbolicamente. Mas, a par esse senso de responsabilidade gerencial doméstica, essas mulheres compartilham com as outras o mesmo sentimento de bem-estar, de dever cumprido, de limpeza quando "a roupa está em dia", ou seja, não está acumulada.

A rotina da lavagem é praticamente a mesma das mulheres da outra amostra. A diferença reside na quantidade de roupa que passa pelo processo de "tirar o grude". Alguns tipos ou partes de roupas, como meias, calças jeans, punhos e colarinhos de camisas, são esfregados e deixados de molho antes de irem para a máquina. Em outros casos, as mulheres colocam tudo de molho e esfregam bem antes de colocar na máquina. Fora isso, o processo é idêntico. As roupas ficam de molho em sabão em pó dentro da máquina, em um ciclo tecnicamente previsto, e depois lavadas em processos mais econômicos, ou seja, rápidos, ou mais elaborados, com um período de molho mais longo e dois enxágües. Nesse processo, o sabão em pó desempenha o papel previsto pelo produtor, ou seja, de um agente de limpeza, e não de amaciante. Nesse segmento, o amaciante é uma prática disseminada, principalmente em roupas de cama e banho, pela maciez e cheiro gostoso que dão aos tecidos. O uso desse dispositivo está associado ao prazer sensorial do toque, do cheiro e da maciez das roupas. Ele não obedece a qualquer perspectiva pragmática.

O fato de a lavagem de roupa ser feita pela máquina de lavar não significa que as roupas são consideradas mais bem lavadas do que as lavadas a mão. Ao contrário, para muitas mulheres a máquina de lavar "não lava bem", por mais irônico que essa afirmação possa soar. A máquina de lavar é um eletrodoméstico extremamente importante da rotina doméstica, pois livra a mulher do trabalho pesado e extenuante de lavar quilos e quilos de roupa a mão no tanque. Ela é prática e necessária, mas apresenta claras limitações quanto à limpeza completa das roupas. Na verdade, muitas mulheres concordam que, idealmente, as roupas deveriam ser esfregadas a mão antes de serem postas na máquina. Muitas mulheres, inclusive, pedem a suas empregadas para adotarem esse procedimento no tocante a algumas peças, mesmo que isso seja considerado trabalhoso para a vida doméstica. Outras declararam lavar as roupas duas vezes na máquina, para chegarem perto do nível de limpeza considerada ideal e desejável. Outras, embora concordem quanto às limitações da máquina, acham que os tempos mudaram e esse tipo de preciosismo não é mais admissível. Frases do tipo "o estilo de vida atual", "o ritmo das coisas", "a quantidade de demandas que se tem que atender" são utilizadas como justificativas para explicar por que não cabe mais a prática de esfregar as roupas a mão antes de colocá-las na máquina.

A máquina de lavar é vista também como um eletrodoméstico que pode estragar as roupas. As feitas de material delicado, como seda e renda ou de tricô e bordadas, são vistas como inadequadas para serem colocadas na máquina, mesmo no ciclo delicado. Essas peças são lavadas a mão, com sabões especiais líquidos ou de coco em pedra. As mais "preciosas" são lavadas pela própria dona-de-casa, pois algumas não confiam que a empregada terá o cuidado necessário para manuseá-las, e muitas confessam que gostam de fazê-lo e julgam fazer isso melhor que as empregadas.

O fato de as donas-de-casa dos segmentos médios possuírem máquina de lavar e não entrarem em contato direto com o sabão em pó é fator que influencia a lealdade delas a determinadas marcas. Nas entrevistas, essas mulheres demonstraram grande sensibilidade a preço e mais disposição para experimentar novas marcas. Mesmo assim, há uma percepção generalizada de que existem pouquíssimas diferenças substantivas entre as grandes marcas. Como uma mulher declarou enfaticamente: "sabão em pó no fundo é tudo a mesma coisa". Embora sensíveis a preço, a experimentação não é freqüente. As pessoas tendem a escolher uma marca predileta, que consideram adequada aos seus objetivos, e com ela permanecerem por bom período de tempo.

Outra razão pela qual as mulheres dos segmentos médios tendem a ser mais sensíveis a preço é o lugar que a limpeza ocupa em suas vidas. Embora todas a considerem um valor superlativo, a limpeza desempenha um papel menos explícito na definição de suas identidades como mulheres, mães e donas-de-casa. O oposto do que ocorre entre as mulheres nordestinas e de baixa renda dos centros urbanos. A razão disso é óbvia. Enquanto para estas últimas, suas casas e deveres familiares ocupam o centro de suas vidas e, portanto, são fundamentais para suas identidades sociais, o mesmo não ocorre com as mulheres dos segmentos médios. Isso não significa que sujeira e relaxamento não possam prejudicar suas reputações de mulheres, mães e donas-de-casa. Certamente que podem, na medida em que, na sociedade brasileira, ser acusada de dona-de-casa e mãe de família suja ou relaxada, mesmo trabalhando fora, continua sendo uma crítica dura e ofensiva para qualquer mulher. Novamente, há que se notar que, entre os segmentos e casais mais jovens, o peso disso é menor, embora, como constatado nas entrevistas e nas discussões em sala de aula, continue, de modo geral, sendo uma fonte de avaliação social e de brigas e tensões entre os casais jovens. Mas o que é preciso levar em conta, em termos comparativos, entre os segmentos médios e de baixa renda, é que, nas camadas médias, limpeza, higiene e arrumação são valores e condições tomadas como dadas. Ou seja, supõe-se que "naturalmente" estejam presentes no universo cotidiano desses segmentos. E, nesse contexto, não acrescentam nada ou muito pouco às identidades daquelas mulheres, embora a ausência desses valores e condições afete profundamente sua reputação. Nos segmentos médios, a importância da roupa e da aparência pessoal não é medida tanto em termos de limpeza ou higiene (novamente porque é obrigatório que estejam presentes), e sim por critérios de qualidade e estilo. O que está em jogo não é a habilidade e a competência das mulheres dos segmentos médios como mães e donas-de-casa cumpridoras exigentes e ideais de seus papéis tradicionais, mas suas habilidades e suas capacidades de julgamento e de bom gosto no que diz respeito à moda e ao estilo de roupa que usam. Assim, a preocupação com a limpeza como valor estético, tão aparente entre as mulheres de baixa renda, manifestado em seus devaneios e sonhos de apreciação de si mesmas, é substituída pela preocupação com o estilo e a moda na apreciação pública de seus respectivos *selves*.

Lavanderias públicas: onde "eu nunca lavaria minha roupa assim"

A terceira e última fonte de dados deste estudo são as entrevistas com proprietários e usuários de lavanderias públicas. Os dados aí coligidos coincidem em muitos aspectos com os anteriores e dão suporte ao sistema classificatório que subjaz às práticas de lavagem de roupa no Brasil, ao mesmo tempo que fornecem dados significativos sobre o que os entrevistados dizem ser sua prática e o que eles efetivamente fazem quando lavam as próprias roupas.

Do ponto de vista do usuário, existem duas maneiras diferentes de as pessoas usarem uma lavanderia pública. Pode-se ir lá e lavar as próprias roupas ou pode-se deixar a roupa lá, com algumas instruções sobre como se gostaria que fossem lavadas.[17] Quando se opta por esta última, a primeira pergunta que a funcionária da lavanderia faz é: "é para lavar do jeito que está?". O que, na verdade, está sendo perguntado é se o cliente

[17] No Brasil, há outro tipo de estabelecimento comercial que também lava roupa. São as lavanderias tradicionais, que pegam a roupa em casa ou que recebem a roupa que lhes é levada, mas que são utilizadas predominantemente para roupas que devem ser lavadas a seco ou são de lavagem tecnicamente difícil, como vestidos de noite, ternos, roupas de couro ou camurça, colchas, cortinas etc. Nesse caso, o usuário diz apenas como quer que a roupa seja lavada, se a seco ou com água, e quando a lavagem com água não é recomendável, o funcionário encarregado informa isso ao usuário.

deseja que os funcionários do estabelecimento selecionem as roupas em diferentes tipos de categoria antes da lavagem. Se a resposta for positiva, todas as roupas serão colocadas juntas na máquina de lavar. Se a resposta for negativa, as roupas serão selecionadas, em geral de acordo com os critérios indicados anteriormente, separando-se as roupas claras das escuras, as de cama e banho das de mesa, e assim por diante. É bom frisar que muitos clientes já levam suas roupas previamente selecionadas de casa para não correr o risco de as roupas serem lavadas indevidamente. Essas lavanderias públicas oferecem, em sua grande maioria, um serviço de pré-lavagem. Essa etapa corresponde ao "tirar o grude" das mulheres de baixa renda nordestinas e à "esfregadela" das mulheres dos segmentos médios. Ou seja, as roupas são esfregadas a mão por funcionários da lavanderia em grandes tanques instalados no fundo do estabelecimento. Esse serviço é considerado de grande importância no pacote total de serviços das lavanderias públicas (muitas oferecem o serviço de "passada de roupa") e muitas o apresentam como um diferencial competitivo, enfatizando-o em sua comunicação, tanto escrita quanto visual. Embora esse serviço seja anunciado em quase todas, parece que, na prática, muitas não o realizam da forma prometida. Daí uma dona de lavanderia afirmar a todos, enfaticamente, que:

> — Nós não dizemos que fazemos a pré-lavagem como muitas outras dizem, nós a fazemos mesmo, o cliente pode até vê-la no fundo do salão da lavanderia.

Essa pré-lavagem é geralmente feita em colarinhos, mangas de camisa e meias, em jeans ou roupas particularmente sujas de terra ou outro material mais pesado do que a tradicional sujeira do corpo humano. Ela reforça, implicitamente, a tese de que a máquina de lavar não lava as roupas como estas deveriam ser lavadas e pode ser interpretada como a reprodução exata, em um centro urbano, da materialização do sistema tradicional de lavagem de roupa, tal como praticado no Nordeste e entre as mulheres de baixa renda.

A maioria das pessoas entrevistadas nas lavanderias afirmou que separava as roupas de acordo com o sistema classificatório já especificado anteriormente, sendo o argumento utilizado o mesmo das outras instâncias, ou seja, é nojento e anti-higiênico lavar tudo junto.

Por outro lado, as entrevistas com os funcionários das lavanderias produziram um quadro um pouco diferente e interessante no que se refere ao que os entrevistados disseram, ao que afirmaram observar e às suas práticas pessoais. De acordo com os funcionários das lavanderias, a maioria lava tudo junto, principalmente homens adultos e jovens. Essa atitude masculina foi verificada nos debates em sala de aula e nos depoimentos de alguns homens solteiros, que se mostraram surpresos com a forma de lavar roupa das mulheres, dizendo que, no máximo, separavam as roupas brancas das de cor. Todos pareciam cientes de que essa falta de critério seletivo é repreensível, pois os solteiros relataram as críticas que suas mães faziam à forma que empregavam para limpar e organizar a casa quando iam visitá-los. O que parece ocorrer é que, entre os solteiros, até certa idade, o critério econômico e pragmático predomina sobre o da poluição. Valoriza-se mais "o lavar tudo de uma vez e acabar logo" e a economia, no caso daqueles que fazem uso de lavanderias, nas quais se paga por máquina utilizada.

Outro dado importante é que os funcionários das lavanderias estavam ansiosos para assegurar aos entrevistadores que consideravam essa prática "nojenta" e que, certamente, não era assim que lidavam com as próprias roupas e que, quando lhes era dada esta opção com relação às roupas dos clientes, costumavam separar todas as categorias.[18, 19]

Um certo cuidado se faz necessário ao se considerar as declarações dos funcionários das lavanderias quanto às práticas de lavagem de seus clientes. Muitas roupas quase nunca vão para a lavanderia, como roupas de bebês, de mesa, meias e roupa íntima feminina. Na verdade, a própria distinção entre as roupas que são lavadas em casa e as que são levadas para a lavanderia é, por si só, uma importante dimensão do sistema classificatório dessas pessoas. Ou seja, chamam a atenção para o fato de haver roupas que podem ser lavadas fora e roupas que não podem.

Poluição e pragmatismo: as lógicas classificatórias do sistema de lavagem de roupa brasileiro

Como se pôde ver, todos os três tipos de amostras analisadas apresentam a mesma lógica de selecionar e lavar roupa. Independentemente da forma (mão ou máquina), do local (interior ou grandes centros urbanos) e de quem executa a tarefa (mulheres de

[18] É interessante observar que o comportamento dos funcionários das lavanderias era um processo claro de auto-idealização, muito bem explorado por Goffman (1975:41). Na presença física do entrevistador e no contexto da pesquisa os funcionários não hesitaram em se apresentar como mais higiênicos e limpos que seus clientes, atribuindo a si mesmos os valores tradicionais de limpeza e higiene da sociedade brasileira. Por meio desta estratégia, eles ascendem socialmente ao afirmarem estar mais próximos dos valores "sagrados" da sociedade do que aqueles a quem serviam.

[19] Em discussões em sala de aula, os rapazes que moravam sozinhos declararam, em sua maioria, lavar tudo junto e que, antes daquela discussão, nunca tinham pensado no assunto. Declararam também que, quando eventualmente visitados pelas mães, elas costumavam criticar seus hábitos higiênicos e de limpeza da casa. Comportamento semelhante foi raro entre as mulheres; quase todas afirmaram fazer uso dos mesmos procedimentos. Os estrangeiros mostraram-se sempre surpresos com a sofisticação das categorias classificatórias que as brasileiras declaravam utilizar.

baixa renda ou dos segmentos médios), existe um sistema claro, e disseminado do ponto de vista simbólico em todos os segmentos sociais, de como as roupas devem ser selecionadas e lavadas. A única diferença está na prática, pois técnicas diversificadas introduzem algumas alterações no processo físico da lavagem, mas nada que altere a natureza do sistema.

Assim, o sistema que orienta a lavagem de roupa na sociedade brasileira baseia-se em dois princípios: um que se apresenta como essencialmente pragmático e outro que invoca recorrentemente as noções de nojo e poluição. A relação entre o critério pragmático e o de poluição é seqüencial e não excludente, vindo o pragmático antes, na seleção e lavagem inicial das roupas, e o de poluição depois. O princípio pragmático requer que as roupas sejam divididas entre brancas e/ou claras e escuras e/ou coloridas, a fim de que as últimas não manchem as primeiras. O princípio da poluição divide as roupas a serem lavadas, primeiro, em duas grandes categorias: as usadas em contato com o corpo e as roupas da casa, o que genericamente é definido como roupa de cama, mesa e banho. A idéia de misturar itens dessas duas categorias sempre provoca uma reação de nojo entre as mulheres, sugerindo que a divisão deve envolver a idéia de poluição. Em apoio a essa conclusão está a maneira quase universal com que as mulheres responderam à proposta dessa mistura, afirmando de forma categórica que não faziam isso, que esse procedimento não era higiênico ou aceitável. Quando sentiam a necessidade de justificar mais claramente essa prática, as mulheres, principalmente as dos segmentos médios, lançavam mão de uma explicação patogênica, afirmando a necessidade de se eliminar os germes e evitar possíveis contaminações por microorganismos, vistos como conseqüência de "sujeira", "imundície" e/ou "falta de limpeza".[20]

Além desses aspectos, os dados indicam várias subdivisões das duas grandes categorias — roupa pessoal e da casa —, como roupas de adulto (incluem roupas formais, de trabalho e íntimas) e de criança (recém-nascidos e crianças); e entre roupas de cama, mesa e banho. Assim, o sistema de classificação empregado por essas mulheres na lavagem de roupa envolve, primeiro, uma divisão entre roupa branca e colorida (classificação que aparece na programação de muitas máquinas de lavar) ou entre roupa clara e escura, seguida por outra divisão entre roupas da casa e do corpo, que são subdivididas em diferentes tipos de roupa, de acordo com categorias de pessoas e diferentes partes da casa. É possível encontrar outras subdivisões, que não fazem distinção entre adulto e criança e separam apenas a roupa do recém-nascido e dos bebês, lavando todas as demais juntas. Contudo, a idade em que termina a fase bebê não é

---

[20] Tomes, 1998. Em alguns casos esses argumentos eram reforçados pelos entrevistados, principalmente pelas mulheres do segmentos médios, pela descrição de práticas como "colocar uma colher de álcool na máquina de lavar" ou "jogar água fervente em certas roupas", a fim de "matar os germes" ou assegurar a não-transmissão de certas propriedades de uma categoria de roupas para outra.

clara, embora todas as entrevistadas tenham declarado separar, pelo menos teoricamente, as roupas da casa das do corpo.

É muito importante observar que essa discriminação e o sistema de classificação resultante, baseado em um critério de poluição, não constituem um processo segmentar do mesmo tipo descrito por Evans-Pritchard (1940), no qual a relação e a posição de cada segmento são iguais a todas as outras. No caso aqui descrito, nem todas as partes têm o mesmo valor ou posição num eixo horizontal. Este é um sistema de segmentação hierárquica, no qual a diferença em valor e em posição das diversas partes é dada pelo número de infrações admitidas da regra de poluição entre certas categorias de roupa. As infrações toleradas indicam valor e posição semelhantes no sistema classificatório. Por exemplo, é aceitável misturar roupas pessoais e de dormir com roupas de cama, assim como toalhas com robes e outros atoalhados. A lógica que permite essa infração é o contato direto com o corpo. As entrevistadas consideraram razoável lavar pijamas, camisolas e lençóis todos juntos, mas rotularam de "não muito higiênico" misturar jeans e roupas de trabalho com lençóis. Lavar roupas usadas na rua junto com roupas de dormir é considerado pouco higiênico, sendo a racionalização disso o fato de a rua ser sempre um local mais sujo que a casa. Portanto, misturar essas duas categorias de roupa é contaminar as roupas de casa com a sujeira da rua.[21] Jeans, calças, shorts e roupas de trabalho não são vistas como as melhores companhias para camisolas e demais roupas de ficar em casa. O critério de separação nesse caso é a natureza da sujeira: ela vem do corpo ou é externa a ele?[22]

Outros tipos de infração do critério de poluição vistos como inaceitáveis pela maioria das entrevistadas ajudam a esclarecer a lógica subjacente ao sistema cultural como um todo. Por exemplo, misturar roupa de mesa com roupa íntima é considerado particularmente nojento e verdadeiramente intolerável, sendo uma das piores infrações que podem ser cometidas e constituindo a maior diferença em valor e posição no sistema classificatório como um todo. Isso sugere que esses valores extremos se relacionam com posições polares em relação ao corpo, como a boca, no caso das toalhas de mesa, e os órgãos genitais, no da roupa íntima; ou com espaços opostos no interior da casa, como a toalha de banho e a toalha de mesa; ou ainda com categorias sociais extremas, como adultos e recém-nascidos. Essa oposição polar foi expressa, na maior parte dos casos, espontaneamente pelas informantes, quando imediatamente relacionavam a infração da regra de poluição (no caso da toalha de mesa com a roupa íntima) com a impossibilidade subseqüente de comer na casa da pessoa que cometera essa infração:

---

[21] Essa é mais uma instância em que a casa é oposta à rua pela sociedade brasileira. Para o significado dessa oposição, ver DaMatta, 1991.

[22] Shove, 2003:148.

— Eu nunca mais comeria na casa dela se por acaso eu soubesse que a minha nora, por exemplo, lava as roupas dessa maneira. Graças a Deus a minha nora é uma menina muito trabalhadeira. (Mulher casada, 40 anos, trabalhando como empregada doméstica.)

No caso da mistura de roupas de recém-nascidos com as de adulto, o sentimento de desconforto e desaprovação parece não nascer tanto da sensação de nojo, e sim de um senso de comprometimento da idéia de pureza.

— Eles são tão inocentes, tão frágeis, tão indefesos que é inconcebível misturar roupas de adulto, que vão a todos os lugares, que estão em contato com os mais diferentes tipos de pessoas... (Mulher solteira, 28 anos, trabalhando como vendedora.)

Todas as entrevistadas consideraram essas infrações da regra de poluição intoleráveis, nojentas, impossíveis e, portanto, imperdoáveis, passíveis de "punição". Conseqüentemente, para aquelas que infringem as regras de poluição do tipo "combinação impossível" são propostas "punições" variáveis, que dependem da posição e da relação das pessoas entre si. No caso de uma empregada doméstica, a punição pode variar de uma repreensão vigorosa à dispensa do emprego. Se a infratora, por outro lado, for a própria dona-da-casa, a sanção assume a forma de comentários negativos, que mancham sua reputação como dona-de-casa e mãe de família, principalmente entre as mulheres de renda mais baixa, para as quais as tarefas domésticas desempenham importante papel. Mas em ambos os casos a pessoa seria considerada uma pessoa "suja" ou, no linguajar de uma das informantes, "uma mulher porca". Este último termo tem conotação extremamente negativa na sociedade brasileira. Estabelece uma associação direta com o animal porco, considerado o mais sujo de todos, pois vive fuçando o lixo e a lama e, portanto, envolve mais do que uma situação transitória de sujeira e impureza, produzindo ecos em outras áreas da vida da pessoa, como sua comida, seus padrões de higiene pessoal e mesmo seu comportamento sexual.

A idéia de poluição implica, logicamente, a idéia de pureza. Uma pureza que sempre está potencialmente comprometida pelo contato com o impuro. E ambos, tanto o puro quanto o impuro, têm uma dimensão de intocabilidade. Essa intocabilidade, no caso das roupas, origina-se do contato íntimo ou com certas partes do corpo, ou com certas partes da casa, ou ainda com certas categorias da pessoa e de sua relação com o alimento.

No extremo da pureza, temos as roupas dos recém-nascidos. Além de serem lavadas separadas de todas as demais, também são lavadas predominantemente a mão, não só pela delicadeza do material de que são feitas, mas também porque a máquina de lavar é considerada impura para elas. Muitas informantes declararam lavar as roupinhas na própria água do banho do bêbe, pois:

— Eles são tão limpinhos que até a água do banho é limpa. (Mulher, 40 anos, vários filhos, dona-de-casa.)

Isso é interessante porque o recém-nascido, além de ser puro, torna a água do banho, um rejeito em qualquer outra circunstância, mais pura do que no início, sendo capaz de limpar a própria roupa usada. Temos, assim, a pureza alimentando a pureza, mediante um ritual de reforço através do banho.

A natureza da pureza dos recém-nascidos parece estar relacionada com seu presumido estado de inocência espiritual e isolamento do mundo, o que os torna ignorantes da maldade e distantes do contato com todos os tipos de sujeira. Por conseguinte, a pureza dos recém-nascidos é simultaneamente moral e social.

No outro extremo do eixo pureza/intocabilidade e impureza/intocabilidade está o "pano de chão", um tipo de tecido utilizado predominantemente para limpar o chão ou enxugar cozinhas e banheiros. Esse contato íntimo com o chão, um local em que as pessoas pisam, andam e espalham todo tipo de sujeira e impurezas que trazem nas solas dos sapatos e que não deveriam estar na casa, faz desse pedaço de pano uma das coisas mais irremediavelmente sujas do universo doméstico brasileiro.[23]

Além da óbvia conexão já indicada, a sujeira do pano de chão acha-se associada também ao significado metafórico de chão, a dimensão mais baixa e, portanto, mais inferior e menos valorizada de qualquer espaço, seja da casa ou da rua. Mesmo assim, o pano de chão é, ou pelo menos deve ser, lavado diariamente, após o término da limpeza da casa. Mas essa lavagem quase nunca é feita na máquina, pois a extrema sujeira desse objeto a contaminaria. Por isso, sua lavagem é feita em baldes reservados para a limpeza pesada da casa. Neles, os panos de chão são postos de molho e, posteriormente, esfregados e enxaguados. E sua "aparente limpeza" é um critério importante na avaliação do capricho que uma dona-de-casa ou empregada doméstica tem em relação a sua casa e às tarefas domésticas. Há, assim, um mecanismo importante do sistema de higiene e limpeza brasileiro que não se aplica apenas à lavagem de roupa, mas também a outras dimensões, como a casa e o corpo, que denomino de "a limpeza da sujeira". Tudo que é utilizado para limpar deve ser escrupulosamente limpo após o uso, pois é a limpeza daquilo que limpa que confere legitimidade à limpeza realizada. Tem-se assim que panos de prato, panos de pia, esponjas, flanelas, baldes, tanque e até

---

[23] Essa lógica de poluição estende-se também ao tratamento e manutenção que recebem os utensílios utilizados na limpeza da casa brasileira. Assim, os inúmeros tipos de panos que compõem parte desse arsenal, além de serem mantidos separados e não serem passíveis de troca entre si, devem ser conservados escrupulosamente limpos. Ao final do dia, a boa dona-de-casa e/ou empregada doméstica deve lavar todos esses panos em bacias e baldes diferentes, que também não podem ser misturados entre si e que correspondem a categorias distintas, como balde de limpeza, bacia de pano de prato, bacia de roupa, entre outros.

mesmo a máquina de lavar devem estar impecavelmente limpos, embora sejam irremediavelmente sujos.[24]

É interessante observar que, no contexto da categoria impuro ou intocável, as roupas íntimas femininas ocupam um papel e têm um significado bastante diferenciado das roupas íntimas masculinas. Elas são consideradas simultaneamente mais poluídas e poluíveis do que as dos homens. Para a maioria das mulheres, as roupas íntimas femininas não devem ser lavadas junto com outras roupas, como ocorre com a masculina. Esse tipo de roupa deve ser lavado pela própria dona, preferivelmente durante seu banho diário, sendo estendida para secar no espaço do banheiro. Muitas mulheres declararam ter sido instruídas pelas mães a procederem dessa maneira e tendem a ensinar o mesmo às filhas. Por conseguinte, demonstraram ser muito críticas em relação a mulheres que não procedem dessa maneira, deixando a roupa íntima para ser lavada com as demais ou pela empregada. A mulher que faz isso é uma "relaxada" (empregada doméstica, mais de 30 anos).

Existem duas razões para que a roupa íntima feminina seja classificada dessa maneira. Primeiro, algumas mulheres consideram a roupa íntima feminina mais suja do que a masculina devido à quantidade de fluido corporal com a qual ela se encontra em permanente contato. Segundo, por uma lógica inteiramente inversa, outras mulheres consideram que, justamente por sua condição física biológica única, a roupa íntima feminina deve ser lavada separadamente das demais porque pode ser facilmente contaminada e, portanto, poluível. Devido a essas duas perspectivas distintas, as roupas íntimas femininas dificilmente são lavadas na máquina. Em vez disso, são lavadas no banheiro e penduradas nas torneiras, para desespero e irritação de maridos, pais e irmãos.[25] Esse hábito é tão arraigado entre as mulheres brasileiras que foram desenvolvidos determinados itens para atender a essa prática, como pequenos cabides que podem prender várias roupas íntimas simultaneamente e uma máquina de lavar especial para roupas íntimas femininas para ser utilizada dentro dos boxes dos chuveiros.

---

[24] Não se deve esquecer que no Brasil, diferentemente das sociedades norte-americana e européia, a sujeira é limpa com água, e não com produtos industrializados e utensílios que se esfregam em superfícies que nunca recebem água diretamente, como é o caso do chão e das paredes de cozinhas, banheiros, varandas etc. O hábito norte-americano e europeu de limpar com produtos químicos e com o que denominam *mop* é rejeitado no Brasil e visto como um mecanismo que "espalha sujeira em cima de sujeira". Atente-se também para o fato de que a arquitetura brasileira, ao contrário das demais, contempla a colocação de ralos nas cozinhas e banheiros, justamente por ser sabido que a limpeza é feita com muita água. Esse dispositivo — o ralo — não existe no chão das cozinhas e banheiros das casas norte-americanas ou européias na freqüência encontrada aqui. Na maioria das casas sequer existe.

[25] Um casal de modelos famosos, em entrevista para uma revista de moda e vida social, quando perguntado pelos hábitos de cada um que irritava o outro o homem disse que "o que eu não gosto na Izabella é esta mania de pendurar as calcinhas no banheiro. Isto quebra o romantismo".

Embora haja um sentimento semelhante em relação às roupas íntimas masculinas, estas não são vistas como tão ameaçadoras ou tão potencialmente poluíveis como as femininas. Conseqüentemente, existe menos tabu envolvendo o manuseio dessas peças, que podem ser lavadas junto com outras na máquina e por terceiros, no caso da empregada doméstica. É claro que não é grande a expectativa de que os homens lavem suas próprias roupas de baixo e que nenhuma empregada doméstica ou mãe consideraria o patrão ou o filho relaxado por deixar essa tarefa para outros. Embora alguns homens lavem as próprias roupas (solteiros que moram sozinhos), esta não é uma prática comum.

Durante todas as entrevistas e em todas as diferentes fases da pesquisa, o sistema descrito acima foi posto em xeque. A pesquisadora sistematicamente propunha e indicava situações em que a mistura de roupas, apesar de feita, não representava objetivamente qualquer ameaça de contaminação. Exemplos sobre a temperatura da água quente e a existência de produtos anti-sépticos que aniquilavam com os germes foram sugeridos e recebidos com meios sorrisos e muita suspeita (provavelmente imaginavam qual seria o meu padrão higiênico). Muitas donas-de-casa admitiam que nenhum mal adviria da mistura de roupas, mas quase todas afirmavam que não era higiênico fazê-lo ou, mais ainda, que era "nojento". O argumento pragmático e econômico de que lavando tudo junto as mulheres economizariam eletricidade, água e sabão em pó soou a todas pouco convincente. Para as de baixa renda, porque já tinham desenvolvido estratégias para fazer o sabão em pó render. Para as de classe média, porque esse tipo de economia era visto como de pouco impacto em seus orçamentos. O que mais soava atrativo era a diminuição da carga de trabalho, principalmente para algumas mulheres jovens de baixa renda. Uma delas, inclusive, relatou que a própria mãe achava que ela não lavava roupa bem porque nunca esfregava a roupa a mão, colocando-a sempre diretamente de molho no sabão em pó. Para ela isso tudo pouco importava, o que ela queria "era acabar logo com tudo aquilo".

Ficou claro, a partir das reações às situações sugeridas de infração da regra de poluição, que, por menor que fosse a ameaça de contaminação patogênica e por maior que fosse um possível desperdício de trabalho e recursos, o sistema descrito e a prática em que as pessoas se encontravam engajadas rotineiramente tinham profundo significado psicológico e cutural. Essa importância e significado não implicam necessariamente que a prática de lavar roupa no Brasil seja um reflexo direto do sistema cultural. Registra-se a existência de grupos para os quais isso não tem qualquer importância, como é o caso de homens jovens solteiros que moram sozinhos e têm que enfrentar algumas tarefas domésticas; e de algumas mulheres que são orientadas por uma lógica pragmática na realização das tarefas domésticas. O que as mobiliza mais é economizar tempo para atividades "mais interessantes" do que a economia de recursos ou o aplauso social por seus talentos domésticos. Mas, nem mesmo nesses segmentos, essas posturas predominam, o que indica a reprodução do sistema com poucas alterações em face das transformações contemporâneas. Mais ainda, poucas pessoas não dialogam com esse sistema, mesmo que seja para não reproduzi-lo.

Observações finais

Do ponto de vista simbólico, o sistema de classificação subjacente às práticas de lavagem de roupa no Brasil pressupõe uma total e radical separação entre diferentes categorias de roupas do universo doméstico, que envolve tanto as do corpo quanto as da casa, a partir do princípio de poluição. O princípio da regra é impedir que roupas cujo contato com certos tipos de pessoas ou coisas consideradas de natureza distinta entrem em contato umas com as outras. Na prática, contudo, algumas infrações da regra de poluição são admitidas e regularmente praticadas. O que torna essas misturas admissíveis é a existência de um denominador comum, como estar, por exemplo, em contato direto com o corpo ou "ser tudo roupa de casa". Mas outras misturas são totalmente vedadas e enfaticamente condenadas, impondo-se sanções sociais e simbólicas aos indivíduos que quebram as regras.

O que essas diferentes quebras de regras do sistema indicam é que, embora os tipos de roupa incluídos nas categorias tolerável, inadimissível e impensável possam variar, fica claro que existe um sistema de classificação hierárquico subjacente, segundo o qual nem todas as categorias de roupa têm o mesmo valor e ocupam a mesma posição em diferentes eixos, como puro e impuro e poluente e poluível. Embora se possa afirmar com relativa segurança que esse sistema existe em todo o Brasil, seu significado muda dependendo do nível econômico e social das mulheres. A alteração se dá mais no papel que ele desempenha na face pública das identidades dessas mulheres do que por alguma variação de lógica classificatória e de prática.

Assim, os dados aqui apresentados apóiam o argumento central desenvolvido neste capítulo de que o idioma da poluição está presente nas modernas sociedades complexas, não só como um critério substituto do critério de autoridade e riqueza, como Douglas (1975) sugere, mas como um critério fundamental na organização da vida cotidiana. Na verdade, o que os dados salientam é que a idéia de poluição e as noções de pureza e impureza a ela associadas não foram varridas para debaixo do tapete pelo processo de urbanização ou de inovação tecnológica, e têm permanecido "estáveis" durante todas essas mudanças. Embora as mulheres brasileiras façam uso dos produtos industriais mais modernos em termos de limpeza e higiene, esses produtos não têm sido utilizados como forma de superar ou neutralizar preocupações com poluição e pureza, substituindo essas idéias por outras de praticidade e eficiência. Ao contrário, esses produtos modernos são usados de tal maneira que certificam a importância explícita e implícita dessas preocupações. Essa situação sugere, fortemente, que no caso brasileiro não seria demais afirmar — contariando a mais pura tradição pós-moderna

— que existem sistemas classificatórios que organizam de uma forma mais ou menos universalizante o comportamento contemporâneo. Registra-se a existência de um sistema altamente estruturado no nível das representações simbólicas, compartilhado por todas as mulheres entrevistadas, independentemente de suas inserções socioeconômicas. É um sistema que organiza e governa as práticas de higiene e limpeza na sociedade brasileira porque se encontra presente não só na lavagem de roupa, mas também em outras atividades relacionadas com a limpeza e a higiene da casa e das pessoas no Brasil. Funciona assim como um código moral aglutinador na esfera das práticas de higiene doméstica da sociedade brasileira, independentemente dos segmentos sociais envolvidos.

Se quisermos ainda contextualizar o material e a discussão que se seguiu a ele no quadro de dois autores representativos de tendências distintas da sociedade contemporânea, como Bourdieu e Bauman, por exemplo, veremos que os dados aqui examinados relativizam as conclusões de ambos. As diferenças de posição entre Bourdieu e Bauman são em parte conseqüência de como avaliam o poder de determinadas forças sociais em operação no mundo contemporâneo. Para Bourdieu (1984) existem constrangimentos sociais, oriundos do pertencimento a determinada classe social, que restringem o comportamento das pessoas. Para Bauman (1998), esses constrangimentos e regulações da sociedade sobre os indivíduos se atenuam consideravelmente à medida que as pessoas se tornam mais individualistas e autônomas em seus padrões sociais e de julgamento. No caso deste trabalho, é clara a existência de um código moral que orienta e restringe o comportamento dos indivíduos na área de higiene e limpeza, embora este não esteja de forma alguma associado a classes sociais específicas. Esse código parece operar de forma universalizante, sendo as diferenças muito mais calcadas nas concepções que as mulheres têm e no peso que atribuem às tarefas domésticas em relação a outras possibilidades de emprego do tempo.

Para finalizar, esse código moral tem um impacto forte e direto no consumo de determinados produtos industrializados, bem como de água e energia. Na medida em que o critério de poluição estipula a separação de diferentes tipos de roupas, objetos e categorias de pessoas, exige um número maior de lavagens, que consomem mais tempo, força física, energia elétrica, água e produtos industrializados. Isso explica o diferencial de consumo brasileiro desses produtos em relação a outras sociedades e o grande interesse e sucesso que as empresas de produtos pessoais têm no Brasil.

Bibliografia

APPADURAI, A. Putting hierarchy in its place. *Cultural Anthropology*, v. 3, n. 1, Feb. 1988.

BARTH, F. A análise da cultura nas sociedades complexas. In: *O guru, o iniciador e outras variações antropológicas.* Rio de Janeiro: Contracapa, 2000.

BAUMAN, Z. *Freedom.* New York: Open University Press, 1998.

BOURDIEU, Pierre. *Distinction: a social critique of the judgement of taste.* London: Routledge, 1984.

BURKE, T. *Lifebuoy men, and lux women: commodification, consumption & cleanliness in modern Zimbabwe.* Furham, London: Duke University Press, 1996.

CAMPBELL, C. *The romantic ethics and the spirit of modern consumerism.* Oxford: Blackwell, 1987.

COCHOY, F. Por uma sociologia da embalagem. *Antropolítica — Revista Contemporânea de Antropologia e Ciência Política.* Niterói: Universidade Federal Fluminense, n. 17, 2º sem. 2004.

COWAN, R. S. *More work for mother: the ironies of household technology from the open hearth to the microwave.* New York: Basic Books, 1983.

COX, R. *The servant problem: domestic employment in a global economy.* 2005. ms.

DaMATTA, R. *A casa e a rua: espaço, cidadania, mulher e morte no Brasil.* 4. ed. Rio de Janeiro: Guanabara Koogan, 1991.

DOUGLAS, M. *Pureza e perigo.* São Paulo: Perspectiva, 1966.

_______. Pollution. In: _______. *Implicit meaning.* London: Routledge & Kegan Paul, 1975.

_______; ISHERWOOD, Baron. *The world of goods: towards an anthropology of consumption.* London: Allen Lane, 1979.

_______; _______. *O mundo dos bens: para uma antropologia do consumo.* Rio de Janeiro: UFRJ, 2004.

DUMONT, L. *Homo hierarchicus.* São Paulo: Edusp, 1966.

ELIAS, N. *The civilizing process.* Oxford: Blackwell, 1979.

EVANS-PRITCHARD, E. *The Nuer, a description of the modes of livehood and political institutions of a Nilotic people.* Oxford: Claredon Press, 1940.

FONTENELLE, I. S. *O nome da marca: McDonald's, fetichismo e cultural descartável.* São Paulo: Boitempo, 2002.

GOFFMAN, E. *Estigma: notas sobre a manipulação da identidade deteriorada.* Rio de Janeiro: Zahar, 1982.

GULLESTAD, M. *Kitchen-table society.* Oslo: Universitetsforlaget, 1984.

LEIN, N. *Sem logo: a tirania das marcas em um planeta vendido.* Rio de Janeiro, São Paulo: Record, 2004.

LÉVI-STRAUSS, C. *O pensamento selvagem.* Rio de Janeiro: Nacional, 1970.

McCRACKEN, G. *Culture and consumption: new approaches to the symbolic character of consumer goods and activities.* Bloomington: Indiana University Press, 1990.

MILLER, D. Pobreza da moralidade. *Antropolítica,* Niterói: UFF, n. 17, 2º sem. 2004.

MOHUM, A. *Steam laundries: gender, technology, and work in the United States and Great Britain, 1880-1940.* Baltimore: Johns Hopkins University Press, 1999.

REYNOLDS, R. *Cleanliness and goodliness.* London: George Allen and Unwin, 1943.

SCHNEIDER, D. *American kinship system: a cultural account.* NJ: Prentice Hall, 1968.

SHALINS, M. *Cultura e razão prática.* Rio de Janeiro: Jorge Zahar, 1976.

_______. *Ilhas de história.* Rio de Janeiro: Jorge Zahar, 1990.

_______. Cosmologies of capitalism: the trans Pacific sector of the world system. In: DIRKS, N.; ELEY, G.; ORTNER, S. *Culture, power history: a reader in contemporary social theory.* Princeton, NJ: Princeton University Press, 1994.

SHOVE, E. *Comfort, cleanliness and convenience: the social organization of normality.* Oxford: Berg, 2003.

THOMAS, P. *Cleanning yourself to death: how safe is your house?* Dublin: Newleaf, 2001.

TOMES, N. *The gospel of germs: men, women and the microbe in American life.* Cambridge: Harvard University Press, 1998.

VIGARELLO, G. *O limpo e o sujo: a higiene do corpo desde a Idade Média.* Lisboa: Fragmentos, 1985.

WRIGHT, L. *Clean and decent: the fascinating history of the bathroom and the water closet, and of the sundry habits, fashion and acessories of the toilet.* New York: Viking Press, 1960.

PARTE IV

Cultura e identidade

6

*Nada além da epiderme: a performance romântica da tatuagem**

MARIA ISABEL MENDES DE ALMEIDA

Uma nova forma de uso, apreensão e significação do corpo vem se tornando recentemente objeto de interesse e investigação no âmbito das ciências sociais. Trata-se do maciço recurso às práticas de modificação corporal. Essas práticas transcendem hoje a tatuagem e estendem suas variações e modalidades ao *piercing*, ao *branding* (cicatriz em relevo desenhada na pele aplicando-se ferro quente ou laser), ao *burning* (impressão sobre a pele de uma queimadura deliberada, realçada com tinta ou pigmento), ao *cutting* (inscrição de figuras geométricas ou desenhos a tinta na pele, sob a forma de cicatriz, trabalhada com escalpe ou outros instrumentos cortantes), ao *stretching* (alargamento do *piercing* com a intenção de introduzir uma peça mais volumosa). Inscritas, portanto, em um novo registro social e cultural, as práticas contemporâneas de modificação corporal vêm se tornando objeto de estudos e problematizações sobre novas percepções do sujeito e das práticas de estetização de si. O corpo tornado arena de inúmeros processos de redesenho, manipulação, aprimoramento e reconstrução vem sendo igualmente reformulado, através dos atuais processos de *body building*, dos regimes alimentares, das radicais inovações estabelecidas no campo da cosmética, das cirurgias estéticas, do transsexualismo e da *body art*.

As práticas da tatuagem manifestam hoje um duplo distanciamento em relação aos modos de significação e abordagem que tradicionalmente as caracterizavam. No passado e até épocas não muito remotas, a tatuagem inscrevia-se como uma forma de classificação de indivíduos e grupos, na qual o registro e a supremacia da sociedade sobre estes sempre se verificava de forma rigorosa e inescapável. Valores, visões de mundo, ritos de passagem, comportamentos rituais, nascimentos e mortes, os mais diversos tipos de classificação moral e jurídica marcaram, ao longo da história das

* Gostaria de agradecer de modo especial a Enrique Larreta por ter, ao longo de muitas conversas, contribuído para a elaboração de várias idéias deste capítulo. A primeira parte da pesquisa que antecedeu a elaboração deste texto contou com a preciosa colaboração da pesquisadora Dulcimar Albuquerque. A segunda fase da pesquisa, assim como a valiosa discussão em torno dos dados e das sugestões das categorias de análise contaram com a indispensável participação da pesquisadora Tatiana Braga Bacal. Na atualização final deste trabalho contei igualmente com a preciosa ajuda de Fernanda Eugênio, minha assistente de pesquisa, e dos pesquisadores do Cesap/Ucam João Francisco Lemos de Brito e Helena Gomes. A todos o meu sincero agradecimento.

sociedades, diacronicamente, formas de controle e ascendência da sociedade sobre os indivíduos. Outro deslocamento diz respeito fundamentalmente à referência tradicional da tatuagem como dissidência e negatividade social, o que a cada dia vem cedendo espaço para a configuração de experiências individualizantes, estetizantes e prazerosas.

O imenso impacto dos processos de esvaziamento da dimensão da intimidade e de exteriorização da vida subjetiva tem sido igualmente objeto de reajustes e adaptações da clínica psicanalítica contemporânea.[1] Esses processos permitem que se estabeleçam eixos de interlocução com novos padrões de sociabilidade, como a biossociabilidade, nos quais se situam as práticas de modificação corporal.

O deslocamento do modelo internalista e intimista de percepção do sujeito para o de identidades somáticas ou bioidentidades[2] tem-se constituído, portanto, em uma via interpretativa para a abordagem das marcas corporais contemporâneas. No entanto, ainda que inscritas no padrão identitário e apolítico das biossociabilidades, essas marcas podem evidenciar um padrão de abordagem que escapa ao primado "constitutivo" da cultura da aparência, à sociedade de consumo, do espetáculo e do mundo da moda. Interpretações que endossam tal perspectiva acentuam, no plano fenomenológico das marcas corporais, a recuperação da dimensão do vivido corporal, da procura de autenticidade, de uma localização real de nossa essência na sociedade da aparência.[3]

A percepção, na sociedade contemporânea, da tatuagem como marca corporal definitiva e longeva vem sendo igualmente interpretada como contrapartida à efemeridade e à fugacidade do corpo, sujeito ao envelhecimento e à morte. Nesse sentido, tais interpretações consideram o recurso à tatuagem como a possibilidade de imprimir certa permanência ao efêmero, tornando-se um marcador estético contrário à efemeridade das coisas do mundo.[4]

Os pressupostos analíticos que sustentam as hipóteses centrais deste capítulo foram elaborados numa época anterior ao surgimento de trabalhos sobre modificações corporais no contexto brasileiro. Isso quer dizer que tais pressupostos foram desenvolvidos fora dos parâmetros de uma discussão que hoje vem se alicerçando em torno da formação de identidades somáticas e de bioidentidades,[5] embora não deixe de estabelecer com ela, de forma quase que antecipadora, nítidos eixos de interlocução. Ou seja,

---

[1] Bezerra, 2002.

[2] O conceito-chave de identidade somática ou bioidentidade deve ser entendido no âmbito dos cuidados corporais, médicos, higiênicos e estéticos, que muito contribuíram para a efetivação de um deslocamento para a externalidade do modelo intimista e internalista de construção da pessoa, dando origem às chamadas identidades corporais na contemporaneidade (Ortega, 2006).

[3] Ortega, 2006; Le Breton, 1999; Andrieu, 2002.

[4] Leitão, 2003.

[5] Ortega, 2006.

é importante enfatizar que grande parte das conclusões deste capítulo trouxe à baila as manifestações recentes de uma subjetividade estetizada, externalizada e somática, embora não se tenha abordado tais manifestações no âmbito mais específico da formação de bioidentidades e biossociabilidades.

Cabe ressaltar ainda que, à época da elaboração deste texto, a própria produção teórica estrangeira sobre o tema era ainda incipiente e descontínua, o que me obrigou a buscar recursos teóricos alternativos e aproximativos ao tipo de abordagem que pretendi construir sobre o universo da tatuagem.

A relação entre tatuagem, subjetividade e consumo pode contribuir para a ampliação dos estudos sobre processos de constituição de identidades e de organização de estilos de vida, assim como de "gramáticas alternativas" de visões de mundo que decerto justificam um olhar atento para a topologia complexa dessas novas arquiteturas de sujeitos.

Meu acesso ao exame dessa relação se deu através de um extenso trabalho de pesquisa etnográfica realizado nos três principais estúdios de tatuagem situados no Rio de Janeiro, assim como da realização de entrevistas com vários sujeitos tatuados pertencentes aos setores médios dessa população.

Os primeiros passos da pesquisa que deu origem a este ensaio enfrentaram um crucial desafio: esgrimir com o vazio. Ou seja, meu movimento de entrada no universo da tatuagem mostrou-se a princípio uma tarefa inglória e desestimulante. A razão de ser da construção de uma opção pela tatuagem não parecia encontrar o mais pálido eco no sistema de representação e de reflexividade de meus informantes. Todas as incursões interpretativas pareciam dar em nada. O sentido e a atribuição de significados subjetivos ao ato de tatuar-se, que procurava extrair dos sujeitos, esbarravam em graves impasses e limites tanto no plano da verbalização quanto no da capacidade de introspecção e reflexividade desses sujeitos. Tratava-se, portanto, de uma modalidade distinta de reflexividade e de atribuição de sentidos à experiência da tatuagem. É importante destacar aqui o fato de que não identifiquei tal fenômeno de modo direto e automático à idéia de significantes desconexos ou flutuantes da cultura de consumo pós-moderna, "sem profundidade", na qual a arte e a realidade trocam de lugar numa "alucinação estética do real".[6] Trata-se aqui da proposta de exame e inteligibilidade desses novos significantes, desatrelados da perspectiva apriorística de que são desconexos ou meramente flutuantes.

Somente após longa e árdua elaboração de elementos e dados que se mostravam tão vagos quanto porosos e exíguos, foi possível encontrar uma tipologia adequada para a inteligibilidade e atribuição de positividade àquilo que por tanto tempo pareceu

---

[6] Featherstone, 1995.

sem significação e densidade analítica. Este ensaio é, em parte, resultado e evidência desse esforço.

O processo de análise e reflexão sobre os resultados do percurso etnográfico realizado serão desenvolvidos e minuciosamente desdobrados posteriormente. Importa deixar claro que não é um objetivo deste ensaio abordar a tatuagem do ponto de vista de sua história social, antropológica, ou mesmo de sua trajetória diacrônica na sociedade brasileira. O interesse central restringe-se ao âmbito de uma reflexão sobre os processos subjetivos de construção de identidades e de sua articulação com práticas de consumo. O recurso à tatuagem como uma forma de modificação corporal será utilizado neste estudo como uma espécie de tribuna de observação e de acesso às formas de identidades (subjetivação) que se constroem em íntima conexão com processos de estetização da existência. Outro aspecto que reforça essa opção pela tatuagem é o fato de ela possuir a especificidade de conectar, de modo singular, os planos interior e exterior dos sujeitos que a ela recorrem, expressando a epiderme, visualmente, uma suposta fronteira entre esses dois planos.

Corpos tatuados e brandas subversões

Que pessoas constituem esse grupo de tatuados? Como se estrutura o seu mundo? Minha intenção neste estudo não foi acompanhar ao longo do tempo um grupo específico ou consolidado de indivíduos que fizesse parte de uma dada comunidade de tatuados, ou que organizasse seu cotidiano em torno de práticas ou objetivos comuns direcionados à constituição de uma modalidade de subcultura jovem ou mesmo de um dado estilo de vida alternativo. Ao contrário, parti apenas de uma seleção de indivíduos cujo único traço em comum era o fato de terem "decidido" tatuar seus corpos. A marca corporal enquanto possibilidade de construção de identidade inscreve-se nesse contexto como único critério apriorístico de recorte e definição dessa população.

Os estúdios de tatuagem a que tive acesso podem ser compreendidos como espaços geográficos que reúnem uma interação mais concentrada das diversas "personagens" que compõem esse universo: os tatuadores, seus assistentes e ajudantes, os *piercers* (colocadores de *piercings*), amigos ou parentes de pessoas que trabalham no estúdio, pessoas que entram e saem do estúdio sem objetivo definido e a própria clientela. Esse é um espaço que tem a propriedade, portanto, de "telescopizar" uma série de interações importantes que se desenvolvem entre os vários tipos de sujeitos e circunstâncias que fazem parte do universo da tatuagem e que, na maioria das vezes, testemunham a própria experiência do ato de tatuar-se.

A maior parte das pessoas entrevistadas não poderia ser caracterizada como um grupo inserido no mercado de trabalho de forma estável e cristalizada. Ou seja, as circunstâncias profissionais da vida de boa parte dessas pessoas podem ser definidas como ainda regidas pelo experimentalismo e pela não-fixação definitiva em áreas permanentes de especialização profissional. A maioria dos entrevistados eram jovens universitários de classe média, com idades variando entre 19 e 25 anos. A preocupação com a realização profissional, curiosamente, não aparecia como uma questão central representativa de uma escala prioritária de valores para esse grupo. A pouca valorização dessa dimensão da existência era paralela à ênfase em um estilo de vida cuja mola mestra parecia assentar-se na dimensão mais contemplativa da vida, no sentido da valorização de seus aspectos místicos, espiritualistas e mesmo esotéricos. Isso não quer dizer, porém, que essa dimensão contemplativa possa ser medida e avaliada de modo estruturado e coerente em toda a sua dimensão de densidade, coerência e justificação. Muito pelo contrário, ela se torna presente de modo entrecortado, descontínuo, fragmentado e inconstante, evidenciando muitas vezes uma nítida dissociação entre, por exemplo, a eleição de determinado símbolo religioso para com ele tatuar a pele e o total desconhecimento de seu significado. Essa dissociação pode se converter em uma espécie de padrão recorrente nesse conjunto de informantes no que diz respeito também à decisão de tatuar-se e à ausência de fundamentação para essa decisão.

Em sua maioria, meus informantes são moradores da Zona Sul do Rio de Janeiro, em grande parte estudantes universitários (com áreas de especialização em ciências humanas e sociais), freqüentadores das praias de Ipanema, Copacabana e Barra de Tijuca. Alguns são membros de grupos de motoqueiros da cidade, e quase todos fazem regularmente exercícios físicos em academias de ginástica. Em relação a ambos os sexos, é possível encontrar, com freqüência, pessoas que vivem em torno de atividades artesanais alternativas, como, por exemplo, confecção de bolsas, objetos de adorno decorativo identificados com materiais bastante acessíveis (de baixo custo) no mercado da moda e voltados para um público jovem com tendências estéticas muito próximas daquelas do universo de gosto oriental. Quanto à forma de apresentação, os informantes costumam vestir-se de forma bastante despojada e à vontade. Muitos vão aos estúdios trajando apenas bermudas e sandálias de borracha, embora também seja possível encontrar indumentárias bastante próximas do estilo *punk* pouco arrojado, suavizado em seu compromisso mais ortodoxo com essa estética. O uso de *piercings* é freqüente, sobretudo entre as mulheres. As academias de jiu-jítsu também aparecem como cenário de referência central para o universo masculino. Ligações com o mundo das artes plásticas são bastante comuns. A preocupação com o cultivo e aprimoramento do corpo e da forma física em geral é uma constante entre as pessoas desse grupo. Nesse sentido, a valorização e a atenção permanentes atribuídas à estética parecem superar em muito, no caso da tatuagem, o medo ou a apreensão diante da dor.

São também expressivos os casos de jovens que vêem na tatuagem a materialização de um rito de passagem para a vida adulta, já que, oficialmente, só é possível aplicar tatuagem em jovens a partir de 18 anos. Um número significativo de entrevistados também assinalou enfaticamente o fato de terem transgredido a lei, por não ter sido possível "agüentar" a espera dos 18 anos para se tatuar. Nesses casos, que podem expressar uma modalidade de "transgressão tolerada",[7] foi possível captar, surpreendentemente, o sentimento de descontentamento ou frustração de alguns por não terem obtido bons resultados em suas tatuagens, uma vez que elas foram realizadas por amadores, e não por profissionais, estes últimos apontados como mais rigorosos na obediência à lei que proíbe tatuar menores. Essa situação é uma das responsáveis pelo aumento do contingente de pessoas que opta por "cobrir" uma tatuagem. Ou seja, pessoas para as quais o "afã" de realizar de qualquer jeito uma tatuagem acaba, no futuro, convertendo-se na necessidade de retocá-la ou mesmo de transformá-la em um desenho esteticamente mais "apreciável". Apesar da existência desses movimentos particulares de transgressão, não se pode desconsiderar o efeito preciso da associação entre a maioridade e a "deliberação" de marcar esse estágio da vida com uma tatuagem. Essa modalidade de transgressão, que chamo de branda ou tolerada, pode ser verificada na medida em que os sujeitos estão habilitados, "pela lei", a fazer uma tatuagem, embora esse ato esteja inteiramente na "contramão" do desejo de seus pais.

Tais "codificações" e significados recentes do ato transgressivo apontam para as novas combinatórias surgidas entre o próprio sujeito e o abrandamento de suas preocupações em manifestar uma posição "classicamente transgressora" ou de ruptura e oposição a seu universo de valores. Refiro-me ao primado, cada vez mais inescapável, do ponto de vista estético enquanto eixo de comando central das motivações dos sujeitos que optam pela realização de uma tatuagem. Isso significa dizer que a cota de tolerância e abrandamento do teor transgressivo desse ato passa por um movimento de relativização do próprio significado. Trata-se, nesse caso, da preocupação com o mercado de trabalho. Muitos entrevistados fizeram alusões à preocupação com a limitação das chances de inserção futura dos tatuados no mercado de trabalho. É nesse plano, por exemplo, que se pode observar a presença de um imaginário ainda remetido à "aura" preconceituosa da tatuagem. Não é que os próprios tatuados assumam para si esse preconceito, geralmente remetido às gerações mais velhas ou às instâncias responsáveis, por exemplo, pelo escrutínio do ingresso no mercado de trabalho "mais oficial". Foi, pois, nesse movimento que se tornou possível observar a margem de manobra entre a localização estratégica da tatuagem no corpo e a não-obstrução, para os sujeitos, de sua inserção futura em carreiras consideradas mais cativas do próprio preconceito, como advocacia, economia, medicina, funcionalismo público etc. Essa margem de manobra ou essa espécie de amaciamento e contemporização tolerante do componente transgressor da tatuagem podem ser acompanhadas através não só do

---

[7] Torgovnick, 1999.

tamanho dos desenhos, mas principalmente de sua localização em regiões do corpo que permitam que as marcas sejam encobertas pelas vestimentas. No caso das mulheres, evita-se sobretudo a tatuagem nos antebraços e pernas, mãos, dedos e regiões do pescoço que não possam ser cobertas pelo cabelo. Quanto aos homens, são evitadas sobretudo as partes inferiores dos braços e também o pescoço e as mãos. Essa geografização estratégica de distribuição das marcas nos corpos é algo que se verifica no grupo de pessoas que procura obter um estilo de convivência possível entre suas inscrições corporais e a preocupação com a inserção no mercado de trabalho. Trata-se, nesses casos, de uma combinatória particular, realizada pelos sujeitos com alguma dose de pragmatismo e cálculo.

O surgimento recente das tatuagens temporárias de hena é outra fonte reveladora de mecanismos centrais de funcionamento da subjetividade desse grupo, além de expressar aspectos importantes de como se lida, em nossa sociedade, com a dimensão do que é permanente, definitivo. Pergunta-se muito, nos estúdios de tatuagem, sobre as tatuagens temporárias. É incessante o movimento de pessoas que entram e saem desses estúdios indagando sobre a possibilidade de realizar uma tatuagem temporária. Por mais que alguns tatuadores encarem as tatuagens temporárias como uma via facilitadora para a obtenção de uma clientela não hesitante e mais segura a respeito da decisão de se tatuar, esse aspecto, ainda assim, não é capaz de superar a força dos testemunhos críticos e desabonadores dos tatuadores sobre esse recurso. Por outro lado, essa relação com o definitivo por parte daqueles sujeitos que resolvem se tatuar "de verdade" acaba reencontrando suas conexões com a provisoriedade ou com uma certa visão de "experimentalismo". Alguns de meus informantes já apresentam "lugar" em seus discursos para a eventual possibilidade de, no futuro, se arrependerem de suas marcas definitivas. As modernas técnicas de raio laser costumam ser encaradas como uma possibilidade de amortecimento da necessidade de optar por algo definitivo, ou seja, acenam com uma certa estrutura de tolerância e conforto para os sujeitos.

Consumo e tatuagem: construção da imaginação e o primado da performance

A insaciabilidade dos desejos e a perseguição constante da novidade são os dois eixos centrais a partir dos quais se estrutura o consumismo moderno.[8] Essa perspectiva do consumismo moderno é compreendida, a partir dos estudos de Campbell (1997a e 1997b), como conseqüência de uma forma de hedonismo. Os indivíduos consumidores permitem entrever contemporaneamente uma habilidade quase mágica para produ-

[8] Campbell, 1997b:241.

zir novos desejos e vontades, assim que são satisfeitos e saciados os que antes estiveram em pauta.[9] Isso pode ser entendido como um dos mecanismos que caracteriza essa forma moderna de hedonismo, mas que não a esgota, como veremos adiante.

Curiosamente, a prática da tatuagem, a princípio, parece revelar uma condição paradoxal e contraditória ante esse caráter movediço e insaciável do desejo e das vontades. Ela consiste em uma forma de modificação ou adorno corporal que lida fundamentalmente com a perspectiva do definitivo, com uma marca corporal que deve permanecer para sempre. No entanto, é possível perceber, igualmente, que o universo da tatuagem por mim estudado inscreve-se, ainda que de maneira transversa ou oblíqua, no campo de discussão das modernas formas de hedonismo, tal como trabalhadas por Campbell. Aparentemente, o indivíduo que opta por realizar uma tatuagem seria uma espécie de contrapartida negativa em relação à visão de mundo hoje predominante nas sociedades ocidentais "pós-modernas", que empunham quase como palavras de ordem a plasticidade, a mutabilidade, a descartabilidade, assim como a efemeridade de identidades e modos de ser.[10] No caso específico da sociedade brasileira, principalmente, salta ainda mais aos olhos a dificuldade de lidar com o que é permanente, com as opções definitivas, com a impossibilidade de voltar atrás.[11]

A espiral da insaciabilidade das vontades, bem como a inesgotabilidade do afã dos indivíduos pela novidade parecem, porém, encontrar nos tatuados pesquisados não uma adequação perfeita ao fenômeno do hedonismo moderno, mas, antes, uma adaptação criativa e particular às especificidades de nossa sociedade.

Na "radiografia" subjetiva desse grupo, a instalação da marca definitiva em seus corpos não se processa de modo tranqüilo e apaziguado. Refiro-me à existência do fenômeno da "cobertura" da tatuagem, já mencionado. Essa prática consiste na modificação parcial, ou muitas vezes total, de um desenho anterior que não se deseja mais

---

[9] Campbell, 1989.

[10] Sobre a teoria pós-moderna, Kumar (1997:113) refere-se à dimensão de pluralismo não-organizado e integrado de acordo com qualquer princípio discernível: "não há mais qualquer força controladora e orientadora que dê à sociedade forma e significado (...) há simplesmente um fluxo um tanto aleatório, sem direção, que perpassa todos os setores da sociedade. As fronteiras entre eles se dissolvem, resultando, contudo, não em uma totalidade neoprimitivista, mas em uma condição pós-moderna de fragmentação".

[11] A respeito da dificuldade de se lidar com opções definitivas na sociedade brasileira, pode-se verificar uma oportuna analogia no estudo já clássico de Roberto DaMatta *A casa e a rua* (1985). Nesse estudo, mais especificamente no ensaio sobre o mito de dona Flor, encontra-se a tese de que o "Brasil não é nem o país do carnaval, nem a pátria do 'homem cordial', nem o território da violência. Também não é a sociedade feita inteiramente de feudalismos e desordens administrativas. O Brasil é o país do carnaval e é também e simultaneamente a sociedade do 'sério', do 'legal', das comemorações cívicas, e das leis que têm exceções para os bem-nascidos e relacionados. Tudo indica que fazemos como fez dona Flor, buscando juntar sistematicamente esses pólos. O interessante é que não conseguimos perceber essas vertentes como dialeticamente relacionadas" (p. 107).

exibir ou que, eventualmente, pode ser corrigido ou aprimorado, caso tenha sido mal trabalhado ou mal realizado.

Inúmeros são os depoimentos de informantes que nos permitem inferir o significado relativizador e contemporizador exercido pela cobertura em relação ao primado da permanência. Para grande parte dos entrevistados, lidar com o definitivo significa lidar fundamentalmente com a forma ou o símbolo gráfico que se inscreve em seus corpos e não exatamente com a ostentação de uma marca definitiva em si. Maria, por exemplo, uma das entrevistadas, menciona que optou por tatuar uma flor no lugar de um antigo touro, sua primeira tatuagem. Ela enfatiza a questão de que, na época em que se tatuara — há 25 anos —, escolhera o símbolo de seu signo zodiacal, o touro. Ressalta hoje que talvez, naquele momento, não tivesse se dado conta de que aquele símbolo, "exageradamente masculino", pudesse lhe causar grande constrangimento quando muitos de seus amigos assim se dirigiam a ela: "É a marca do dono! O dono é cornudo!" E ela prossegue, dizendo:

> — Porque era o touro. Eu fiquei muito pichada na época. Eu passei muito mal. Aí eu fiquei com essa idéia do masculino, dessa marca... Aí eu disse: Não. Vou botar uma flor, uma coisinha bem mulherzinha, assim...

A presença de elementos justificadores de natureza biográfica, no caso da cobertura de Maria, não se aplica à maioria dos sujeitos que se valeram desse recurso. A tônica, nesses casos, é quase invariavelmente o "enjôo" do desenho realizado. Além desse aspecto, ressalta também a insaciabilidade ante a vontade de realizar várias tatuagens e de haver limites à possibilidade de ter o corpo todo tatuado. Nesse sentido, a vontade de ostentar novos símbolos (muitas vezes símbolos da moda, como as tatuagens tribais), somada a uma espécie de desejo "incontrolável" de fazer mais e mais tatuagens depois que se fez a primeira também deságuam na opção pela cobertura.

Judith, por exemplo, assinala em seu depoimento que a vantagem da cobertura da tatuagem é ser, ao mesmo tempo, algo que economiza a extensão da pele (que não pode ficar inteiramente tatuada) e que permite ao sujeito lidar com variações de desenhos e adornos sobre seu corpo. Esse recurso, portanto, produz o duplo efeito de atender ao amplo espectro de novidades gráficas que surgem permanentemente no mercado da tatuagem e de fazer "calar" a insaciabilidade do desejo de ter mais e mais tatuagens. Eis como Judith se refere às suas coberturas:

> — Eu quero fazer mais. Mas eu tenho medo de ter muitas, porque eu acho que fica exagerado. De vez em quando penso muito em fazer uma em cima deste anjinho. Meus planos são mudar o anjinho. Eu fico mudando, sempre pensando em mudar a forma deste anjinho.

Entre os informantes entrevistados, alguns eram adeptos da prática da musculação, do fisiculturismo e de vários tipos de cultivo e aprimoramento do corpo.[12] Muitas vezes, o recurso quase obsessivo a essas práticas gerava tal modificação no corpo que, no caso de vários informantes, a cobertura tornava-se quase que um desenlace inevitável. Esse foi o caso — observado em um estúdio de tatuagem — de um rapaz extremamente corpulento e musculoso, que pedia ao tatuador para colorir e aumentar todo o contorno de um dragão que ele trazia no braço. Ele explicou que havia feito aquele dragão muitos anos antes nas costas, quase na base do pescoço, e que, depois que começou a fazer musculação, o dragão foi se deslocando até atingir a região próxima ao ombro.

O conjunto das questões até aqui apresentado exemplifica um universo de aspectos significativos sobre o caráter permanente da tatuagem e sua suposta inadequação a um mundo de desejos e vontades insaciáveis, que parecem se dissolver continuamente na mutabilidade infinita das identidades. A prática da cobertura, ao acenar com o imenso espectro de combinações, ajustes, questionamentos estéticos, idas e vindas de uma decisão, efeitos corretivos, variabilidade de imagens para o olhar, transformações de formas e desenhos, aponta para a construção de um padrão alternativo e flexível na relação entre os sujeitos e seu consumo de tatuagem (padrão definitivo). Abre-se aqui um imenso leque de possibilidades para a relativização e a suavização da lógica da permanência. Esta última acaba por se converter em um terreno de problematizações e questionamentos infinitos, que podem multiplicar e potencializar, em escala incomensurável, os efeitos do hedonismo moderno, no sentido de jamais confirmar ou identificar para os sujeitos quem eles são. Vejamos um exemplo de cobertura:

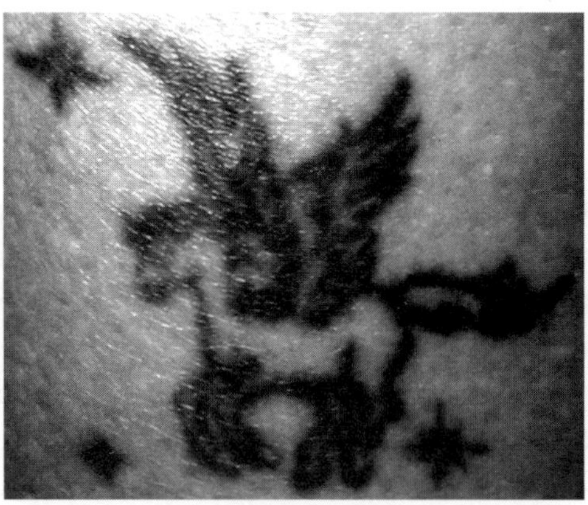

Primeira etapa

[12] A idéia de *body building*, segundo Kenneth Dutton, não pode ser compreendida sem a apreciação de certos sistemas de valores derivados da cultura grega e transmitidos à Europa ocidental, com algumas modificações, no tempo da Renascença italiana. As estratégias de identificação da perfeição corporal só têm sentido na tradição ocidental, na qual sobressai a perfeição estética, "cujos padrões variam de maneira cada vez mais veloz" (Góes, 1999:34-35).

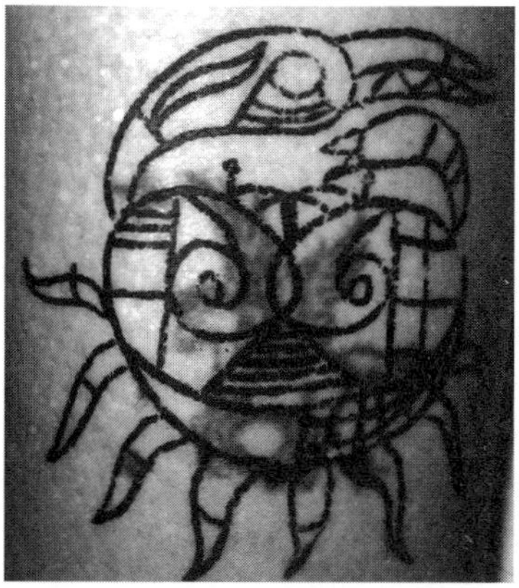

Transição

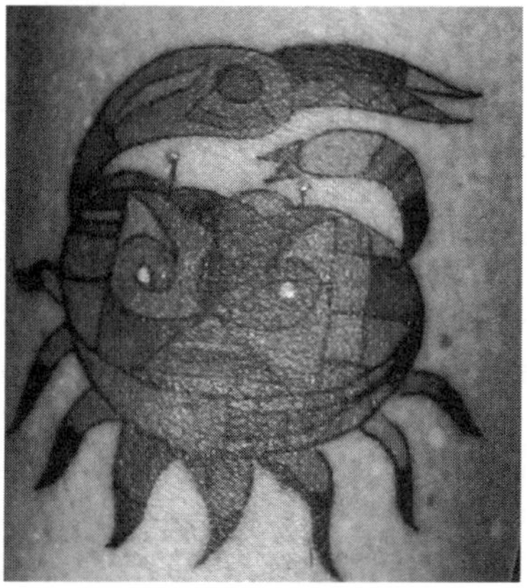

Etapa final

O consumo hedonista moderno abriga ainda mais "mistérios", que se conectam com aqueles até agora analisados. Ele resulta, acima de tudo, em um experimento mental. Os indivíduos que se encontram sob o "dossel" do consumismo moderno estão fortemente comprometidos com a valorização de experiências auto-ilusórias em detrimento das circunstâncias objetivas de seleção, compra ou mesmo utilização real dos produtos. No âmbito do hedonismo moderno, a noção-chave do prazer vincula-se fundamentalmente à formulação de um julgamento.[13] Numa palavra, o prazer é um julgamento realizado pelos indivíduos sobre os estímulos que experimentam e, como tal, não está necessariamente conectado a uma atividade que vise extrair utilidade dos

[13] Campbell, 1998:8.

objetos.[14] A busca do prazer, portanto, ao contrário da busca da satisfação,[15] atribui enorme ênfase à capacidade dos indivíduos de se exporem a certos estímulos na esperança de que "alavanquem" ou "disparem" a resposta desejada. No plano, portanto, do hedonismo contemporâneo, os prazeres se deslocam cada vez mais do foco sensorial para o das emoções.[16] A esse respeito, é importante reconhecer que qualquer emoção, mesmo as chamadas "negativas", como medo, raiva, ódio, luto, ciúme, podem proporcionar uma estimulação prazerosa.

> — O que está me estimulando muito a fazer uma dieta para perder os quilos que eu ganhei com um distúrbio hormonal que tive é um dragão que eu quero fazer na *costela!* Muito legal! Eu quero *sentir essa sensação*! Deve ser muito legal! Tem homens que *gemem* de dor e tem garotas que acham superlegal! Eu tenho que *sentir* isso... Como é que eu não vou *sentir* isso! Eu quero... Eu tenho que fazer. Eu quero fazer... Eu quero fazer um dragão muito legal. Tem garotas que têm e elas *agüentaram*, então eu vou *agüentar* também. Eu, afinal, já tenho sete! (Grifos meus.)

> — Foi um sofrimento. Eu saí gemendo de dor, mas contente da vida. Falei: "Pôxa, é a tatuagem que eu queria"! Eu dormi olhando a tatuagem. Eu dormi assim que cheguei em casa, porque eu fiquei abalado, meu corpo ficou tão abalado, é quase uma operação, né? Não pode ser feita em quem está alcoolizado, você tem todos os efeitos de uma operação, o cara tá colocando um negócio pra dentro de você, tá te cortando, teu organismo vai te defender, por isso que a tinta cicatriza na tua pele. Então você tem que tá com um corpo bem saudável e tudo o mais. Então eu fui dormir porque eu não *agüentava* de dor. (Grifo meu.)

> — Eu tive que parar várias vezes; em alguns momentos, tomar um copo d'água... Porque foi uma dor incrível, foi uma dor insuportável. Porque, aqui (apontando para a região das costas) tem muitos nervos. Essa região é muito sensível, próxima à espinha e não tem muita gordura, é só pele.

> — Eu tinha uma curiosidade muito grande de sentir como é que se faz, a dor que dá. E depois da primeira, a coisa foi em cadeia... Em dois, três meses, eu já estava com as cinco tatuagens.

Esses depoimentos, extraídos das entrevistas com meus informantes, bem demonstram o papel preciso que a experiência da dor e do medo desempenham no imaginário dos sujeitos diante da experiência inédita que travam com a tatuagem. Trata-se de um

[14] Campbell, 1998:8.

[15] A busca da satisfação pode ser compreendida no registro do hedonismo tradicional e se fundamenta no engajamento dos indivíduos a objetos reais com o objetivo de descobrir o grau e o tipo de sua utilidade (Campbell, 1998:9).

[16] Campbell, 1998:10.

tipo de extração de emoção que não se faz acompanhar, necessariamente, de sentimentos tidos como convencionalmente prazerosos. A natureza desse tipo de emoção pode facilmente ser compreendida no âmbito do hedonismo, na medida em que os discursos de meus informantes permitem entrever a presença envolvente e "sedutora" de uma "angústia prazerosa ou agradável".[17] A arquitetura particular de emoções que se conjugam com matizes híbridos de sentimentos parte de uma mesma matriz, que Campbell chama de "prazeres do sentimento". Mas as emoções implicadas nesse caso, no hedonismo, não são simplesmente as emoções positivas da alegria e do deleite, mas abarcam as escuras variedades da tristeza, da dor e do desespero.[18]

É, portanto, essa capacidade de extrair excitação da própria imaginação que nos remete à relevante dimensão de auto-ilusão do hedonismo moderno, e que inclui, por sua vez, o próprio indivíduo como artista da imaginação. O sonho, o devaneio, numa palavra, o *daydreaming* envolvem a elaboração imaginativa daquilo que é possível, ainda que isso se mostre altamente improvável.

Estou, enfim, diante de um modelo analítico que mais uma vez pode encontrar nos "achados" de minha pesquisa sobre o universo da tatuagem uma ancoragem profícua para reflexão. As etapas pelas quais passam as pessoas que decidem se tatuar permitem que se verifique a instalação do que Campbell chama de experiência do *daydreaming* de um modo bastante peculiar e característico. Isso porque, para ter acesso a esse plano imaginativo, é necessário deslocá-lo em direção a outro conjunto de mecanismos que se encontram muito mais próximos da materialidade dos atos, da ação e dos gestos do que de uma experiência mental captável através de palavras, ou mesmo de conteúdos reflexivos. Se, através dos recursos metodológicos das técnicas da entrevista já é difícil fazer as pessoas falarem de seu mundo imaginativo, mais hercúlea se torna a tarefa de atribuir autonomia ao recurso da fala entre os tatuados. Voltarei à problematização desse aspecto mais adiante. O fato que interessa reter por ora é a forma pela qual se processa a instalação do *daydreaming* a partir de elementos que se distanciam de sua formulação mais canônica e original. Talvez até se trate aqui do tema clássico da transformação do vício em virtude, uma vez que as enormes dificuldades em lidar com o registro da fala desses indivíduos acabam por encontrar no contexto paroxístico do ato e do fato o caminho mais fácil para uma radiografia de seus *daydreamings*.

Durante todo o período de observação que realizei nos estúdios de tatuagem, mostrou-se patente uma espécie de fluxo quase ininterrupto de pessoas nesses locais. O espaço de tempo compreendido entre os atos de entrar e sair de um estúdio sem realizar uma tatuagem pode muito bem revelar, em toda a sua "fugacidade", um conjunto de evidências sobre a íntima afinidade existente entre o prazer e a não-realização

[17] Campbell, 1989.

[18] Ibid., p. 122.

imediata do desejo. Ou seja, a intensidade prazerosa de uma composição imaginativa que deve perdurar. O prolongamento e a extensão do desejo encontram-se intimamente ligados ao exercício de adiamento de sua concretização. Esse adiamento se verifica através do acionamento de mecanismos auto-ilusórios.

Como, portanto, apreender concretamente esse processo à luz do contexto estudado? Quais seriam os mecanismos capazes de agir como elementos disparadores das composições imaginativas desses indivíduos? Folhear de modo inquieto e rápido um catálogo de tatuagens, olhar de esguelha para alguém que está sendo tatuado em uma cabine, perguntar sobre preços relacionados a tamanhos e tipos de tatuagens, insistir em questões relacionadas com a dor ou com formas de se manter e tratar uma tatuagem. Todos esses mecanismos podem ser entendidos quase como cortes cinematográficos que, muitas vezes, permanecem "no ar" não mais do que alguns minutos e expressam, em "estado bruto", essa consistência particular do fenômeno do *daydreaming*. Uma dessas cenas, captada em uma tarde passada num estúdio de tatuagem, nos remete ao encontro de dois meninos menores de idade que sondavam a loja de tatuagem do lado de fora até decidirem entrar. Um deles, bastante cauteloso, pergunta o preço de uma tatuagem tribal. O tatuador sai da sala e responde que não custaria menos que R$ 90. Os meninos ficam olhando por algum tempo os álbuns de tatuagem, folheando-os. Olham, discutem entre si, muito compenetrados, sussurram. Depois de algum tempo, o menino que havia feito a pergunta inicial dirige-se até a parede onde se encontravam os desenhos do tatuador. Aponta para um desenho tribal e pergunta o preço. O tatuador responde que o preço é aproximadamente R$ 120. Em seguida, ele aponta uma outra, também do mesmo preço. Demora mais um tempo e aponta dessa vez para um sol asteca. O tatuador lhe diz que o preço podia variar, dependendo do tamanho escolhido. O menino fica olhando até que se volta para a tatuagem tribal inicial e pergunta quanto custa fazer aquela mesma, só que de hena (tatuagem provisória), na parte inferior do braço. O tatuador diz que custa R$ 25, mas desaconselha desenhá-la naquele lugar específico, pois ele necessitaria ficar com o braço levantado por mais de duas horas, o que seria muito incômodo. O menino acha graça e levanta o braço fazendo uma espécie de mímica de como deveria ficar depois de feita a tatuagem de hena. Permanece ainda um tempo pensativo, até que o tatuador o encoraja a pintá-la na parte superior do braço. Dessa forma ele ficaria um certo tempo com a tatuagem provisória, que lhe daria a "sensação" de ter uma tatuagem e, se gostasse mesmo, poderia voltar depois para fazer uma permanente. E o menino saiu dali feliz por ter chegado a uma agradável conclusão. Na semana seguinte, quando perguntei por aqueles garotos, soube que não mais haviam retornado ao estúdio.

A narrativa acima, fruto de uma das experiências de acompanhamento e observação que realizei nos estúdios de tatuagem, é emblemática do processo a que me referi. Na trilha das perguntas que se sucedem por parte da clientela que entra e sai, e muitas vezes jamais retorna, nas abordagens e consultas que são feitas aos tatuadores, nos olhares lançados às fotos e revistas, nas marcações e cancelamentos de horários, na imensa curiosidade que se manifesta através das vitrines das lojas, no gesto de arremesso corporal daqueles que pretendem entrar nos estúdios e não conseguem, encontra-se uma determinada gramática de compreensão desse universo cuja mola mestra se assenta no *frisson* e na "vertigem" ininterruptos de uma construção imaginativa. Trata-se, todavia, de uma vertigem que se realiza através das sensações que se antecipam no "perímetro" do próprio corpo e não ao longo do curso denso de um processo de construção mental. Ou seja, trata-se de construções imaginativas, só que deslocadas de sua referência mental central. Destaca-se, portanto, a existência de um processo de busca do prazer (hedonismo) e de intensificação da fantasia e do próprio exercício do *daydreaming*, embora deslocados de sua ênfase na natureza predominantemente mental. Do ponto de vista dos resultados da pesquisa, aquilo que Campbell classifica como hedonismo imaginativo pode ser acompanhado de outra forma de expressão, por intermédio da qual tanto o hedonismo quanto o sonho e o devaneio têm lugar, embora se traduzam através de um mecanismo de funcionamento bastante diverso. Em outras palavras, destaca-se aqui, com especial força, o primado do mundo físico das sensações e da circulação de energias, conferindo ao fenômeno do *daydreaming* a mesma potência e intensidade, só que alterando a sua composição interna. Nesse sentido, a construção da experiência auto-ilusória lança mão de ingredientes e propriedades que estão muito mais próximos de uma arquitetura da performance e da estetização do que da intensificação da imaginação mental e psíquica.

Romantismo e tatuagem: pressupostos para uma nova gramática subjetiva

Os resultados deste estudo serão examinados à luz de uma abordagem teórica que pode ser encarada como alternativa à tradição dos estudos sociológicos que têm procurado reavaliar a grande influência das formas de pensar o classicismo do Iluminismo. Refiro-me aqui às correntes críticas pós-modernas e pós-estruturalistas, que, por exemplo, vêm procurando questionar as visões totalizadoras da ordem e do controle inerentes à visão de mundo do classicismo iluminista. A abordagem teórica alternativa a que fiz menção vincula-se às reflexões recentes sobre identidades expressivas e mais particularmente àquela realizada por Hetherington (1998). Nesse estudo, o autor nos apresenta uma proposta teórica relacionada a estilos de vida alternativos, associados com o que chama de identidades expressivas. Hetherington refere-se ao fato de as literaturas atuais sobre consumo e movimentos sociais estarem por demais cativas de um instrumental teórico, estreito e asfixiante, vinculado às idéias de mobilização, organização e repertórios de ação. Em seu estudo, há uma clara preocupação com as formas pelas quais se deve perceber o fenômeno mais amplo que tais identidades expressivas constituem. Ou seja, o autor nos sugere uma visão que não inclui em seu escopo apenas estilos de vida alternativos, ativistas sociais e suas políticas de identidade, mas também, e sobretudo, formas de cultura jovem que se sobrepõem a esses movimentos (*New Age*, consumo vegetariano, práticas complementares de cura etc.).[19] Uma reflexão mais detida e aprofundada sobre essas novas formas de cultura pode nos aproximar da idéia de sujeitos como autores de seus "próprios roteiros de vida, o que requer que a dimensão da subjetividade seja tomada como uma dimensão anterior e independente da identidade".[20] Em poucas palavras, pode-se dizer que o desafio da reflexão de Hetherington reside na tentativa de explodir termos denotativos tais como "novos movimentos sociais", com sua herança hegeliana, e, a partir daí, olhar para a multiplicidade de "fragmentos", "restos", "sobras" dessa explosão.

Restrinjo-me aqui a ressaltar que essa linha de estudos destaca-se por apontar que, em tempos recentes, o romantismo, se comparado a essa reavaliação operada pelas correntes pós-modernas e pós-estruturalistas, tem sido colocado de forma lateral e periférica no debate contemporâneo. Nesse sentido, uma constelação de termos como contracultura, estilos de vida alternativos, políticas de identidades, novos movimentos sociais, individualismo expressivo e *"other-directed" personality* vem indicando a necessidade de se criarem instrumentais teóricos que sugiram a entrada em cena de uma estrutura distinta de sentimentos:[21] uma "estrutura romântica de sentimentos". Isso significa dizer que a abordagem de certos estilos de vida, entre os quais é possível incluir o universo dos tatuados, é suscetível de evidenciar formas de distanciamento significativo do que Hetherington (1998:76) chama de "estrutura racionalista de sentimentos" (ou estrutura puritana de sentimentos). Essa estrutura deriva da matriz weberiana e do conjunto de sociólogos que o seguiram em suas preocupações com a arena dos sentimentos e das emoções na vida social. No contexto dessa óptica, fenômenos como identidade e, especialmente, expressivismo no interior da identidade são tratados como um sinal de fraqueza individual.[22] Na esteira dessa crítica weberiana, podem ser incluídos autores como Bell, Sennet e Lash, emblemáticos das grandes tendências teóricas das décadas de 1970 e 80 sobre o fenômeno do narcisismo, da modernização reflexiva e sobre os processos de destradicionalização. O foco central da crítica de Hetherington a essas correntes assenta-se na tendência à idealização do herói puritano individual, cultivador de uma "vocação" que é compreendida como um

---

[19] A esse respeito, remeto a Campbell, 1997a.

[20] Hetherington, 1998:10.

[21] Ibid., p. 76.

[22] Ibid.

"chamado", ou seja, como um modelo para o desenvolvimento de uma identidade forte, maciça e *inner-directed*.[23] Trata-se aqui, portanto, de uma compreensão de sujeitos morais aptos a agir de forma razoável tomando por base um pensamento racional, sujeitos autodirecionados, capazes de julgamentos morais independentes de pressões externas. Nesse sentido, para esses autores, o indivíduo, mais do que o coletivo, é o principal foco de atenção quando se discutem questões de identidade.

No entanto, ao longo do desenvolvimento das sociedades modernas, no contexto das reflexões atuais sobre novos estilos alternativos de vida e formas de organização da subjetividade, tem sido possível verificar que esse modelo de sujeito começa a apresentar fissuras e limites no seu potencial explicativo e analítico. As razões para essa insuficiência têm sido atribuídas a um grande e variado conjunto de influências. Entre elas destacam-se o próprio romantismo, o hedonismo, o consumismo, o declínio da família, a ascensão dos movimentos de massa, o poder manipulativo da indústria cultural, além do esmaecimento dos temas morais ligados à mudança cultural de valores que a cada dia vem subtraindo força à idéia de responsabilidade individual e de julgamento crítico.

Minha reflexão sobre os resultados da pesquisa exigiu uma espécie de "torção" conceitual que gerou uma forte aproximação com esse referencial teórico que tende, por sua vez, a atribuir positividade plena ao reino expressivo da experiência como fonte de formação de subjetividades (identidades) que se articulam com modalidades particulares de uma estrutura romântica de sentimentos. É nesse sentido que sou tributária das análises de Hetherington sobre as formas de expressão da identidade e, fundamentalmente, sobre o papel específico que ele atribui ao conceito de ocasionalismo romântico na construção de políticas de identidade.[24]

O que primeiro me atraiu na fecundidade e riqueza do estudo de Hetherington é que, a partir de suas análises e sobretudo de como faz uso da perspectiva romântica e do conceito de ocasionalismo subjetivo, se tornou possível trabalhar com recursos

---

[23] Destaca-se aqui o próprio trabalho de Campbell (1989). Esse autor pode ser situado no conjunto de uma tradição que trabalha com uma noção de subjetividade, compreendida fundamentalmente a partir de um movimento que se produz do interior para o exterior dos indivíduos. Ou seja, trata-se de uma dimensão do *self* profundamente vinculada aos planos de interioridade e densidade, através dos quais se torna possível, para os indivíduos, exercer controle e domínio sobre suas emoções.

[24] Torna-se bastante oportuna aqui a referência a Campbell (1989) no que diz respeito a uma abordagem nitidamente contrastante com a de Hetherington naquilo que se relaciona à visão do romantismo. A abordagem de Campbell sobre o romantismo, de certa forma, o torna cativo de uma visão fortemente ancorada em mecanismos de controle significativos que os indivíduos exercem sobre si mesmos. A forte ênfase atribuída por essa perspectiva ao plano das escolhas e deliberações pessoais dos indivíduos que optam por agir de modo romântico contrasta fortemente com a visão proveniente do mito romântico. Esta última, por sua vez, sublinha o fato de que o romântico é aquele que é "naturalmente" impulsivo, desinibido, passional e criativo.

conceituais passíveis de acolher em seu âmbito aspectos extremamente instáveis da construção de identidades. Essa instabilidade pode ser observada na ação e na presença de mecanismos contraditórios, desorganizadores, precários, fragmentários, descontínuos e disruptivos. Em outras palavras, tornou-se possível atribuir positividade e inteligibilidade a um amplo arsenal de "sobras" e fragmentos residuais de um processo de constituição de identidades expressivas que parecem navegar na mais profunda desorientação, precariedade e desordenação. É, pois, exatamente essa concepção de "estilhaços" e "descaminhos" de uma formação subjetiva que parece encontrar limites e impasses à sua plena intelecção quando nos munimos de referencial teórico integrado às tradições do individualismo da "vocação" e da matriz do herói puritano como modelos para o desenvolvimento de uma identidade forte e centrada num *self* interior e maciço.

As percepções de desordenação e incongruência reveladas pelo material de pesquisa colhido junto aos tatuados encontram na idéia de ocasionalismo subjetivo um eixo de inteligibilidade que deve ser aqui cuidadosamente explorado.[25] O ocasionalismo subjetivo e sua organização em torno de uma idéia romântica do desenvolvimento de um *self* moral são a característica da identidade política do final do século XX, assim como foi a do final do século XVIII.[26] O recorte que pretendo estabelecer em torno desse conceito limita-se ao campo das relações que ele cobre entre o mundo e os sujeitos. Segundo Schmitt (1986:xv), uma análise adequada do romantismo deve começar com uma atitude característica da postura do indivíduo diante do mundo. Nesse sentido, destaco o fato de que ocasiões são pura contingências que não se conectam de qualquer forma ordenada e coerente. O que está em jogo entre o mundo e o sujeito é simplesmente o prazer da imaginação estética. O mundo se converte em uma espécie de súdito dos sujeitos que dele fazem um permanente *playground* para a sua constante "fruição". Ou seja, o mundo é brincadeira e imaginação. Qualquer circunstância objetiva que se apresente do mundo para os indivíduos pode transformar-se em uma

---

[25] Na visão de Schmitt (1986), através da atividade política, o romântico procura expressar-se como um agente moral. Nessa visão de mundo romântica, fatos, acontecimentos, protestos ou ações diretas são os meios pelos quais essa autoridade moral, baseada em agentes individuais, é expressa. Para Schmitt, portanto, essa situação deriva de uma visão romântica do *self* como um agente independente de moralidade, que é expresso através do "ocasionalismo subjetivado". O sujeito romântico que desafia a autoridade do sujeito ou rei trata o mundo, de acordo com Schmitt, como uma ocasião e oportunidade para sua produtividade romântica.

[26] Hetherington, 1998. Inscreve-se aqui com especial pertinência a referência ao papel da burguesia no final do século XVIII. Através dos espaços públicos (salões, cafés, *coffee houses*), membros da burguesia começaram a se ver como eleitos morais, acima das intrigas políticas e das manipulações da sociedade de corte. Eles acreditavam que eram os únicos talhados para governar, e desejavam mudar a sociedade tomando por base essa visão de estar moralmente acima da intriga e dos interesses da corte.

ocasião para a construção de uma fábula, um poema, um veículo produtor de uma sensação estética. Nesse contínuo jogo entre os indivíduos e o mundo não se pode estabelecer qualquer relação entre causa e efeito. Como enfatiza Schmitt (1986:82), "se existe algo que pode prover uma completa definição do romantismo é exatamente a falta de qualquer relação com uma *causa*". A realidade, enfim, não possui uma estrutura ou um significado inerente. Ela só é significativa na medida em que provê ocasiões nas quais se pode exercitar a imaginação estética.

A meu ver, a forma de organização e funcionamento da subjetividade do grupo de tatuados por mim estudado encontra na idéia-chave do ocasionalismo romântico e em seus desdobramentos uma decisiva possibilidade de inteligibilidade.

Para compreender melhor esse processo, devo fazer um pequeno recuo até o momento anterior ao início de minha experiência etnográfica. Ou seja, naquele momento, tinha em mente alguns pressupostos sobre o mundo da tatuagem que lhe confeririam um significado privilegiado para a confirmação, diferenciação e singularização de identidades subjetivas. Em poucas palavras, partia da percepção de que esse processo — o ato de tatuar-se — traria consigo uma ampla "bagagem" reflexiva, um gradual processo de amadurecimento de uma opção em que se verificaria a presença de intensas motivações e tonalidades psicológicas por parte dos indivíduos. A pele, então, ainda no âmbito desses pressupostos iniciais, representaria uma espécie de fronteira entre dois mundos nítidos: o interior e o exterior. Em suma, os primórdios de minha investigação tomavam por base a idéia de que a tatuagem parecia se constituir em campo privilegiado e até mesmo paroxístico de expressão de identidades individuais fortemente diferenciadas, que se manifestariam através das mais variadas formas de simbolização e de seus sentidos.[27]

Assim sendo, os primeiros passos em direção à necessidade de desconstrução dessa formulação inicial foram difíceis de dar, tal era minha convicção de que uma decisão como a de realizar uma marca definitiva no corpo jamais poderia estar a quilômetros de distância de um processo de reflexividade, causalidade e amadurecimento subjetivo. É nesse momento que se inscreve, com imensa pertinência, o recurso à visão de mundo e à perspectiva do romantismo, trazendo em seu núcleo a idéia do ocasionalismo subjetivo.

---

[27] Encontra-se incluída nessa perspectiva a visão de Campbell sobre o romantismo enquanto integrando com o protestantismo a outra face de uma mesma moeda. Isso significa que, para o puritano, a introversão exercida sobre os devaneios e fantasias aparece como um exemplo da tentação à indulgência e à preguiça, às quais se deve resistir. Por outro lado, para o romântico, este seria o aspecto mais valorizado de sua experiência. Ou seja, para o puritano, o controle sobre o desejo tem que se dar de forma firme e rigorosa, de modo que se possa resistir a ele, enquanto para o romântico, o controle é necessário para que o desejo seja criado e acentuado (Campbell, 1989:223).

A "centelha" da motivação: tatuagem e ocasionalismo romântico

Os estúdios de tatuagem situados no Rio de Janeiro, os tatuadores, seus ajudantes e sua clientela, além de vários sujeitos tatuados de nossa classe média urbana, contribuem para formar uma modalidade expressiva de identidade na qual o sujeito assume características de autoridade ilimitada. Trata-se de um processo que parece se constituir a partir de uma espécie de "centelha explosiva", que, em sua "instantaneidade", confere aos sujeitos que se tatuam uma identidade. Trata-se, pois, de um fenômeno de construção *in acto*, de algo que faz dos sujeitos "eles mesmos". A contrapartida à noção de construção reflexiva de uma opção pode ser acompanhada aqui enquanto puro ato, pura ação, puro movimento pragmático, mecânico, impulsivo.

— Olhei, gostei e fiz. Saí feliz.

— Foi de repente, eu nunca tinha pensado em fazer.

— Primeiro eu quero fazer, depois escolho o desenho.

— Eu entrei na "pilha" também de fazer, e fiz.

— Não estava nos meus planos fazer outra tatuagem, eu estava satisfeita. Então bati o olho numa cobra e falei: eu tenho que fazer essa cobra!

— Foi "esquema Bahia": tinha gente melhor lá que fazia, só que foi o primeiro que eu vi, aí resolvi fazer do nada, para marcar a viagem.

— Eu fui lá (referindo-se a um estúdio de tatuagem) para ele (o tatuador) me dar uma idéia do tipo de desenho que seria. Eu falei: é isso aí, faz. Aí sentei e fiz, assim, na hora.

— É como uma explosão. É uma coisa que eu olho, gosto, e tenho vontade de fazer.

— Eu me lembro que deu a louca em mim, eu falei: eu quero fazer uma tatuagem agora.

— Com 17 anos eu falei: eu quero fazer uma tatuagem.

Essas seqüências "axiomáticas", provenientes da maioria dos discursos dos sujeitos que procuram explicar por que fizeram uma tatuagem, podem ser encaradas como a primeira peça-chave desse modelo de subjetividade, ou antes, de seu esboço. Um "solavanco" súbito e imediatista. Uma espécie de explosão da vontade que parece sequer permitir que se instale o movimento reflexivo da escolha. A dimensão de explosão pode ser colhida quase que invariavelmente nos depoimentos dos entrevistados. Curiosamente, o fato de não se poder pensar parece ser algo constitutivo do ato de realizar uma tatuagem. É uma modalidade de acesso direto do olhar ao ato, sem escalas. Não existem adequações necessárias entre causa e efeito, ainda que, de minha parte, fossem acionados mecanismos que procuravam chamar a atenção para as razões, assim como para o porquê de uma motivação. A supremacia do olhar destaca-se de modo particular como o primeiro passo da seqüência entre gostar e fazer. A essa primeira "vontade" consumada de tatuar-se, na maioria das vezes, sucedem-se várias outras, que os sujeitos só conseguem controlar quando se vêem limitados pelo "travo" social da possibilidade de não obter inserções no mercado de trabalho. É muito comum, ainda assim, a referência a uma espécie de "fissura" ou vontade incontrolável de fazer mais tatuagens, depois que se fez a primeira. Para não acabar se deixando tatuar inteiramente, o tatuado se vê quase que diante da necessidade de "romper" fisicamente com o grupo de tatuados do qual faz parte, o que também inclui a convivência com tatuadores. É uma forma de tentação tão forte que não oferece ao sujeito outra saída a não ser o rompimento ou um isolamento defensivo. Ou seja, são bastante freqüentes referências à necessidade de reagir e "se proteger" de uma força e de um magnetismo extremos, que costumam "avassalar" aqueles que se tatuam uma primeira vez. Um dos tatuados entrevistados chegou a mencionar algo que se pode entender como a produção de um *ethos* asfixiante de pertencimento ao grupo de tatuados e tatuadores da seguinte forma: "Opa, tá bom, se eu continuar aqui eu vou sair sem pele". Mais uma vez, destaca-se aqui a fragilidade da dimensão da deliberação pessoal, de um sistema coerente de reflexividade e preservação da privacidade e da autonomia pessoais. O sujeito deve sair de cena, evitar a presença do grupo no sentido mais puramente material e físico de sua influência, como se estivesse tentando escapar de ser "engolido" por um animal ao mesmo tempo feroz e tentador.

Eu esperava encontrar uma dimensão imaginária forte, rica e significativa estruturando o mundo desses sujeitos, mas certamente não é disso que se trata. São bastante distintos os ingredientes da imaginação que compõem esse mundo. Um desses elementos significativos é sem dúvida a perseguição obstinada do bem-estar estético.

A conversa nas salas de espera tem pouco fôlego para se manter. Uma tarde inteira passada em um estúdio de tatuagem é atravessada pelo torpor de encontros tão velozes quanto exíguos em sua ausência de consistência, onde a palavra é parcimoniosa, os *scripts* são desalinhavados e frouxos e a própria razão de ser das coisas parece definhar.

É entre os tatuadores que parece residir o "intransigente" senso crítico em relação a um público que praticamente não consegue associar o significado de uma escolha a suas histórias pessoais, à defesa de um sentido coerente e a uma fundamentação para a escolha daqueles símbolos. No entanto, apesar dessa constatação, também é possível verificar entre os tatuadores exemplos de depoimentos que não chegam a explicar os motivos pelos quais eles próprios se tornaram tatuadores. O mais popular tatuador da Zona Sul do Rio de Janeiro disse o seguinte quando indagado sobre a escolha de sua profissão:

> — Antes eu desenhava em papel, fazia uns desenhos... Sempre gostei. Aí comecei a me interessar por tatuagem, não sei o motivo. Acho que me atraiu alguma coisa... tatuagens que eu via às vezes, revistas com pessoas tatuadas... me atraiu. Aí eu comecei, sem recurso nenhum, com a linha e a agulha, tentei... comecei a furar as pessoas e comecei a trabalhar.

Tatuados: os eleitos morais

Entre os vários aspectos de que se reveste a forma de expressão dessas subjetividades não é possível deixar de fazer referência à dimensão da eleição moral que parece existir entre os informantes. Sublinho essa natureza moral na medida em que ela encarna um conjunto de atitudes que em muito se afastam da idéia de um mundo que submete os indivíduos à sua lógica ou à sua racionalidade. Os eleitos morais tatuados parecem atravessar os limites do mundo a sua volta (e mantê-lo sob seu jugo) por intermédio do ininterrupto jorro imaginativo de uma subjetividade que se encontra permanentemente sujeita a uma discussão intrínseca a si mesma.

> — A gente é diferente. A gente é mais exótico, chama atenção, é mais bonito, mais sensual, *não adianta*. Não tem quem não olhe. É uma atração que se sente pela pessoa tatuada. A gente gosta de enfeitar o corpo, de ficar mais bonito. A gente se sente mais enfeitado. A tatuagem é uma coisa que nos torna feliz. Você termina uma tatuagem feliz da vida, quer mostrar pra todo mundo, quer se exibir, se torna uma pessoa sensual.

Esse depoimento, extraído da entrevista que realizei com Regina, assessora de um tatuador que possui um estúdio na Zona Sul do Rio de Janeiro, não parece deixar dúvidas sobre o caráter "irrelativizável" do desafio colocado pelo tatuado como aquele que submete e "violenta" o mundo com sua visão romântica do *self*. Em vez de Deus, o sujeito romântico ocupa a posição central e faz do mundo e de tudo o que nele ocorre uma mera ocasião para si mesmo.

Ao contrário do que se poderia supor, nem mesmo a figura do entrevistador enquanto o "outro" parece ter fôlego suficiente para converter-se em uma possibilidade de ordenação ou freio para essa subjetividade que se alimenta continuamente de seu próprio senso de "eleição moral". Os tatuados são diferentes não porque percebam o mundo ou sua própria individualidade como distintos de um outro mundo que é definido em oposição ou em contrapartida ao deles. Mas, sim, porque evocam, sobre si mesmos, uma percepção de auto-eleição que parece desafiar todo um sistema lógico racional de organização do mundo.

O caráter expressivo dessas subjetividades é conferido pelo primado inescapável da marca na pele. É a partir dela que algo parece se constituir. E esse algo parece falar por si, imprevisível e arbitrariamente. Como a expressividade mais radical. Não é a sociedade ou qualquer referência a ela que parece falar nas marcas e símbolos que se estabelecem sobre a pele. Tampouco parece se tratar de um movimento que parta de dentro para fora, procurando estampar aquilo que estaria restrito à esfera de um *self* autônomo, privado e reflexivo. A pele utilizada é a arena gráfica para o depósito de marcas de uma subjetividade que se faz valer enquanto pura estetização.

"A aparência é a essência"

A "tatuagem está dentro de você; você já nasce tatuado por dentro". Esta frase, emitida por um tatuador, me serviu de filtro para examinar outras impressões de tatuados sobre suas tatuagens. Ao mesmo tempo, foi utilizada como uma espécie de exemplificação do que chamo de primazia absoluta e ilimitada do sujeito (não barrado pelas considerações do mundo) em suas considerações sobre o mundo e sobre os tatuados. Nesse caso, o próprio caráter, ao mesmo tempo assertivo e infundado, da afirmação me envia mais uma vez ao domínio de uma oportunidade capaz de fazer "eclodir" o livre jogo de uma forma bastante peculiar de imaginação do indivíduo. O efeito produzido por essa afirmação parecia também funcionar como uma espécie de economia narrativa para explicar ou fundamentar as razões pelas quais os sujeitos se tatuam. A introdução de variáveis explicativas de origem mística, cósmica ou creditadas ao plano espiritualista de consideração costumava "fazer as vezes de" ou preencher um vazio e uma ausência de substância verdadeiramente surpreendentes. No caso da visão desse tatuador, todos os que faziam uma tatuagem "traziam para a superfície" algo que já estava marcado dentro deles.

Minha visão do universo subjetivo desses informantes toma a direção exatamente oposta a esse sentido. Em primeiro lugar, são numerosos os depoimentos nos quais se pode inferir a trajetória de um movimento subjetivo que encontra seu elemento "disparador" inicial em um plano que se dá *de fora para dentro* dos indivíduos. Algo como a "aparência é a essência". Essas subjetividades parecem ser acionadas em sua significação a partir do momento em que o corpo assume a condição de tela para ser marcado. Não é à toa que inúmeros depoimentos se referem aos indivíduos não-tatuados como aqueles que ainda estão "em branco". Em outras palavras, trata-se de uma circunstância em que se torna impossível dissociar a dimensão de expressividade das identidades de sua estetização. A expressividade manifesta-se através de conteúdos que privilegiam essencialmente os aspectos estéticos que repousam e se esgotam na própria superfície da pele. Nada se dá para além dela.

É como diz Vítor (um dos tatuados), procurando argumentar sobre a importância do valor estético da tatuagem em detrimento de qualquer apelo à compreensão de sua simbologia:

— A simbologia não vale nada... Porque o que adianta você ter um monte de simbologia e a tatuagem ser feia? Não adianta nada... O que adianta uma tatuagem feia? Não é uma coisa para enfeitar? Não tem que ser bonito? Eu penso assim. O que adianta você ter um símbolo que significa um monte de coisas para você e é uma coisa horrível? Não adianta nada... Eu acho que todo mundo devia ver assim, porque não adianta você ter uma tatuagem feia que significa muito. É lógico que, se você conseguir juntar os dois, aí fica interessante. Mas, quando eu fiz, eu não pensei em nada... Só não queria nada pesado, caveira... Essas coisas pesadas assim... Eu acho que não ia ficar uma coisa legal. Mas você tem que gostar da tatuagem que você está fazendo, tem que achar bonito. Aliás, a tatuagem no Brasil, não sei como é em outros países, acho que ela é vista de uma outra forma, mas no Brasil ela é vista basicamente como estética. No Japão, na China, eu já não sei. Mas aqui eu vejo assim. O pessoal quer ver tatuagem bonita, não quer ver se tem sentido ou não.

O depoimento de Armando, por sua vez, acentua de forma exemplar a idéia do ocasionalismo a que já fiz referência, além de transmitir a sensação de que é através da tatuagem que algo se constitui de "fora para dentro":

— Eu queria ter aquele símbolo no meu corpo. Nunca é do corpo pra fora. É sempre do corpo pra dentro. Entendeu? Eu acho isso. Tem cara que diz: "Não, porque a tatuagem... é isso é aquilo..." Um "cerca lourenço" do caramba... Pô! Faz a tatuagem e pronto, acabou!

Esses depoimentos tornam-se paradigmáticos de como os sujeitos submetem o mundo a seus "inquebrantáveis designos". A incontornável visão do primado da estética em detrimento de qualquer atenção dedicada à compreensão do significado dos símbolos, para esses sujeitos que marcam seus corpos, nos remete a um conjunto mais amplo de significados que integram essa forma particular de manifestação contemporânea de estetização da existência.

Espiritualismo e superfície

Uma consideração final deve ser feita em relação às modalidades de uso e "apropriação" de uma visão de mundo que, entre os tatuados, parece vincular-se, em alguma medida, aos fenômenos da Nova Era (*New Age*). A partir da visão de Campbell (1997a e 1997b), o movimento Nova Era, juntamente com a tradição do neopaganismo, enquanto tradições "nativas", fazem parte de um processo mais abrangente que se relaciona com um fenômeno mais amplo da alternância histórica de uma teodicéia ocidental para uma teodicéia oriental.[28] Trata-se, portanto, segundo esse autor, da ocorrência, atualmente no Ocidente, de um processo de "orientalização", caracterizado pelo deslocamento da teodicéia tradicional por outra que é essencialmente oriental em sua natureza. O movimento Nova Era constitui um fenômeno pós-moderno e não moderno, pois a "perda da fé na ciência e no progresso, que marca a virada pós-moderna, significa que essa metanarrativa moderna (marcada, por exemplo, por um individualismo e otimismo extremos e pela ênfase nos valores progressistas do autodesenvolvimento e da auto-satisfação, além da busca de recompensas neste mundo) tem sido gradativamente substituída por uma metanarrativa alternativa de psicoespiritualidade".[29]

A rede de afinidades que se constitui em torno dos temas da Nova Era aponta-nos um tipo de cenário bastante peculiar e característico, no qual boa parte de meus informantes costuma referir-se a temas e elementos ligados à espiritualidade, assim como a diversas concepções sobre energia, integração com a natureza, com o cosmo etc., enquanto elementos vinculados ao universo da tatuagem. Esse tipo de associação, porém, assume características muito próprias, que permitem entrever uma modalidade quase "caleidoscópica" de funcionamento. Assim, é possível encontrar, a cada momento, entre os depoimentos dos informantes, os mais diversos, díspares e fragmentados tipos de associações que visam a "revestir" o universo da tatuagem de características místicas, espiritualistas, "energéticas" e também de componentes extraídos de uma visão de mundo tributária de um nítido processo de "psicologização" da sociedade.

Pode-se localizar certos efeitos da absorção muito particular dos temas da Nova Era nesse contexto, por exemplo, em depoimentos como o de Carolina, que declarou que jamais se tatuaria com um tatuador que não fosse tatuado. As razões dessa exigência são contabilizadas na "conta" do espiritual:

> — Por que ele vai me tatuar se ele não tem nenhuma tatuagem? Que afinidade vou ter com esse rapaz? Porque a tatuagem é uma coisa muito espiritual, é muito espiritual. Eu sei que ele (referindo-se a um tatuador amigo seu que não tem tatuagem) faz um trabalho excelente, mas eu, quando quero me tatuar, não é simplesmente jogar um desenho no meu corpo. Existe um relacionamento espiritual! Uma mistura de energia, de harmonia... Então tem que ter muito entrosamento. Tatuador pra gente (tatuados) tem que ser todo tatuado, tem que saber o que que eu estou sentindo, tem que ter a marca na pele dele, mostrar os desenhos na pele dele!

---

[28] O objetivo central de Campbell com essa reflexão é afirmar que o pensamento religioso ocidental não decaiu em função do crescente processo de secularização, como pensava Weber, mas foi substituído por novas formas de pensamento, mais ligadas ao mundo oriental. No entanto, esses processos não ocorreram unicamente por influência cultural do Oriente sobre o Ocidente, mas por questões intrínsecas à sociedade ocidental. Para uma ampliação desse debate, ver Campbell, 1997a.

[29] Campbell, 1997a:14.

Outro depoimento, extraído da entrevista que realizei com um motoqueiro tatuado, ilustra bem a fusão desordenada e heteróclita de elementos da imaginação compostos de fragmentos de noções sobre espiritualismo e psicologia, somados a algumas impressões sobre as raízes da tatuagem e, acima de tudo, costurados por uma atmosfera de assertividade e segurança sobre as próprias palavras que é bastante representativa da maior parte dos depoimentos acumulados ao longo da pesquisa. Referindo-se aos aspectos estéticos da tatuagem, esse informante diz o seguinte:

> — Cara... a tatuagem é tão antiga bicho, que o pessoal maia, os havaianos mesmos usavam tatuagem para assustar os espíritos... Tem essa conotação, sempre teve. Como os barcos antigamente botavam aquelas carrancas na frente. Quer dizer, de repente é uma coisa mais assim pra autodefesa, não sei. Tem que se aprofundar pelo lado psicológico.

Dragões, bruxas, alianças entre sol e lua, o símbolo do Ohm, caveiras, símbolos indígenas da Polinésia Francesa, horóscopo chinês, o deus Shiva do hinduísmo, símbolos celtas, tudo isso faz parte de um imenso repertório de "afinidades eletivas" extraídas por meus informantes de uma espécie de "terra de ninguém espiritual", híbrida e desordenada.

O recurso às abordagens oriundas dessa imensa constelação de imagens e simbolismos espiritualistas não parece, portanto, estruturar-se de modo contínuo, coeso e duradouro nas falas dos informantes. Mais uma vez, pode-se perceber combinatórias e misturas de sentidos retiradas de uma visão tão pessoal quanto solipsista que os sujeitos acionam ao bel-prazer de seus ímpetos momentâneos, suas contingências, seus estados de espírito. Retoma-se, nesse sentido, a idéia da centelha, do imediatismo e da explosão ocasional, que aparecem como peças-chave capazes de integrar, em sua instantaneidade, essa gramática subjetiva. A declaração de Gabriel, mais um de meus tatuados, resume bem, em seu sentimento de "eleito moral", essa atmosfera que pretendo demonstrar:

> — Você não pensa nas suas tatuagens. Elas passam a fazer parte do teu corpo.

Nada além da epiderme

A percepção e o uso que meus informantes têm e fazem do mundo espiritual e de suas ligações com a tatuagem, assim como os sentidos da estetização, os efeitos de externalidade, a importância intransponível do fato e do ato para os sujeitos, o paroxismo da performance, a pulverização dos sentidos dos conteúdos simbólicos, além da crucial gramática do ocasionalismo subjetivo, com todos os seus subprodutos, nos levam a uma região ainda penumbrosa quando se pretende cruzar a "linha da epiderme".

Cruzar sugere, nesse caso, a possibilidade de visualizar espacialmente uma outra região subseqüente a uma região inicial, uma espécie de passagem de um plano para outro, nos sujeitos. Pensei inicialmente nessas regiões como representantes dos planos interior e exterior dos sujeitos, a tatuagem assumindo uma espécie de descortinamento de um mundo de motivações internas. Não me parece ter sido este o movimento adequado. Ou seja, a instância ou o plano da epiderme parece falar por si e não através de si. Trata-se, certamente, de uma outra arquitetura, ou mesmo de uma outra formulação geométrica da identidade, cujos pressupostos subjetivos se vêm tornando contemporaneamente, para as ciências sociais, alvo a um só tempo de imensa e rica perplexidade tanto analítica quanto empírica.

Bibliografia

ANDRIEU, Bernard. *La nouvelle philosophie du corps*. Ramonville Saint-Agne: Érès, 2002.

APPADURAI, Arjun. *Modernity at large: cultural dimensions of globalization*. Mineapolis: University of Minesota Press, 1997.

BEZERRA JR., Benilton. O ocaso da interioridade e suas repercussões sobre a clínica. In: PLASTINO, C. A. (Org.). *Transgressões*. Rio de Janeiro: Contracapa, 2002. p. 229-238.

CAMPBELL, Colin. *The romantic ethic and the spirit of modern consumerism*. Oxford: Blackwell, 1989.

———. A orientalização do Ocidente: reflexões sobre uma nova teodicéia para um novo milênio. *Religião e Sociedade*, v. 18, n. 1, 1997a.

———. Modern consumerism and imaginative hedonism. In: GOODWIN, Neva (Ed.). *The consumer society*. Washington, DC: Island Press, 1997b. p. 238-342. (Frontier Issues in Economic Thought, 2).

———. The mystery and morality of modern consumption. Paper presented at the Annual Meeting of the Slovene Sociological Association. 24 Apr. 1998. ms.

CERTEAU, Michel de. *A cultura no plural*. Campinas: Papirus, 1995. (Coleção Travessia do Século).

DaMATTA, Roberto. *A casa e a rua*. São Paulo: Brasilense, 1985.

FALK, Pasi. *The consuming body*. London: Sage, 1994.

FEATHERSTONE, Mike. *Cultura de consumo e pós-modernismo*. São Paulo: Nobel, 1995.

GÓES, Fred. Do bodybuilding ao bodymodification: paraíso ou perdição. In: VILLAÇA, Nízia; GÓES, Fred; KOSOVSKY, Ester (Orgs.). *Que corpo é esse? Novas perspectivas*. Rio de Janeiro: Mauad, 1999.

HETHERINGTON, Kevin. *Expressions of identity: space, performance, politics*. London: Nottingham Trent University, 1998.

HEWITT, Kim. Adornment: tattooing and piercing. In: *Mutilating the body: identity in blood and ink.* Ohio: Bowling Green State University Press, 1997.

KUMAR, Krishan. *Da sociedade pós-industrial à sociedade pós-moderna.* Rio de Janeiro: Jorge Zahar Editor, 1997.

LE BRETON, David. *L'adieu au corps.* Paris: Métailié, 1999.

———. *Signes d'identité — tatouages, piercings et autres marques corporelles.* Paris: Métailié, 2002.

LEITÃO, Débora Krischke. Corpos ilustrados: tatuagem e autonomia sobre a anatomia. In: ENCONTRO ANUAL DA ASSOCIAÇÃO NACIONAL DE PÓS-GRADUAÇÃO E PESQUISA EM CIÊNCIAS SOCIAIS, 27. *Anais...* Caxambu, out. 2003.

MARQUES, Toni. *O Brasil tatuado e outros mundos.* Rio de Janeiro: Rocco, 1997.

MAUSS, Marcel. *As técnicas corporais: manual de etnografia.* Lisboa: Pórtico, 1972.

MIFFLIN, Margot. *Bodies of subversion: the secret history of women and tattoo.* New York: Juno Books, 1997.

ORTEGA, Francisco. Utopias corporais substituindo utopias sociais: identidades somáticas e marcas corporais na cultura contemporânea. In: ALMEIDA, M. I. Mendes de; EUGENIO, Fernanda (Orgs.). *Culturas jovens e novas sensibilidades.* Rio de Janeiro: Jorge Zahar, 2006. (no prelo).

SANDERS, Clinton R. *Customizing the body: the art and culture of tattooing.* Philadelphia: Temple University Press, 1989.

SCHMITT, Carl. *Political romanticism.* Cambridge, Mass.: MIT Press, 1986.

TORGOVNICK, Marianna. *Paixões primitivas: homens, mulheres e a busca do êxtase.* Rio de Janeiro: Rocco, 1999.

7

Mercados de devoção: consumo e identidades religiosas nos santuários de peregrinação xiita na Síria

PAULO GABRIEL HILU DA ROCHA PINTO

Um visitante dos grandes centros de peregrinação, como Lourdes, na França, Mashad, no Irã, ou Benares, na Índia, com certeza se impressionará com a multidão de peregrinos vindos de vários lugares, às vezes em condições precárias, para expressar sua devoção e, com sorte, ter um contato íntimo com a fonte de poder sagrado que procuram. O mesmo visitante também se impressionará com a incessante atividade nos mercados que existem perto ou, mesmo, dentro dos santuários, onde os devotos peregrinos se transformam em ávidos, mas não menos devotos, consumidores. Enquanto a mercantilização da tradição religiosa atrai periodicamente a ira e a crítica de reformadores religiosos, ela permanece como uma característica constante dos sistemas de peregrinação que mobilizam um grande número de peregrinos através de um vasto território. Tal fato sugere a existência de conexões sociológicas entre esses fenômenos em sistemas religiosos supralocais e transnacionais, como o islamismo, o cristianismo ou o budismo.

Assim, este texto pretende explorar as conexões entre peregrinação, práticas devocionais e consumo de bens e mercadorias religiosas na produção de formas transnacionais do xiismo no mundo islâmico. O argumento central aqui desenvolvido é de que existe uma relação entre os processos de peregrinação e a emergência de mercados religiosos — que defino como esferas de troca nas quais mercadorias religiosas são produzidas, circuladas e consumidas —, os quais são fundamentais para a criação e a organização de identidades e comunidades religiosas supralocais.[1] Essa relação é levada às últimas conseqüências no consumo de mercadorias religiosas, que estruturam canais de participação e de articulação de uma pluralidade de identidades locais na comunidade religiosa mais ampla que é criada pela peregrinação.

A criação de sistemas de peregrinação é uma característica comum às "religiões universais".[2] No caso do Islã, a peregrinação é uma prática religiosa central na produ-

---

[1] A conexão entre sistemas de peregrinação e mercados foi indicada por Victor Turner (1974:182-183), mas ele não desenvolveu a idéia. Em outras passagens do mesmo texto, entretanto, parece sugerir uma oposição entre a presença de práticas econômicas e o caráter religioso das peregrinações (p. 222-223).

[2] Victor Turner (1974:166) apresenta uma lista do que descreve como "religiões históricas" que possuem sistemas de peregrinação, que incluem "Cristianismo, Islã, Judaísmo, Hinduísmo, Budismo, Confucionismo, Taoísmo e Xintoísmo".

ção de "ortodoxia" e "ortopraxia", pois congrega membros de diferentes comunidades religiosas, os quais podem estar separados por barreiras lingüísticas, culturais ou políticas, ou pela distância geográfica, e os mobiliza em uma atividade devocional e ritual comum. A imersão de cada peregrino na realização coletiva das práticas rituais que compõem a peregrinação produz o que Victor Turner (1974:166-171) chama de *communitas*, referindo-se a um senso compartilhado de identidade que transcende diferenças sociais e culturais.

Na tradição islâmica, a peregrinação é consagrada como um dos "cinco pilares" do Islã,[3] que constituem o denominador religioso mínimo que permite a um muçulmano reconhecer outros apesar de eventuais diferenças culturais e sociais.[4] Isso faz que a peregrinação seja um dos principais "mecanismos disciplinares", expressão que Talal Asad (1993:165-167) usa para definir as práticas e discursos com poder normativo dentro de uma tradição religiosa, no Islã. A peregrinação pan-islâmica a Meca, o *hajj*,[5] tem paralelos em outras peregrinações com caráter mais regional ou sectário, como a peregrinação a Tanta, no Egito, em homenagem ao santo sufi Ahmad al-Badawi; ou as peregrinações xiitas a Karbala, Mashad ou Damasco.

Além disso, essas peregrinações pan-islâmicas, regionais ou sectárias revelam as diferenças doutrinais ou rituais que existem por todo o mundo islâmico. A consciência dessas variações locais da tradição religiosa suscita a constante busca e produção da "pura" tradição para restaurar a *communitas* islâmica, a *umma*, que é constantemente ameaçada pelos processos locais de diferenciação cultural e social. Essa recriação perpétua da tradição é feita através do isolamento de símbolos, práticas e doutrinas religiosas de seu contexto cultural e sua articulação em sistemas abstratos que podem ser universalizados como padrões doutrinais e rituais pelos fiéis ou pelas autoridades religiosas. Esse processo foi definido por Dale Eickelman e James Piscatori (1996:38) como "objetificação", pois permite que a religião se torne "um sistema autocontido que os seus adeptos podem descrever, caracterizar e distinguir de outros sistemas de crença". Os peregrinos são constantemente expostos a formas "objetificadas" da tradição religiosa através dos sermões, textos e imagens que constituem o universo icônico e discursivo dos santuários de peregrinação, e as levam para as suas comunidades de origem como discursos e práticas impregnados da autoridade e da santidade do local de peregrinação.[6]

---

[3] As práticas rituais e crenças doutrinárias que compõem os "quatro pilares" restantes são: a declaração de fé (*shahada*), as cinco orações diárias (*salat*), a doação de esmolas (*zakat*) e o jejum (*sawn*) durante o mês sagrado do Ramadã.

[4] Eickelman, 2002:246-256.

[5] A transliteração das palavras árabes segue uma versão simplificada daquela adotada pelo *International Journal of Middle East Studies*. Para facilitar a leitura, o plural das palavras árabes é feito adicionando-se um "s" às mesmas e não segundo as regras da gramática árabe.

[6] A presença de santuários de peregrinação como centros para a produção e difusão de sistemas normativos dotados de pretensões universais é uma característica de todas as "religiões universais". Para o papel

O argumento de Talal Asad (1986:14-16), que afirma serem as relações de poder a base estrutural das tradições religiosas, traz a força normativa dos discursos e práticas consagrados pelas autoridades religiosas, como os *ulama* (especialistas religiosos), para o centro da análise das comunidades muçulmanas. No entanto, esses elementos apontados por Asad não esgotam as possibilidades da complexa rede de discursos, imagens e experiências que materializam e expressam a santidade dos santuários de peregrinação. Em santuários locais ou regionais, onde o número de visitantes é passível de ser organizado como uma "audiência", os líderes religiosos certamente têm um papel central na organização e direcionamento do processo de objetificação de práticas e doutrinas como um sistema religioso abstrato e integrado. Porém, nos lugares de peregrinação que estão no centro de sistemas religiosos "universais" ou, melhor dizendo, transnacionais e sem instituições centralizadas, como é o caso do Islã xiita, esse processo tem um caráter muito mais complexo e difuso, pois milhares de peregrinos são confrontados com uma multiplicidade de líderes religiosos em competição por sua devoção. Nesse contexto, a multiplicidade de autoridades, a fluidez das alianças e a diluição das identidades coletivas em uma comunidade ampla e anônima criam as condições para a emergência de um espaço de trocas e escolhas — um mercado religioso —, onde discursos, práticas e imagens são articulados de acordo com a lógica fragmentada e aparentemente idiossincrática do consumo.

O surgimento de mercados religiosos também está relacionado com o caráter experiencial da peregrinação. As experiências religiosas dos peregrinos são construídas a partir de emoções e sensações produzidas pela imersão do seu *self* nas atividades simbólicas e físicas da peregrinação, como a viagem, os rituais e o contato com objetos e seres sagrados. A produção de elementos visuais ou táteis que possam expressar a memória emocional ou corporal da experiência individual, no quadro de referências da tradição religiosa, se impõe como um importante mecanismo disciplinar dos processos identitários desencadeados pela peregrinação. Esses elementos sensórios podem ser marcas corporais, como as cicatrizes produzidas pelo *latam* (flagelação) feito com facas e espadas pelos participantes dos rituais xiitas da *Ashura*, ou imagens e objetos, como os pôsteres com imagens de Hussein, que são consumidos por sua capacidade de condensar e evocar a experiência pessoal de cada peregrino dentro do repertório de associações simbólicas dado pela tradição xiita.

A produção de objetos para o consumo de peregrinos leva a uma mercantilização de partes da tradição religiosa, aumentando a circulação e a difusão dos símbolos, práticas e, mesmo, doutrinas, que são assim objetificados. Esse processo não leva necessariamente à "racionalização" ou a uma integração coerente da tradição religiosa,

---

dos lugares sagrados hindus na produção e circulação de uma tradição hindu baseada nos textos védicos em sânscrito, ver o livro de Peter van der Veer sobre o nacionalismo religioso na Índia (1994:119-126).

uma vez que vários símbolos e práticas podem ser mercantilizados e objetificados devido à atração que suscitam em relação a certas identidades e gostos, em vez de sua conformidade a uma racionalidade abstrata.[7] Por exemplo, a produção em massa e o consumo da iconografia xiita representando Ali e Hussein e sua incorporação pelos sufis sunitas da Síria, o que é uma clara contradição com a proibição islâmica do uso de imagens religiosas, só podem ser explicados pela capacidade evocativa dessas imagens em transmitir as qualidades emocionais e existenciais ligadas à devoção à família do Profeta, que está presente na devoção sufi e xiita.[8]

Banca de venda de pôsteres com imagens de Hussein e Zaynab, na parte comercial do complexo religioso de Saiyda Zaynab (foto do autor, 2006).

[7] Para considerações semelhantes sobre a reforma hindu e a consagração do ritual não-védico do culto à vaca como um símbolo dominante do hinduísmo na Índia, ver van der Veer, 1994: 86-94.

[8] Hoffman-Ladd, 1992:617-618.

Para demonstrar os pontos teóricos que levantei aqui, analisarei o consumo de mercadorias religiosas nos santuários de peregrinação xiita na Síria, em particular aqueles de Saiyda Zaynab e Saiyda Ruqaiya, em Damasco. Também serão analisados dados sobre santuários menores, como o Mashhad al-Hussein, em Alepo, e os mausoléus de 'Ammar bin Yasir, Uways al-Qarani e Ubay bin Ka'b, em Raqqa. Os dados etnográficos foram obtidos durante várias visitas que fiz a esses santuários durante meu trabalho de campo na Síria de 1999 a 2001. Em maio de 2002 e em junho de 2006 retornei à Síria e pude colher mais dados etnográficos sobre as atividades religiosas no santuário de Saiyda Zaynab.

A metodologia usada em minha pesquisa foi a observação participante nos rituais e atividades religiosas nos santuários mencionados. Eu também visitei lojas, restaurantes, livrarias, hotéis e mercados informais que compõem esses santuários de peregrinação na Síria. Junto com essas atividades, realizei entrevistas abertas e conversas informais com líderes religiosos, peregrinos, visitantes regulares, devotos, curiosos, mercadores, agentes de viagem e outros atores sociais ligados aos locais de peregrinação. Como sou lingüisticamente hábil em árabe clássico e coloquial, mas não em persa, peregrinos e visitantes falantes de árabe estarão mais representados em meus dados etnográficos. Isso não quer dizer que não tive acesso aos peregrinos iranianos, pois alguns deles tinham conhecimentos de árabe ou inglês, e as autoridades religiosas xiitas falam árabe clássico e, às vezes, coloquial.

A Sagrada Família: devoção ao Profeta na construção do xiismo

Para se compreender os processos de consumo e mercantilização da tradição xiita que acontecem nos santuários xiitas é preciso conhecer os principais elementos dessa tradição e saber como eles são apropriados e incorporados pelos fiéis nas suas práticas e identidades religiosas. Assim, os principais elementos rituais e doutrinais que definem a comunidade xiita como um grupo distinto dentro da tradição mais ampla do Islã serão apresentados aqui de modo a contextualizar o universo religioso no qual a peregrinação acontece. Pode-se dizer, de maneira geral, que o início da divergência entre as ditas maiores tradições do Islã, o sunismo, que reúne 85% dos muçulmanos, e o xiismo, que reúne os restantes 15%, é a natureza espiritual do Profeta e de sua família (*ahl al-bayt*). Os muçulmanos xiitas consideram Maomé (Muhammad) mais que um homem comum, pois, para eles, a profecia só poderia ter ocorrido se ele tivesse uma parte da essência divina em si. Em conseqüência disso, os descendentes do Profeta teriam herdado suas características divinas, sendo seres sagrados eles próprios. Além disso, a teologia xiita considera Ali, primo e genro do Profeta, o detentor do saber esotérico que complementaria o texto revelado do Alcorão. Os doutores xiitas baseiam a atribuição de um caráter semiprofético a Ali em uma tradição atribuída ao Profeta (*hadith*) que diz: "Eu sou a cidade do saber e Ali é a sua porta" (*ana medina al-'ilm wa 'Ali babuha*). O saber esotérico de Ali foi usado como base para o argumento daqueles que afirmam que o direito de sucessão na liderança da comunidade muçulmana deveria ficar restrito à família do Profeta, que não teve herdeiros diretos que sobrevivessem a ele. Isso fez com que a palavra usada para designar o "partido", *shi'a* em árabe, de Ali se tornasse o nome da principal divisão sectária no Islã.

Os muçulmanos sunitas também possuem uma devoção especial ao Profeta, que consideram "o homem perfeito" (*al-insan al-kamil*). Os membros da família do Profeta (*ahl al-bayt*) também são objeto de veneração, sendo considerados exemplos de valores e virtudes morais. Embora a teologia sunita reconheça a veneração a Maomé e sua família, ela não os associa a qualquer atributo divino. Assim, segundo o ponto de vista sunita, o Profeta e seus descendentes são apenas seres humanos, embora reconhecidamente extraordinários do ponto de vista moral e espiritual. No entanto, tal distinção não é tão clara, pois as tradições místicas da comunidade sunita, coletivamente conhecidas como sufismo, têm muitos pontos em comum com o xiismo na sua devoção ao Profeta e sua família. Os sufis consideram Maomé o detentor da "luz" (*nur*) divina, a qual teria sido passada a seus descendentes e discípulos, e eles vêem Ali como o transmissor das verdades esotéricas que constituem a via esotérica do sufismo.[9] Na verdade, tanto o sufismo quanto o xiismo se organizaram em torno da mesma questão: "Como o espírito da revelação pode ser mantido vivo?". As diferentes respostas de cada grupo determinaram sua organização como sistemas religiosos. O xiismo encarnou a verdade religiosa em seres sagrados que deveriam ser imitados pelos fiéis, enquanto o sufismo desenvolveu uma disciplina religiosa, a via sufi (*tariqa*), que permite, em princípio, a qualquer um que tenha sido iniciado nela atingir a experiência da verdade divina (*haqiqa*).

Apesar desses pontos de contato rituais e doutrinais, as diferenças entre o sunismo e o xiismo são bastante importantes, abarcando desde suas respectivas formas de autoridade religiosa até os mecanismos lógicos da jurisprudência religiosa (*fiqh*). O episódio que marcou simbolicamente a divisão definitiva entre sunitas e xiitas foi o massacre de Hussein, filho de Ali e neto de Maomé, e seus companheiros na batalha de Karbala, em 680 a.D., no atual Iraque. O conturbado califado de Ali terminou em 661 com seu assassinato por um de seus seguidores, que se sentiu traído pelo fato de Ali ter aceitado mediação externa em sua disputa com Mwawiya, o governador insurgente da Síria. Então, Mwawiya forçou Hassan, o filho mais velho de Ali, a renunciar a seus direitos de sucessão e tomou o poder, fundando a dinastia omíada. Após a morte de Mwawiya, em 680, Hussein reivindicou o califado em oposição a Yazid, o filho de

[9] Hoffman-Ladd, 1992:618-629.

Mwawiya, afirmando que, ao contrário de seu irmão, ele não havia renunciado aos seus direitos de sucessão.

Após receber o apoio da cidade-guarnição de Kufa, no Iraque, Hussein marchou para lá com sua família e seguidores para liderar a revolta contra Yazid. No entanto, nas planícies de Karbala, Hussein e seu grupo foram cercados pelo Exército de Yazid, que os impediu de atingir as águas do rio Eufrates. Após suportar 10 dias de cerco sob um sol escaldante, Hussein e seus seguidores foram atacados e massacrados. Hussein foi morto por Shemr, o comandante das forças de Yazid, que o decapitou e fez com que seu corpo fosse pisoteado por cavalos e enterrado no local. A cabeça de Hussein foi levada a Damasco para ser mostrada a Yazid. As mulheres que acompanhavam Hussein, como sua irmã Zaynab e sua filha Ruqaiya, foram levadas como cativas a Damasco, onde morreram denunciando a ilegitimidade do reinado de Yazid.

Esse drama aconteceu em 680, nos primeiros 10 dias do mês de *Muharran*, o primeiro mês do calendário lunar muçulmano, e foi incorporado como parte do calendário religioso xiita como *Ashura* (os 10 dias). Os principais rituais xiitas, como as lamentações rituais (*rauza*) ou as "paixões" de Hussein, desenvolveram-se a partir da memória desse trágico episódio, sendo marcados por um forte senso de tristeza e revolta. Yann Richard (1995:29), comentando a transformação do drama de Karbala no símbolo dominante do xiismo, ressaltou que "o martírio de Hussein se tornou o protótipo de toda luta por justiça, todo sofrimento. O coração do xiismo está nessa agonia, que é ao mesmo tempo uma revolta e um sinal de esperança".

Depois da morte de Hussein, os xiitas se reuniram em torno de seus descendentes, conhecidos como os imãs, que passaram a ser vistos como a encarnação da justiça e do poder legítimo. Os imãs se sucederam em linha direta até que o filho do sexto imã, Ismail, morreu antes do pai, que declarou seu filho mais novo como seu sucessor. Tal incidente levou a uma divisão sectária dos xiitas, pois os seguidores de Ismail declararam que ele não tinha morrido, mas que havia abandonado o seu invólucro humano e retornado ao *logos* divino. Esse grupo criou um ramo do xiismo conhecido como os "setimanos" — pois só aceitam sete imãs — ou ismailitas, pois veneram Ismail como expressão do *logos* divino. O restante da comunidade xiita continuou a seguir os sucessivos imãs até o décimo primeiro, quando o grupo que deu origem à seita dos alauítas se separou. O restante da comunidade xiita declarou o décimo segundo imã em estado de ocultação, onde ele espera o fim das eras para retornar e estabelecer um governo justo na Terra em preparação para o juízo final. Estes são atualmente conhecidos como "duodecimanos" ou *ja'faris*, e congregam a maioria dos xiitas.

A base da devoção xiita foi formada pela peregrinação aos locais onde se desenrolaram os episódios do drama sagrado de Ali e Hussein, ou onde os membros da família do Profeta e os imãs foram sepultados, como Mashad, Karbala, Najaf, Qom e Damasco. Com o passar do tempo, algumas dessas cidades-santuário se tornaram centros de ensino religioso, com a criação de *madrasas* (escolas) xiitas.[10] Assim, pode-se dizer que os centros de peregrinação e seus santuários formavam a espinha dorsal do xiismo, uma vez que funcionavam como centros de produção e consagração de doutrinas e rituais que eram levados a comunidades distantes por autoridades religiosas, assim como por peregrinos, criando um xiismo transnacional.

Os santuários xiitas na Síria: imaginação religiosa e o Estado na produção da peregrinação moderna

O estudo dos santuários de peregrinação xiita na Síria tem grande importância para a compreensão dos processos envolvidos na construção do xiismo transnacional, uma vez que se tornaram o principal destino fora do Irã para os peregrinos xiitas depois que as cidades sagradas de Najaf e Karbala ficaram isoladas pela guerra Irã-Iraque, a Guerra do Golfo, as sanções contra o Iraque e a recente guerra, invasão e ocupação anglo-americana do Iraque. Esses santuários também fornecem informações importantes sobre as políticas estatais que tentam tanto promover quanto controlar a peregrinação e, através dela, os processos de constituição e organização da comunidade xiita. Os efeitos das políticas estatais são bastante evidentes nos santuários sírios, uma vez que eles são o alvo de políticas do Irã e da Síria, Estados com relações bastante distintas com as identidades e práticas religiosas. O Irã tem um governo religioso xiita com ambições pan-islâmicas, enquanto o governo criado pelo partido *Ba'th* na Síria é um regime secular com ambições socialistas e nacionalistas que é controlado por membros da seita alauíta, os quais têm profunda preocupação em mostrar seu pertencimento ao xiismo "ortodoxo" dos duodecimanos.[11]

Apesar da importância da Síria como local de sepultamento de vários membros da *ahl al-bayt*, como as esposas e filhas de Maomé, no cemitério de Bab al-Saghir em Damasco; dos companheiros do Profeta, como 'Ammar bin Yasir em Raqqa; e dos mártires de Karbala, só recentemente esses locais sagrados foram integrados totalmente no circuito de peregrinação xiita.[12] Sem dúvida, esses sepulcros sempre atraíram a veneração popular devido à forte devoção à família do Profeta e seus compa-

---

[10] Mottahedeh, 2000:92-93; Nakash, 1994:18-25; Richard, 1995:7-11.

[11] Os alauítas representam 15% da população síria. Eles são membros de uma seita xiita que difere do ramo *ja'fari* (duodecimano) do xiismo por suas crenças "heterodoxas" e pela não-observância dos rituais islâmicos, como as orações diárias ou o jejum durante o Ramadã. Muitos muçulmanos sunitas consideram os alauítas heréticos, um tema que ganhou contornos políticos com a oposição religiosa (sunita) ao governo do *Ba'th*. O "núcleo duro" do regime sírio, incluído o atual presidente da Síria, Bashar al-Asad, é composto por membros da seita alauíta (Chouet, 1995:94-101).

[12] Somente o Iraque reúne um número tão grande de lugares sagrados para os xiitas.

nheiros presente na devoção sufi e xiita. Desde os períodos mameluco (séculos XIII – XVI) e otomano (século XVI a 1918) existiram pequenas comunidades xiitas em torno dos lugares relacionados com as figuras sagradas do xiismo em Damasco e Alepo. No entanto, sua presença era tolerada pelos governantes mamelucos e otomanos, com a condição de que eles minimizassem suas diferenças em relação à maioria sunita, evitando celebrações públicas dos rituais emocionais que marcavam sua devoção à família do Profeta, os quais eram vistos como inovações condenáveis pelas autoridades religiosas sunitas.[13]

Desse modo, até recentemente, os lugares sagrados xiitas na Síria não possuíam uma identidade sectária definida, pois as formas de devoção xiitas estavam integradas e, mesmo, diluídas nas práticas sufis, constituindo lugares sagrados imersos na vida religiosa local. Esse quadro mudou no final dos anos 1970 e durante os anos 1980, quando o governo sírio, em parceria com a República Islâmica do Irã, começou a assumir o controle e a transformar esses lugares, fazendo deles santuários de peregrinação com uma identidade xiita evidente.[14] A aliança política entre o Irã e a Síria foi, assim, traduzida em uma política de "recuperação" de lugares sagrados xiitas, em um contexto no qual o Irã competia com a Arábia Saudita pelo controle do Islã "internacional" e no qual o regime sírio queria fortalecer a percepção dos alauítas como um ramo do xiismo *Ja'fari* para calar as acusações de heresia por parte da oposição religiosa sunita.

Os mausoléus de Saiyda Zaynab e de Saiyda Ruqaiya, em Damasco, foram o objeto principal dessa política de reformulação das identidades religiosas dos lugares sagrados ligados à história sagrada do xiismo. O túmulo de Saiyda Zaynab, a irmã de Hussein, localizado nos arredores de Damasco e cercado por campos de refugiados palestinos e refugiados iraquianos xiitas, foi o primeiro desses lugares a ser apropriado pelo Estado. Em 1979, o túmulo e 300 mil metros quadrados de terrenos em torno deles foram desapropriados pelo Estado sírio, e o governo iraniano começou a construir um novo complexo de mesquita-mausoléu no mesmo ano. É importante notar que, após a conclusão dos trabalhos, o complexo religioso não foi confiado ao Ministério dos *Awqaf* (fundações religiosas), o que é a regra para edifícios religiosos na Síria,[15] mas posto sob a administração de uma sociedade sírio-iraniana.[16]

Esse tipo de "fundação religiosa" autônoma, inspirado em "fundações" iranianas como a Astan-e Qods, que administra toda a renda e propriedade do santuário do imã Reza em Mashad,[17] reflete o caráter especial da peregrinação xiita na política religiosa

---

[13] Geoffroy, 1995:63-66.

[14] Ababsa, 2001.

[15] Bottcher, 1997:26-27.

[16] Ababsa, 2001:650.

[17] Adelkhah, 2000:133-134.

do Estado sírio, a qual costuma ser implementada no quadro institucional do Ministério dos *Awqaf*.[18]

A mesquita-mausoléu de Saiyda Zaynab nos arredores de Damasco (foto do autor, 2006).

A presença do Irã não se limitou ao domínio econômico ou administrativo, mas a própria mesquita-mausoléu foi construída em estilo safávida da arquitetura persa, com uma cúpula dourada, mosaicos de cerâmica azul e verde na fachada e mosaicos de espelho cobrindo o teto do santuário. Os arcos pontiagudos que enquadram o pátio e a cúpula em forma de botão de rosa fazem do santuário um símbolo óbvio da presença cultural persa. O mesmo esforço em recriar uma "experiência visual" iraniana pode ser visto no santuário de Saiyda Ruqaiya, reconstruído nos anos 1980 como um marco da arquitetura persa no centro da cidade antiga de Damasco.

Além desses elementos arquiteturais, que têm o claro objetivo de estabelecer uma identificação entre o Islã xiita e a cultura e a história do Irã, existem elementos nos santuários xiitas de peregrinação que mostram o desejo de unir o "xiismo internacional" com uma consciência pan-islâmica. Um desses elementos é uma fonte para abluções rituais no pátio do santuário de Saiyda Zaynab, que foi feita com a forma da mesquita de Omar em Jerusalém. Essa fonte é, ela própria, uma cópia de outra quase idêntica,

[18] Deguilhem, 1994:139-143.

embora mais cuidadosamente realizada, do santuário do imã Reza, em Mashad, no Irã. A presença de uma réplica da mesquita de Omar nesses santuários pretende criar uma conexão simbólica entre um xiismo de formas iranianas e a luta política dos palestinos contra a ocupação israelense. Essa presença simbólica une visualmente as interpretações do Islã como uma prática religiosa e como uma forma de consciência política, ambas promovidas pela ideologia oficial da República Islâmica do Irã. Ela também traz a causa palestina, que é um tema central na retórica oficial do regime sírio, para o centro do discurso político islâmico.

Fonte no formato da mesquita de Omar com a bandeira do Hizbollah no topo (foto do autor, 2006).

Os aspectos políticos da mesquita de Omar como símbolo da luta contra o imperialismo e a ocupação israelense do que é definido como território árabe/muçulmano foram enfatizados ainda mais por sua associação visual com eventos políticos da região. Por exemplo, em maio de 2002 o pátio onde fica a fonte da mesquita de Omar foi palco da exibição "Glória e martírio" (*al-majd wa al-shahada*) sobre a resistência liderada pelo Hizbollah contra a ocupação israelense no sul do Líbano.[19] Durante a exibição, a fonte foi cercada de arame farpado, criando um elo simbólico entre as ocupações israelenses do sul do Líbano e de Jerusalém oriental. Uma bandeira do Hizbollah foi colocada no topo da cúpula dourada da fonte, identificando o Islã com a resistência contra o imperialismo israelense e norte-americano, o qual foi evocado nos *slogans* pintados nas paredes, como "América, América, você é o Grande Satã" (*Amerika, Amerika, anti al-shaytan al-akbar*), e em pôsteres que se referiam ao apoio econômico e militar dos EUA a Israel, como "Cada dólar americano que você usa hoje é uma bala no coração de um cidadão árabe amanhã" (*kul dullar ameriki tat'amal bihi al-yum hwa rasasa fi qalb mwatan 'arabi ghadan*). A ênfase no pólo ideológico dos significados associados à mesquita de Omar como um "símbolo dominante"[20] criou um caráter mais militante e menos sectário para a *communitas* religiosa imaginada através dela. A constituição desse quadro simbólico e político abriu canais de identificação com o discurso do xiismo político para a população de refugiados iraquianos e palestinos, cuja maioria é sunita ou cristã, e que vive em torno do santuário de Saiyda Zaynab.

Fora da esfera política, a presença em um santuário xiita de um símbolo com claras conexões sunitas, como é o caso da mesquita de Omar, também mostra um esforço consciente de construção de uma linguagem "pan-islâmica" para além das diferenças sectárias. No entanto, a expressão santidade desse lugar de peregrinação na linguagem da arquitetura persa também pretende criar uma continuidade estética entre os santuários xiitas através de sua homogeneização arquitetônica, sob os auspícios do Estado iraniano. O caráter ambicioso dessa política pode ser avaliado pela escala dos investimentos, que atingiram mesmo lugares como Raqqa, onde os enormes mausoléus em estilo persa se destacam na paisagem como incongruentes monumentos à aliança sírio-iraniana em uma cidade sem comunidade xiita ou fluxo significante de peregrinos.[21] A homogeneização do contexto arquitetural dos santuários xiitas também permitiu seu uso como unidades prontamente identificáveis de uma ampla "rota de peregrinação" que tem seu centro focal no Irã.

Realmente, a própria idéia de uma "rota de peregrinação" unificada é resultado da constituição de um imaginário religioso comum sobre os vários santuários, os quais foram historicamente constituídos como pontos focais de práticas e peregrinações autônomas,[22] unificando-as como meras "etapas" de um único caminho. Desse modo,

---

[19] Em 2002, eventos semelhantes — reuniões e festivais — foram organizados na mesquita-mausoléu de 'Ammar Ibn Yasar, em Raqqa, conectando o espaço do santuário e seus símbolos sagrados com a luta contra a ocupação israelense do sul do Líbano e dos territórios palestinos (Ababsa, 2004).

[20] Turner, 1970:27-29.

[21] Ababsa, 2001:654.

[22] Nakash, 1994:163-183; Richard, 1995:8-9.

um pôster impresso no Irã e vendido em Saiyda Zaynab, em Damasco, apresentava pequenas imagens de todos os lugares de peregrinação no Irã, Iraque, Síria e Arábia Saudita lado a lado, numa disposição de tabuleiro de xadrez que apagava suas diferenças hierárquicas, confessionais (local xiita, controlado por sunitas, ou pan-islâmico) e nacionais, transformando-os em marcos visualmente equivalentes de uma geografia sagrada xiita. De forma semelhante, páginas da internet orientadas para um público xiita,[23] que visa os xiitas do sul da Ásia e suas diásporas, permitem que os usuários façam uma "peregrinação virtual" ao "clicarem" nos pequenos ícones com fotos de santuários do Irã, Iraque, Síria, Arábia Saudita e Jerusalém. As janelas virtuais que se abrem sucessivamente no site <www.ziaraat.com> apresentam fotos e informações sobre os santuários e referências à "próxima etapa" da peregrinação, criando a ilusão de que esses lugares sagrados são paradas pontuais em uma rota contínua de peregrinação.

Até mesmo a experiência religiosa da peregrinação é recriada nessa página da internet, pois, enquanto o "peregrino virtual" admira e passeia pelas fotos de cada santuário, pode ter um momento de contrição lendo e recitando uma oração (*ziarat*), ser enlevado pelo ritmo e pela letra de uma canção devocional (*noha*) selecionada na lista disponível junto à imagem de cada santuário, e ficar emocionado ou religiosamente inspirado ao ler os poemas místicos (*qasida*) oferecidos nesse *link*. O senso de unidade espacial e religiosa criado pelo passeio virtual através da seqüência de lugares sagrados é um modo eficaz de consagrar a peregrinação como quadro conceptual para a organização da experiência religiosa do xiismo, apesar de tal trajetória ser impossível na vida real devido às barreiras políticas e religiosas existentes. Assim, pode-se dizer que essa construção da geografia sagrada do xiismo é um mecanismo de mobilização para a peregrinação em níveis massificados, pois cria um imaginário religioso centrado em uma série de lugares sagrados dispostos em um espaço sem barreiras.

Outro importante mecanismo na produção da peregrinação moderna e massificada é o estabelecimento da identificação "correta" de cada lugar sagrado para além de qualquer ambigüidade ou contradição, pois a certeza de encontrar uma fonte com um poder sagrado mais forte ou puro que outras fontes que poderiam ser mais acessíveis é uma importante força na busca do peregrino. Realmente, um elemento constante no processo de transformação dos lugares sagrados em santuários para a peregrinação em larga escala na Síria é o estabelecimento de identidades claras e estáveis para as figuras sagradas sepultadas neles. Em alguns casos, quando existia uma superposição de figuras sagradas ou uma multiplicidade de locais de sepultamento para a mesma figura, essas inconsistências lógicas tiveram que ser superadas pela identificação do "verdadeiro" local de sepultamento. Assim, a página <www.ziaraat.com> "informa" os seus

---

[23] Como <www.ziaraat.com>.

usuários que a Bibi Sakina da tradição indo-persa é a mesma pessoa conhecida como Saiyda Ruqaiya na tradição do Oriente Médio, e que seu "verdadeiro" túmulo se localiza na cidade antiga de Damasco, onde ficava a prisão na qual foi posta por Yazid. O processo de estabilização do foco devocional da peregrinação foi conseguido nos santuários da Síria através da construção de um discurso público sobre a identidade da figura sagrada sepultada neles e/ou pela consagração do local identificado como o túmulo "verdadeiro" com a construção de um santuário monumental.

Quando uma intervenção arquitetônica desse porte não foi possível, placas foram colocadas no local para "informar" os peregrinos de que haviam chegado a seu destino. Assim, no túmulo da cabeça de Hussein, localizado em uma sala da mesquita dos omíadas, em Damasco, uma placa afirma em árabe e persa que:

> "Este é o local de sepultamento da cabeça de Hussein, filho de Ali, filho de Abu Talib, que a paz esteja com eles, a qual foi transportada na ponta de uma lança de Karbala até Damasco, passando por Kufa, junto com os parentes do Profeta (*ahl al-bayt*) que foram feitos prisioneiros" (*hada maqam ras al-Husayn bin Ali bin abu Talib, aleihum al-salam, aldhi hamala 'ala al-rumh min Karbala' mururan bil-Kufa wa al-Sham ma' sabaiyan ahl al-bayt*).

Claro que o uso de palavras para decorar ou identificar túmulos e lugares sagrados não é nada novo na arquitetura religiosa islâmica, mas as inscrições islâmicas tradicionais eram escritas em estilos poéticos ou formulaicos que supunham um conhecimento prévio de uma tradição oral e escrita por parte de seus leitores. Já a prosa direta e descritiva da placa no túmulo da cabeça de Hussein procura *criar* tal capital cultural nos peregrinos, que provavelmente compartilham pouquíssimos pressupostos religiosos ou culturais, como sugere o bilingüismo da placa, de modo a poder incorporá-los em uma *communitas* religiosa. É importante ressaltar que o túmulo dedicado à cabeça de Yahiya (o São João Batista da tradição cristã), que fica na sala principal da mesquita dos omíadas, em Damasco, não tem qualquer placa explicando quem está sepultado ali ou como a cabeça foi parar em tal lugar, apesar de ser um lugar sagrado com uma importância religiosa comparável àquela do túmulo da cabeça de Hussein. Essa diferença vem do fato de o túmulo da cabeça de Yahiya estar inserido no universo das práticas devocionais locais e, não, da peregrinação transnacional, sendo assim investido de poder e significado pelos membros das comunidades religiosas locais, que são socializados por estas em um conjunto de práticas e saberes religiosos.[24]

A construção de identidades estáveis e sem ambigüidades não se limita às figuras sagradas, também se estende aos próprios santuários, em um processo de objetificação

---

[24] Em 2006, pude verificar que placas bilíngües, em árabe e persa, foram colocadas no túmulo da cabeça de Yahiya e outros locais da mesquita dos omíadas, assinalando a incorporação de todo o santuário à lógica da peregrinação massificada.

das fontes de poder sagrado que as isola das práticas locais e cria discursos normativos sobre elas.[25] Assim, os túmulos dedicados aos parentes e companheiros de Maomé na Síria, os quais historicamente foram ligados a práticas devocionais tanto sufis quanto xiitas, passaram por um processo de restrição e, mesmo, de reorientação de suas funções sagradas para o universo religioso do xiismo. Enquanto em alguns casos, como no do Mashhad al-Hussein, em Alepo, o investimento político e religioso na produção de peregrinação em larga escala levou à renovação de um santuário abandonado, naqueles santuários que estavam em uso tal processo levou à marginalização das comunidades locais.

Geralmente, a consagração desses lugares religiosos como centros de peregrinação em larga escala foi acompanhada por seu controle físico e simbólico pelos Estados sírio e iraniano, o que não aconteceu sem resistências por parte das comunidades que previamente os controlavam. Em nenhum lugar a alienação das comunidades locais de seu lugar sagrado foi tão completa quanto nos túmulos dos companheiros do Profeta em Raqqa. Esses mausoléus eram um local importante na produção da identidade urbana de Raqqa, através de práticas religiosas ligadas ao sufismo, antes de serem postos sob controle estatal e reconstruídos como santuários xiitas em estilo persa. Hoje em dia, as mesquitas-mausoléu[26] são ignoradas no discurso oficial da administração urbana de Raqqa e ressentidas por parte da população como um elemento "estrangeiro" em uma cidade sunita e muito distante da rota de peregrinação que vem do Irã. Entretanto, após a abertura da fronteira sírio-iraquiana em 2002 e a queda do regime do partido *Ba'th* no Iraque em 2003, existe a expectativa de que um número crescente de peregrinos iranianos incluirá Raqqa na rota de peregrinação entre Damasco e as cidades sagradas de Karbala e Najaf, no Iraque.[27]

A política de estabelecimento de identidades estáveis e de produção de discursos públicos sobre os lugares sagrados, além de ter uma evidente conexão com a afirmação local do poder estatal, constitui um elemento importante no universo de trocas que

---

[25] Eickelman e Piscatori, 1996:38-40.

[26] O trabalho de construção dos mausoléus foi interrompido de 1994 a 2001, sendo então retomado e estando bastante avançado no caso do mausoléu de 'Ammar Ibn Yasar, cuja cúpula azul domina a paisagem de Raqqa (Ababsa, 2004).

[27] Ababsa, 2004. Os peregrinos iranianos começaram a ir em grande número para Najaf e Karbala após a guerra anglo-americana contra o Iraque em 2003. No início de 2004, foi anunciado um novo plano de construção de santuários xiitas nos locais situados em território sírio onde a cabeça de Hussein foi colocada ou perdeu sangue ao ser levada para Damasco, os *Mawqib al-Sabaya* (Ababsa, 2004). Esse "rosário" de santuários criará uma nova rota de peregrinação ligando Karbala a Damasco. Entretanto, o caos e a violência que se instalaram no Iraque pós-guerra e a contínua hostilidade política dos EUA, a principal potência ocupante do Iraque, contra o Irã e a Síria não indicam um contexto favorável para o estabelecimento de rotas de peregrinação em massa que liguem o Irã à Síria através do Iraque.

define o mercado religioso. Clifford Geertz (1979:197-212) corretamente notou que a informação é um elemento constitutivo da produção de valor de troca das mercadorias na sua etnografia do *suq* (bazar) em Sefrou, no Marrocos. Tal formulação pode ser estendida, *mutatis mutandis*, ao papel da informação doutrinal na construção do valor das mercadorias vendidas nos santuários de peregrinação, pois quanto mais sagrado o lugar é, mais religiosamente eficaz é a mercadoria vendida nele.

Na verdade, pelo simples fato de reunir uma multidão de viajantes, a peregrinação em larga escala cria não só as condições, mas também a necessidade de atividades mercantis, como mostra o *suq* construído como parte do complexo de Saiyda Zaynab. Assim, nos santuários de peregrinação da Síria houve o desenvolvimento de todo tipo de comércio para o público de peregrinos e visitantes, como hotéis, restaurantes, lojas, agências de viagem etc., mudando a paisagem urbana em áreas dedicadas ao comércio e ao entretenimento. No caso de Saiyda Zaynab, essa transformação urbana foi dramática, pois o que era uma vila cheia de refugiados palestinos e iraquianos nas cercanias de Damasco, se converteu em um centro comercial de mercadorias do Irã, Síria e, claro, China, Taiwan e Coréia. O santuário tornou-se um grande entreposto de mercadorias iranianas, onde os comerciantes de Damasco vão se abastecer de tapetes, *killims* e pistache, trazidos e comercializados pelos peregrinos para pagar as despesas da viagem.

O aumento e a melhora dos serviços de transporte criados pelo fluxo constante de peregrinos mudaram o caráter da própria peregrinação, que passou a ser comercializada como uma mercadoria pelas agências de viagem localizadas perto do santuário. Nas agências de viagem em Saiyda Zaynab pode-se comprar um "*tour* de peregrinação" que leva o peregrino aos santuários xiitas de Alepo e Raqqa, assim como aos locais turísticos perto da cidade de Kassab, habitada por cristãos armênios![28] Desse modo, pode-se ver como a organização comercial da peregrinação levou à sua reformulação como "turismo religioso", pois os pacotes oferecidos pelas agências têm que atender aos interesses e gostos dos compradores para competir com os das agências rivais. De forma semelhante, os restaurantes localizados em torno do mausoléu de Saiyda Zaynab deixaram de ser meros lugares para comer administrados por refugiados iraquianos para se tornarem locais onde os damascenos podem ir para degustar a "cozinha iraquiana", pois o menu separa os pratos "iraquianos" dos "sírios", e os preços refletem tal consagração culinária. Esses exemplos mostram como o comércio de bens e serviços suscitado pela peregrinação em larga escala produz formas de objetificação de identidades e práticas que ultrapassam em muito o campo religioso.

No centro da atividade comercial em Saiyda Zaynab e nos outros santuários xiitas da Síria estão as mercadorias religiosas produzidas e comercializadas para atender à

---

[28] Ababsa, 2001:657.

demanda de *souvenirs* sagrados nesses locais. Essa demanda é gerada pelo próprio caráter experiencial da peregrinação, que requer "marcadores de memória", como objetos ou imagens, que constantemente reavivem e permitam reviver a memória dessa experiência e que permitam que seus efeitos normativos e existenciais durem por longo período de tempo. A importância desses elementos na estruturação das identidades xiitas não foi ignorada pelo Estado ou pelo *establishment* religioso na Síria ou no Irã, que disputam o controle do processo de mercantilização da tradição religiosa.

Mercados da religião: processos de mercantilização e objetificação da tradição xiita

Ao se aproximar do santuário de Saiyda Zaynab, o visitante ou peregrino não pode deixar de notar as inúmeras lojas e bancas lotadas de todo tipo de mercadoria de inspiração religiosa, como rosários, tabletes de lama feitos com o solo sagrado de Karbala, miniaturas do Alcorão, bandeiras negras com inscrições devocionais, miniaturas douradas das portas da *Kaaba* e, em uma apoteose do *kitsch* religioso moderno, chaveiros na forma da espada de Ali e relógios de mesa na forma de mesquitas. Uma parte importante desse mercado é dedicada à venda de textos religiosos, como as várias edições e formatos — inclusive em CD-ROM — do Alcorão, as coleções de *Hadith* (tradições do Profeta) ou os tratados religiosos, como seria de se esperar em um centro de peregrinação. Entretanto, esses textos religiosos "clássicos" e "canônicos" não representam toda a literatura religiosa disponível no mercado, pois compartilham as prateleiras com títulos como *A mulher muçulmana*, *Sexo e casamento* e *Corpo, mente e saúde: o guia muçulmano*. Esses textos, escritos em um estilo direto e acessível, tentam oferecer uma "abordagem islâmica" a questões colocadas pela sociedade moderna, de forma a permitir que os leitores organizem sua vida cotidiana segundo o que é apresentado como os princípios do Islã. Nesse sentido, constituem o que Yves Gonzalez-Quijano (1998) definiu como "livros islâmicos", designando um tipo de literatura popular e comercial que oferece princípios religiosos de forma acessível aos leitores, de modo a dispensar a mediação interpretativa das autoridades religiosas, apresentando-os como técnicas de reflexividade e auto-ajuda adaptáveis ao senso comum.

Embora os textos constituam uma importante mercadoria, não são as únicas produzidas em escala industrial como *souvenirs* da peregrinação. Uma enorme variedade de objetos e imagens, como pôsteres representando Hussein, atrai o público consumidor devido a sua capacidade icônica de evocar experiências particulares sem a mediação de recursos discursivos.[29] Essa evocação é feita dentro de um quadro normativo,

[29] Whitehouse, 2000:68-80.

pois as experiências produzidas pela peregrinação devem ser construídas, organizadas e classificadas segundo a tradição xiita. A produção desses objetos icônicos é facilitada pela veneração xiita da família de Maomé, que oferece um repertório de símbolos e narrativas que podem assumir a forma de "cenas", "gestos" ou, elaborando um poderoso conceito religioso, "presença" (*hadra*), criando um quadro de referências xiita para formas particulares de experiência religiosa.

É interessante notar que Maomé não aparece nessa iconografia, o que mostra respeito à interdição do uso religioso de representações do Profeta; porém, todos os membros de sua família são representados em imagens que criam um vasto e variado repertório iconográfico. A figura mais representada é Hussein, mostrando a importância do drama de Karbala na constituição da identidade xiita expressa na rota de peregrinação. Cada momento da batalha de Karbala é usado como um instrumento visual para expressar um aspecto diferente da *persona* religiosa de Hussein, assim como diversos valores e elementos doutrinais do xiismo. Uma amostra das várias formas pelas quais a iconografia xiita transmite valores e experiências pode ser obtida analisando-se os pôsteres religiosos que representam a batalha de Karbala ou os membros da família do Profeta. O caráter industrial, prático e decorativo desses pôsteres permite seu uso tanto como adornos beatos quanto como objetos devocionais em espaços públicos e privados, fazendo com que eles sejam objeto de consumo massificado por peregrinos e visitantes dos santuários.

Os personagens sagrados do drama de Karbala funcionam como *símbolos dominantes* no sistema religioso xiita, pois apresentam as caraterísticas definidoras de tais símbolos segundo a classificação de Victor Turner (1970:30): "1) condensação; 2) unificação de significados opostos em uma única formação simbólica; 3) polarização de sentido". A mercantilização dos símbolos dominantes "decanta" os seus múltiplos significados, de modo a oferecer uma variedade de *souvenirs* religiosos que possa atender às distintas demandas dos vários públicos consumidores que sustentam o mercado religioso. Assim, um pôster com o corpo decapitado e ensangüentado de Hussein jazendo na planície de Karbala mostra a brutalidade dos "infiéis" (*kufar*), enquanto o cenário desolado ao pôr-do-sol evoca a solidão dos fiéis e um senso profundo de tristeza com o reino da injustiça na Terra. Outro pôster mostra Hussein a cavalo, brandindo sua espada e mostrando o lado heróico e corajoso de seu caráter. Na verdade, essa representação não deixa clara a identidade da figura representada, pois a espada com dupla ponta também sugere Ali indo para a batalha, configurando uma estratégia pictórica que funde as duas maiores figuras do xiismo como um símbolo de coragem, fé e martírio.

A delimitação e apresentação como imagens e objetos dos vários significados e valores condensados nos símbolos dominantes os torna mais explícitos para os fiéis. No entanto, enquanto a objetificação da tradição religiosa através de sua mercantilização a faz mais consciente e claramente delimitada, não segue uma linearidade única em direção a uma "racionalidade" abstrata. É na verdade resultado de um processo gradual e desigual, no qual diversas forças interferem, como a obrigação da ortodoxia religiosa e a necessidade de agradar ao público consumidor. Isso é evidente nos vários pôsteres produzidos sobre o mesmo tema, que variam de acordo com a experiência emocional evocada e a narrativa religiosa utilizada pelo artista como fonte de inspiração. Por exemplo, a tristeza pela morte dos mártires de Karbala é dramatizada em pôsteres que representam Hussein carregando seu filho morto por uma flecha. Quando o pôster pretende representar o martírio como o fim trágico da coragem e da luta contra a injustiça, Hussein segura nos braços um jovem rapaz, em um gesto que lembra uma *pietá* cristã. Já quando a ênfase é na inocência e na vitimização dos mártires, Hussein segura um bebê morto com um halo de luz em torno da cabeça. É interessante notar como o caráter dramático da iconografia cristã e sua bem-sucedida mercantilização fizeram com que ela se tornasse uma referência consciente para a criação dessa iconografia xiita com um forte apelo emocional e comercial. Esse fenômeno mostra como a lógica da mercantilização pode contradizer a tendência de se valorizar a coerência e a pureza religiosa no processo de objetificação.

A individualização da espiritualidade pode ser vista em alguns pôsteres, como os que representam as mulheres lideradas por Zaynab chorando a morte de Hussein em torno de seu cavalo. A cena tem uma atmosfera onírica na qual os sentimentos de dor, tristeza, mas também de ascensão espiritual, tomam conta dos sentidos do observador como em uma visão. A fluidez da mensagem e o estilo quase surrealista da composição mostram a intenção de permitir um grande número de interpretações e formas de identificação individuais. A estratégia pictórica de unir noções de individualidade com as de "reflexividade" e "inspiração" em imagens reproduzidas em escala industrial pode ser vista nesse pôster, de forma semelhante ao que acontece com a iconografia dos cultos da *New Age* no Brasil, Estados Unidos ou Europa.

No entanto, deve-se evitar ver no processo de mercantilização da tradição religiosa os efeitos de uma "racionalidade do mercado" abstrata, que agiria independentemente de outras forças sociais e culturais, pois esses pôsteres são produzidos em gráficas estatais no Irã e se conformam a diversos aspectos da ideologia oficial da república islâmica. Por exemplo, o pôster citado com a estética *New Age* destina-se claramente a unir símbolos xiitas à espiritualidade da juventude pós-revolucionária, desiludida com o discurso do xiismo político.[30] Além disso, existem aspectos específicos nesse pôster, como o papel das mulheres como, se não companheiras, pelo menos base de apoio dos homens nas lutas políticas e sociais, o que também pode ser visto nas representações de Zaynab confrontando desafiadoramente o califa Yazid em Damasco, e está de acordo com o papel político das mulheres na ideologia da república islâmica.[31] De maneira

[30] Khosrokhavar e Roy, 1999:176-188.

[31] Adelkhah, 2000:164-165; Khosrokhavar e Roy, 1999:206-234.

semelhante, os pôsteres com Ali confortando e protegendo os pobres, geralmente representados como crianças de rua, evocam a preocupação com os "deserdados" (*mustad'afin*) no Alcorão, ao mesmo tempo que reflete o "xiismo social", o qual reinterpretou os dogmas religiosos em um quadro conceptual marxista durante os anos 1970,[32] de forma semelhante ao que a teologia da libertação fez com os dogmas do catolicismo na América Latina.

Entretanto, apesar da clara presença da ideologia oficial da República Islâmica do Irã no quadro simbólico dos *souvenirs* religiosos vendidos em Saiyda Zaynab e nos outros centros de peregrinação xiita, não seria correto ver esses mercados religiosos como meros palcos para o "xiismo estatal" do Irã. Na verdade, há uma quase completa ausência das figuras político-clericais que encarnam o xiismo oficial, como o *ayatollah* Khomeini ou, mesmo, Khatami. Isso não indica uma despolitização do xiismo, pois imagens feitas no Líbano de líderes do Hizbollah, como o *shaykh* Nasrallah, ou de religiosos com força política, como o *shaykh* Fadlallah, abundam em pôsteres, fotos e adesivos. Tal fenômeno representa as diferentes trajetórias do xiismo político no Irã, onde ele se tornou a ideologia oficial de um regime cada vez menos popular, e no Líbano, onde ele representa um movimento de defesa dos direitos políticos e civis dos xiitas e está ligado à expulsão das tropas israelenses do sul do país.[33]

Assim, os esforços do Estado para controlar e instrumentalizar a produção das mercadorias religiosas como uma forma de divulgar sua ideologia oficial são mitigados e, às vezes, contraditos pela necessidade de agradar os gostos dos consumidores em um mercado heterogêneo e relativamente aberto. A tensão criada pelas contradições entre a ideologia oficial e o gosto popular é bem representada nos pôsteres que representam Fátima, a mãe de Hussein, como criança. Tal imagem representa um compromisso entre a crença popular que Fátima foi uma virgem eterna, como a Virgem Maria na tradição cristã, e a condenação de tal crença como mera superstição por parte de alguns clérigos xiitas. Ao representar Fátima em uma idade na qual todos podem concordar que ela era pura e virgem, o artista deixou abertas as possíveis conclusões a serem tiradas. Esse exemplo mostra ainda que o processo de objetificação da tradição religiosa não leva necessariamente à marginalização de seus elementos orais ou polêmicos.

Outro efeito da mercantilização da tradição religiosa que ultrapassa os limites desejados pela ideologia oficial é a dessacralização e incorporação na vida cotidiana dos símbolos e mensagens religiosos.[34] Chaveiros na forma da espada de Ali, ou com a imagem de Hussein; autocolantes de carro com versos do Alcorão; adesivos com a imagem de Ali, Hussein ou Mussa al-Sadr, o fundador da Amal no Líbano; relógios

---

[32] Abrahamian, 1993:26-28.

[33] A popularidade de Nasrallah só aumentou com a reinvasão do Líbano por Israel em 2006.

[34] Adelkhah, 2000:106-107; Starrett, 1995:56-59.

em forma de mesquita que tocam o *adhan* (chamada para a oração) como alarme; cassetes com canções, litanias ou sermões; rosários feitos com lama do solo sagrado de Karbala; miniaturas do Alcorão para pendurar no espelho retrovisor do carro; e bandeiras de veludo verde e negro com as imagens das mesquitas de Najaf e Karbala, acompanhadas de textos louvando Ali ou Hussein, são uma pequena amostra das mercadorias encontráveis em qualquer loja ou estande na área do santuário de Saiyda Zaynab. Todos esses objetos trazem os símbolos religiosos para as atividades cotidianas, servindo como marcadores de identidade ou amuletos, mas também como instrumentos para o estabelecimento de uma relação pessoal e íntima com a esfera sagrada baseada na devoção individual. Esse processo de contextualização individual mostra como o significado das mercadorias religiosas está embebido nas práticas e discursos que estruturam as identidades dos seus consumidores.

Identidades do mercado: o consumo de mercadorias religiosas e a construção do xiismo transnacional

A inserção dos santuários xiitas da Síria em uma rota de peregrinação em larga escala afetou as realidades religiosas locais de várias maneiras. O maior impacto foi nas comunidades xiitas da Síria, que foram incorporadas no quadro do xiismo transnacional através da criação de grandes centros de peregrinação e do constante fluxo de peregrinos do Irã, Azerbaijão, Paquistão e Líbano. A presença dos clérigos xiitas que acompanham os peregrinos conectou as comunidades xiitas da Síria com as principais tradições doutrinais e rituais do xiismo. Além disso, os livros vendidos nos santuários e a pregação dos *mullahs* (autoridades religiosas) libaneses, iranianos ou iraquianos por ocasião das principais celebrações religiosas também são mecanismos de codificação doutrinal e de disciplina das identidades religiosas. Por exemplo, durante a celebração da *Ashura* no Mashhad al-Hussein, em Alepo, em 2000, xiitas sírios vindos de diversas vilas rurais se reuniram para ouvir um sermão sobre a justiça social como o espírito da luta de Hussein feito em árabe por um jovem *mullah* iraniano. Bandeiras negras enquadravam o púlpito com a frase de Khomeini "Todo dia é *Ashura* e todo lugar é Karbala", lembrando a leitura revolucionária do ritual da *Ashura*.

A peregrinação em massa também causou a transformação ritual das comunidades xiitas na Síria. Os santuários de peregrinação constituem novos espaços públicos, onde a lamentação da tragédia de Karbala pode ser abertamente celebrada com performances de teatro sacro (*ta'ziyat*) e de autoflagelação ritual (*latam*). Os rituais que marcam a morte de Hussein durante a *Ashura* são bastante dramáticos, incluindo procissões de devotos batendo no peito, a parada de bandeiras negras e enormes efígies de Hussein ou réplicas de seu túmulo, a autoflagelação com correntes e cortes na testa com facas e

Loja de artigos religiosos nos arredores do mausoléu de Saiyda Zaynab. No alto, estão expostos pôsteres representando Hussein, Fátima (como criança), Bashar al-Asad (atual presidente da Síria), Shaykh Hassan Nasrallah (líder do Hizbollah) e o *ayatollah* Sistani. Vários relógios em forma de mesquita estão pendurados na parede. Na vitrine do balcão estão expostos chaveiros em forma da espada de Ali e, ao lado, adesivos com as figuras de Hassan Nasrallah e de Musa al-Sadr (fundador da Amal). No chão, podem ser vistas miniaturas das portas da Kaaba e pôsteres emoldurados com cenas da batalha de Karbala (foto do autor, 2002).

espadas de modo a deixar um véu de sangue cobrir a face, enquanto o som de tambores e címbalos se mistura com o choro incessante da audiência em luto. A performance desses rituais emocionais pelos peregrinos estrangeiros durante a *Ashura* levou à sua gradual incorporação às práticas religiosas dos xiitas sírios. Esse processo de "comunicação ritual", como Peter van der Veer (1994:80-81) definiu o espaço de trocas simbólicas e práticas estruturado pelas performances rituais, teve seu âmbito e eficácia aumentados pelo fato de esses rituais serem mercantilizados e consumidos pela mídia como imagens que "representam" o xiismo. Durante a *Ashura* em Saiyda Zaynab é comum se ver equipes da TV iraniana, libanesa ou síria, assim como fotógrafos amadores e profissionais tentando atravessar a multidão de peregrinos para conseguir o melhor ângulo ou as imagens mais dramáticas dos rituais. Essas imagens circulam como fotos, cartões-postais, ou documentários televisivos, criando um imaginário internacional bem definido sobre o xiismo como uma forma ritualística e intensamente emocional do Islã. As performances rituais da *Ashura* também são consumidas como formas de lazer cultural por sírios não-xiitas e, mesmo, não-muçulmanos, criando uma arena de articulação estética entre o xiismo transnacional e a sociedade síria.

As conexões simbólicas e sociais criadas pelo consumo estético ou cultural dos rituais xiitas podem ser vistas na fala de um fotógrafo cristão armênio que entrevistei em Saiyda Zaynab. Ele disse:

— Eu venho aqui tirar fotos. As imagens são fantásticas! Esses rituais são incríveis, você sente o chão tremer quando eles batem no peito, e não é possível não sentir tristeza quando se vê essa massa chorando. De certa forma essa é uma das poucas mesquitas onde eu me sinto à vontade como cristão. Sem dúvida, o fato de você praticamente desaparecer na multidão e de todo mundo estar tirando fotos é parte disso. Mas eu também me identifico com esses rituais de certa forma, uma vez que eles me lembram a Sexta-Feira da Paixão (*Jum'a al-Hazini*, lit. Sexta-Feira Triste) na Páscoa.

Esse exemplo mostra como as práticas de consumo criam várias formas de participação no universo religioso objetificado pela peregrinação, as quais vão além das identidades sectárias ou sistemas ideológicos que o estruturam.

O caráter fragmentário e descontínuo do consumo permite aos agentes ressignificar e combinar as mercadorias religiosas de forma que escapem ou mesmo contradigam o quadro de referências ideológico que guia sua produção. Por exemplo, enquanto os pôsteres religiosos destinados ao público feminino enfatizam temas ligados à pureza, à modéstia, à vida familiar e ao companheirismo, usados para construir a feminilidade do ponto de vista religioso tradicional ou do xiismo politizado do Irã, as consumidoras geralmente compram pôsteres enfatizando os aspectos viris de Ali e Hussein, dando uma dimensão erótica aos símbolos xiitas e, logo, à devoção feminina que não está presente nas construções oficiais de feminilidade e religião. Esse elemento erótico da devoção feminina deriva de relatos orais e escritos sobre Ali e Hussein como homens bonitos e viris, que despertavam paixões nas mulheres.[35] O fato de a maior parte dos peregrinos e visitantes nos santuários ser constituída de mulheres faz desses elementos eróticos uma importante força na dinâmica do mercado religioso. Um paralelo pode ser traçado com o consumo de pôsteres religiosos na Índia central, onde o caráter corporal dos desejos e prazeres que estruturam a sua atração aos consumidores levou Christopher Pinney (2001:21) a analisá-lo em termos de "corpotética", em vez de "estética". Assim, a mercantilização e o consumo religioso podem criar canais para a adaptação individual ou, mesmo, subversão dos significados e relações de poder que estruturam o pólo normativo dos símbolos dominantes, uma vez que mobilizam significados ligados ao "pólo orético" dos mesmos símbolos.[36]

A mercantilização da própria peregrinação cria a necessidade de seu consumo como uma sucessão de imagens — fotos ou filmes — que expressem a experiência individual e coletiva de "estar" no lugar sagrado. As lembranças pictóricas constroem visualmente a idéia de peregrinação como uma sucessão de experiências pessoais únicas, funcionando como sinais de distinção em relação àqueles que não puderam compartilhá-las, de forma semelhante ao papel dos álbuns de viagem de individuali-

[35] Richard, 1995:152-162.

[36] Turner, 1970:54-55.

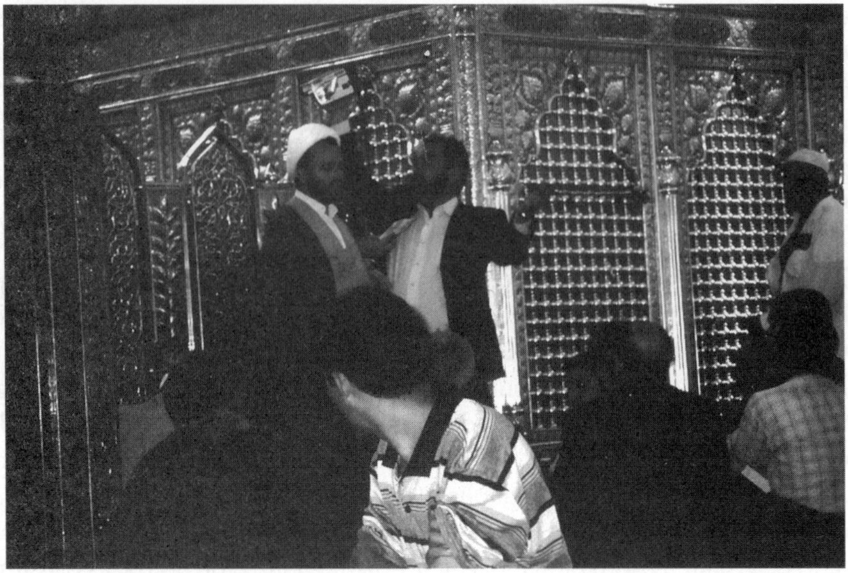

Recitação do drama de Karbala diante do túmulo de Saiyda Zaynab.
Note-se o homem filmando as mulheres por cima da barreira de separação
ao lado do clérigo xiita (foto do autor, 2002).

zarem o ato de viajar em um contexto de turismo de massa. A necessidade dos peregrinos de gravar todos os momentos "significativos" freqüentemente se choca com as regras de privacidade ou com as interdições rituais que estruturam as várias formas de interação social no contexto religioso.

O consumo visual dos aspectos pessoais da peregrinação cria uma forte tendência para a individualização e a fragmentação dos contextos de interpretação e negociação das regras morais e dos valores religiosos. Por exemplo, em 2002, pude ver um homem segurando uma câmara digital por cima da divisória que separa homens e mulheres no santuário para filmar as mulheres fazendo a visita do túmulo de Saiyda Zaynab. Como estava usando uma câmara digital, ele podia ver as mulheres na tela durante a filmagem, em uma clara violação das regras de segregação sexual que visam proteger as mulheres do olhar masculino em ambientes religiosos. Ao lado desse homem estava um jovem clérigo xiita recitando o drama de Karbala, completamente indiferente à cena que se desenrolava diante de seus olhos, mostrando a aceitação das autoridades religiosas das prioridades do consumo individualizado das experiências religiosas sobre os imperativos morais vigentes no local sagrado.

A mercantilização de elementos da tradição xiita, como as imagens de Hussein e Ali, lhes dá uma certa autonomia em relação ao sistema ritual e doutrinal do xiismo e, principalmente, à autoridade religiosa do clero xiita. Assim, esses símbolos e ícones religiosos tornam-se mais objetificados, no sentido de que seu significado e eficácia ficam menos dependentes do contexto religioso que organizou sua produção e passam a poder circular mais facilmente além das fronteiras da comunidade religiosa xiita. Esse processo de objetificação e universalização dos símbolos e práticas religiosos é um passo fundamental para a integração dos santuários de peregrinação na sociedade síria, pois permite a participação de sírios, xiitas ou não, no consumo e na ressignificação das mercadorias religiosas oferecidas neles. A incorporação de um número significativo de visitantes e peregrinos sírios é um passo fundamental para a sobrevivência desses santuários como centros de peregrinação em larga escala, pois, devido à crise econômica no Irã e às mudanças nos interesses e investimentos geopolíticos sírios e iranianos, o número de peregrinos iranianos esteve em franco declínio na década passada, passando de 139.092 em 1991 a meros 63 mil em 1996.[37]

Assim, se as mercadorias religiosas vendidas nos santuários de peregrinação na Síria são, em sua maioria, importadas do Irã ou do Leste asiático, os gostos e as demandas que guiam as práticas de consumo são cada vez mais influenciados pelos pressupostos culturais e disposições sociais dos clientes sírios. Mesmo o aumento do número de peregrinos iranianos, que chegou a 199.307 em 1999, e esperava-se que atingisse a cifra de 200 mil em 2003,[38] não parece ter diminuído a importância dos visitantes sírios e libaneses no mercado religioso dos santuários de peregrinação. O dono de uma loja de artigos religiosos, um muçulmano sunita, resumiu a situação dizendo o seguinte:

> — Hoje em dia, os iranianos (...) estão mais interessados em comprar roupas no *suq* [*al-Hamidiyya*] que olhar para os objetos religiosos. Eu não sei por que eles vêm a Saiyda Zaynab afinal! Mas, graças a Deus, temos muitos visitantes da Síria e do Líbano.

Previsivelmente, as comunidades xiitas da Síria e do Líbano tornaram-se as maiores consumidoras no mercado de mercadorias religiosas criado pela peregrinação em massa xiita, pois através dele elas se conectaram com o xiismo transnacional. A comunidade xiita da Síria incorporou rituais e doutrinas da comunidade *Ja'fari* através do consumo de textos, imagens e performances. Esse padrão de consumo coletivo geralmente era acompanhado da aceitação da autoridade religiosa do clero formado no Irã, no Iraque e no Líbano. Além da reorganização do quadro de referências simbólicas, rituais, e das relações de poder das referidas comunidades, o consumo de mercadorias religiosas criou novas dinâmicas nos processos identitários dos xiitas sírios. A possibilidade de consumo individual dos objetos produzidos industrialmente com referências

---

[37] Ababsa, 2001:656.

[38] Ababsa, 2001:656 e 2004.

simbólicas e icônicas do xiismo permitiu a emergência de formas menos hierárquicas e mais individualizadas de construção e afirmação das identidades xiitas. Esse foi um passo importante para a integração da comunidade xiita na paisagem religiosa da Síria, pois permitiu a afirmação pública das identidades xiitas baseadas na piedade e na devoção individual e não apenas no quadro de referências rituais do xiismo.

Para ver a relação entre consumo religioso e a criação de uma identidade pública xiita para além dos espaços religiosos comunitários, basta que o observador entre e olhe as paredes de uma famosa barbearia perto de Bab Tuma, na cidade antiga de Damasco. O olhar do visitante é imediatamente tomado pelos diversos pôsteres representando Ali e Hussein, pelo grande adesivo prateado na forma da espada de Ali que enquadra o espelho em frente das cadeiras dos clientes, pelo calendário com cenas da batalha de Karbala e pelas bandeiras negras bordadas com letras douradas que proclamam "Oh, Hussein" e "Oh, Ali", sob um tecido bordado representando a espada de Ali preso na parede. O dono da loja é um libanês de 39 anos, criado e educado em Damasco em uma família xiita bastante secularizada. Segundo ele, o consumo de mercadorias religiosas foi o que permitiu a ele recuperar e afirmar sua identidade xiita, pois, em suas palavras:

> — Há 20 anos atrás eu era bastante isolado, ser xiita era chorar e sofrer durante a *Ashura* ou seguir algum *marja'* [autoridade religiosa xiita] e eu não gostava de nada disso. Agora é diferente, eu posso ser xiita mostrando o amor que tenho pelo imã Ali e pelo imã Hussein [mostrando os objetos].

Enquanto o consumo de mercadorias religiosas foi acompanhado pela integração da comunidade xiita *Ja'fari* da Síria no quadro de práticas rituais, doutrinas e relações de poder que define o xiismo transnacional, o mesmo não ocorreu com as outras comunidades religiosas da Síria, como os alauítas. Embora a integração da comunidade alauíta no xiismo *Ja'fari* fosse o objetivo principal da política religiosa de Hafez al-Asad, o perfil sociológico dos alauítas, concentrados em comunidades rurais sob a autoridade de seus líderes religiosos ou dispersos no universo urbano de Damasco e Latakia,[39] assim como suas particularidades doutrinais e rituais impediram que tal projeto fosse plenamente implementado. Durante os anos 1970 e 80, Asad, em uma estratégia destinada a calar a oposição religiosa ao seu governo, promoveu a construção de mesquitas nas aldeias alauítas e trouxe clérigos xiitas do Líbano e do Irã para superar as diferenças doutrinais e rituais entre os alauítas e o xiismo *Ja'fari*. No entanto, tal política estatal teve resultados bastante limitados nas práticas e nas identidades religiosas dos alauítas, já que as mesquitas nas aldeias permaneceram vazias e pou-

[39] Chouet, 1995:106-116.

quíssimos alauítas passaram a seguir as prescrições e as regras estabelecidas pela jurisprudência e pela teologia xiita.

Apesar dessas resistências, a criação de centros de peregrinação xiita na Síria permitiu o estabelecimento de formas de comunicação ritual entre o xiismo transnacional e a comunidade alauíta, cujos membros podem ser vistos visitando o santuário de Saiyda Zaynab. Embora essa comunicação ritual tenha permanecido dentro do universo tradicional da visitação de túmulos pelos alauítas, é importante ressaltar que o consumo de mercadorias religiosas criou novas formas de articulação entre as identidades alauíta e xiita *Ja'fari*. O caráter individualizado do consumo religioso permitiu a alguns alauítas construírem formas de devoção às figuras sagradas do xiismo que quebram com os padrões tradicionais dos rituais alauítas, sem que isso tenha levado à adoção dos comportamentos e crenças associados ao xiismo *Ja'fari*. Tal fenômeno é mais evidente no caso das mulheres, que são excluídas das práticas e do conhecimento religioso entre os alauítas, mas não no xiismo *Ja'fari*, para o qual algumas se voltam embora continuem a resistir a muitas de suas regras, como o uso do véu. Uma engenheira alauíta de 27 anos me disse que:

> — Como mulher, o único caminho aberto para mim é seguir a escola xiita [*Ja'fari*], mas eu não concordo com a maior parte das suas regras e costumes. Eu simplesmente não consigo usar o *hijab* (véu). Por que um pedaço de pano deveria ser mais importante que o que eu tenho em meu coração? Eu tenho no meu quarto imagens do imã Ali e do imã Hussein que eu comprei em Saiyda Zaynab, logo eu posso meditar no seu exemplo e me conectar com a sua luz.

Alguns grupos religiosos não-xiitas, como os sufis, também desenvolveram uma participação significativa no mercado de mercadorias religiosas dos santuários xiitas na Síria. Os sufis de Damasco e de Alepo se tornaram ávidos consumidores da abundante iconografia que representa Ali e Hussein, ambos reverenciados como os primeiros elos na cadeia de transmissão do saber esotérico do sufismo. É bastante comum ver pôsteres ou quadros com imagens de Ali e Hussein feitos no Irã, réplicas da espada de Ali, ou representações do drama de Karbala pendurados nas paredes das *zawiyas* (centros rituais) sufis por toda a Síria. O consumo sufi da iconografia xiita vendida nos santuários de peregrinação é feito dentro das práticas sufis de veneração da família de Maomé. O uso dessas imagens pelos sufis está relacionado com sua percepção da autoridade religiosa como um produto do saber esotérico que vem de Ali e Hussein. Por exemplo, muitas *zawiyas* sufis ligadas às ordens da Qadiriyya, Rifa'iyya e Shadhiliyya, em Alepo, têm nas suas paredes imagens de Ali e de Hussein junto de fotos representando os antecessores do presente *shaykh*, recriando visualmente os elos da cadeia esotérica que liga a família do Profeta à linhagem do *shaykh* local. De maneira semelhante, as paredes dos túmulos dos *shaykhs* sufis são adornadas com imagens das mesquitas sagradas de

Najaf e Karbala, ligando o culto de santos local com a rede mais ampla de lugares sagrados do xiismo. Assim, o consumo das mercadorias religiosas vendidas nos santuários de peregrinação também cria canais de comunicação ritual entre o sufismo e o xiismo, ao produzir um imaginário religioso marcado por uma representação estética específica de símbolos e narrativas compartilhados por ambas as tradições.

Além disso, o consumo de tratados de teologia ou jurisprudência permitiu que os sufis sírios entrassem em contato com a produção dos clérigos xiitas do Irã, Iraque e Líbano, criando canais de "comunicação doutrinal" com o xiismo. Porém, essa comunicação doutrinal entre sufismo e xiismo é muito menos dinâmica e consistente que a comunicação ritual, pois existe uma clara relação entre os textos doutrinais e a autoridade religiosa do clero xiita que inibe o seu consumo pelos sufis. A maior parte dos *shaykhs* sufis que entrevistei mostrou forte resistência em reconhecer a autoridade religiosa dos *ulama* (especialistas religiosos) xiitas. O evidente caráter sectário da maioria dos textos xiitas também traz sérios problemas para a identidade sunita dos sufis sírios.

Mas existem pontos de convergência que permitem um consumo seletivo dos textos xiitas por parte dos sufis, como a forte tendência mística presente na teologia xiita e a importância que ela atribui à família do Profeta.[40] A lógica religiosa presente na base do consumo da iconografia e dos textos xiitas foi bem descrita por um *shaykh* sufi ligado à Rifa'iyya em Alepo, que disse, respondendo a uma observação minha sobre a presença na sua *zawiya* de várias imagens de origem iraniana representando Ali e Hussein:

> — Nós pertencemos ao Islã sunita (*nahna min ahl al-sunna wa al-jama'*), mas compartilhamos com os xiitas a devoção a Ali, Hussein e a toda a família do Profeta. As imagens são apenas representações da realidade exterior do imã Ali, e os xiitas concordam com isso, mas elas nos ajudam a sentir a presença espiritual dele entre nós. Na verdade os xiitas entenderam parte da verdade esotérica (*al-haqiqa al-batiniyya*) do caminho místico, que é a realidade suprema do Islã e, para além das diferenças aparentes entre as nossas escolas religiosas, somos todos muçulmanos.

Essa aparente neutralidade simbólica das mercadorias religiosas foi apontada por Gregory Starrett (1995:59), que afirmou que "as mercadorias religiosas são apenas religiosas uma vez que deixam de ser mercadorias, uma vez que passam da fase de mercadoria para a fase de consumo da sua vida social". A afirmação de Starrett está basicamente correta, mas deve ser complementada e ampliada pelo reconhecimento de que a profundidade da ressignificação das mercadorias religiosas pelo consumo depende do quão bem-sucedido tenha sido o processo de objetificação em neutralizar as marcas deixadas pelo contexto social e cultural que estruturou a sua produção, assim como da ressonân-

[40] Richard, 1995:49-68.

cia que elas possuem na lógica cultural do consumidor. Por exemplo, os visitantes de Saiyda Zaynab que são muçulmanos sunitas, mas não sufis, tendem a ficar indiferentes à iconografia religiosa vendida no santuário, pois suas sensibilidades religiosas não permitem incorporar ou criar a necessidade ou o desejo de consumir imagens religiosas, as quais são percebidas por muitos deles como uma forma de idolatria (*shirk*).

As formas doutrinais ou rituais de comunicação produzidas pelo consumo religioso criaram novas formas de as comunidades religiosas na Síria negociarem sua presença nos santuários xiitas. Assim, apesar de sua marginalização do controle dos lugares sagrados, é comum ver em Saiyda Zaynab grupos de sufis fazendo *dhikr* (evocação mística) ou participando das celebrações da *Ashura*. No entanto, esse fenômeno depende de múltiplas possibilidades de articulação entre as comunidades sufis e os santuários xiitas, cujos fatores determinantes não estão distribuídos homogeneamente por todos os grupos sociais. Por exemplo, em Raqqa os círculos intelectuais ligados às famílias tradicionais da cidade se ressentiram da apropriação de um "lugar de memória" urbano, como o túmulo de Uways al-Qarani, pelo Estado e por uma comunidade religiosa "estrangeira" (os xiitas). Entretanto, os membros da tribo seminômade dos Shawaya, em particular aqueles ligados à ordem sufi da *Marindiya*, que se consideram descendentes de Hussein, apresentaram atitudes positivas em relação ao que eles vêem como o "embelezamento" dos mausoléus. Os Shawaya incorporaram a devoção xiita a Hussein ao seu orgulho tribal de terem laços genealógicos com ele. Além disso, os Shawaya continuam a fazer visitas devocionais aos mausoléus dentro do seu quadro de crenças e práticas sufis.[41]

Conclusão

Esta análise mostrou como a constituição de centros de peregrinação xiitas na Síria favoreceu a emergência de um espaço público estruturado por práticas de produção, circulação e consumo de mercadorias religiosas, as quais constituem elas próprias um elemento fundamental na eficácia social e religiosa da peregrinação como mecanismo de disciplina e objetificação religiosa. Embora os mercados religiosos criados pela peregrinação em larga escala compartilhem muitas das características dos mercados capitalistas em geral, isso não quer dizer que eles sejam estruturados por uma "racionalidade do mercado" abstrata e universal, que agiria independentemente de contextos sociais e culturais. Vários estudos antropológicos têm mostrado que mesmo os mercados voltados para a esfera econômica da vida social têm valores e dispositivos

---

[41] Ababsa, 2004.

culturais entre os elementos constituintes de sua organização e dinâmica.[42] No caso dos mercados religiosos, o caráter normativo dos símbolos e práticas que definem a sua dinâmica reforça sua conexão com relações de poder, instituições e formas de autoridade. Isso é evidente no caso do mercado religioso xiita na Síria, que é alvo de um forte investimento ideológico por parte dos Estados sírio e iraniano, visando manipulá-lo para fortalecer seus interesses políticos e religiosos. Esses aspectos ideológicos do mercado religioso ficam evidentes no processo de produção de mercadorias religiosas, as quais as autoridades políticas e religiosas tentam organizar como formas de comunicação e codificação icônicas da sua definição da tradição xiita.

No entanto, a produção em escala industrial das mercadorias religiosas dessacraliza temporariamente as imagens, símbolos e mensagens da tradição xiita, ao fixá-las em objetos materiais cuja posição em relação às práticas e aos discursos religiosos é definida por seu uso prático. Assim, um pôster com a imagem de Ali pode se tornar um marcador de identidade religiosa ou um objeto devocional em vários contextos de práticas sufis ou xiitas. Tal fato dá um alto grau de autonomia a cada elemento mercantilizado da tradição, minando o trabalho feito para ligá-lo a um quadro integrado de discursos e práticas sob o controle do Estado ou das autoridades religiosas. A fragmentação da tradição religiosa causada pelo processo de mercantilização é intensificada pelo fato de as mercadorias religiosas compartilharem usos instrumentais com mercadorias não-religiosas. Assim, uma cópia do Alcorão e uma caixa de chocolates podem ser ambas presentes adequados para um aniversário. Como Gregory Starrett (1995:58-59) já afirmou, apenas a reinserção da mercadoria na rede de práticas sociais e percepções culturais dos consumidores pode ressignificá-la como um objeto religioso e distingui-la das demais mercadorias. Desse modo, o mercado religioso e seus efeitos nas identidades, discursos e práticas religiosas não podem ser pensados sem uma análise das práticas de consumo que os estruturam.

O consumo é um elemento negligenciado na literatura antropológica sobre mercados ou práticas econômicas nas sociedades tradicionais ou industriais, a qual se concentra ou nos aspectos integrativos da troca ou nas determinações culturais e ideológicas da produção e circulação de mercadorias.[43] Parte dessa resistência de tomar o consumo como um objeto da antropologia vem da visão simplista que o coloca como uma mera satisfação de necessidades básicas de cunho fisiológico ou psicológico, ou como a aceitação mecânica das tendências ideológicas e discursivas que estruturam a produção e o marketing das mercadorias. Porém, como Robert Hefner (1998:25) ressaltou, o consumo não é um ato de "desejo sem forma" e, sim, uma arena de expressão

---

[42] Hefner, 1998:3-5.

[43] Para uma visão geral da literatura antropológica sobre mercados em contextos etnográficos do Oriente Médio e da Ásia, entre outros, ver Geertz, 1979; Hefner, 1998; e Pinney, 2001.

de identidades e relações a atributos sociais, como o *status*. Assim, o consumo deve ser entendido como uma interação criativa entre a lógica da produção e circulação das mercadorias, e as identidades, as posições sociais e os desejos e percepções culturalmente moldados dos consumidores.

Em um mercado estruturado em torno de mercadorias produzidas industrialmente, como os mercados religiosos xiitas na Síria, os esforços do Estado ou das autoridades religiosas para criar um controle ideológico são desafiados pelo caráter efêmero e fragmentado dos atos de consumo, compostos por uma série de escolhas e olhares individuais. Mesmo em um mercado tão carregado ideologicamente como o dos santuários de peregrinação xiitas na Síria, os atos agregados de consumo não resultam em uma reprodução coerente da ideologia dominante, que é desigualmente distribuída, modificada e, mesmo, subvertida pela interação descontínua com os vários fatores coletivos e individuais que moldam os interesses, gostos e identidades dos consumidores.[44] Deve-se, porém, evitar entender esse processo em termos de uma dicotomia na qual "resistência" se opõe a "autoridade", pois pode-se argumentar que o consumo também adapta o sistema religioso objetificado aos contextos locais e individuais. As práticas de consumo permitem que os visitantes dos santuários de peregrinação incorporem as mercadorias religiosas como elementos constitutivos dos micropoderes e práticas de reflexividade religiosa que estruturam as suas identidades, como o uso de pôsteres religiosos em práticas devocionais individuais, ligando os processos de construção do *self* religioso ao sistema religioso objetificado do xiismo transnacional.

Por outro lado, as práticas de consumo podem ser vistas como canais de participação de identidades locais — coletivas e individuais — no mercado religioso, pois permitem aos consumidores selecionar, combinar e organizar elementos distintos da tradição religiosa de acordo com seus próprios critérios e valores. Além disso, a lógica capitalista que perpassa o mercado religioso traz os gostos e interesses dos consumidores para o centro das estratégias de produção e de marketing das mercadorias. A afirmação de Starrett (1995:33) de que a produção das mercadorias religiosas cria a sua demanda deriva de uma visão muito parcial do processo, pois para criar a demanda a mercadoria deve encarnar e permitir a manipulação simbólica de elementos que podem seduzir e mobilizar os consumidores para o ato da compra. Assim, as visões de mundo e as identidades dos consumidores podem afetar o processo de mercantilização da tradição religiosa em um processo de troca e manipulação mútuas. Um exemplo desse "marketing dialógico" foi a "concessão" feita à crença na virgindade de Fátima nos pôsteres que a representam como menina, os quais introduziram no repertório público de símbolos objetificados um elemento doutrinal que é polêmico entre as autoridades religiosas, mas amplamente aceito nos meios populares.

---

[44] Freitag, 2001:50-51.

Finalmente, pode-se dizer que, enquanto as esferas de produção e circulação das mercadorias religiosas nos mercados dos santuários xiitas na Síria são claramente marcadas por relações de poder e limites ideológicos, a esfera de consumo cria canais de participação individual e coletiva na produção do sistema religioso objetificado do xiismo transnacional. Os mecanismos de participação criados pelas práticas de consumo também podem ser utilizados por indivíduos e grupos para superar sua condição de exclusão, como foi o caso dos sufis sírios que usaram o consumo religioso para se reconectarem aos santuários de onde foram marginalizados pelo processo de recriação destes como santuários xiitas de peregrinação. Esses canais de participação não são homogeneamente distribuídos ou igualmente abertos a todas as identidades, mas apresentam vários níveis possíveis de incorporação e exclusão de indivíduos e de comunidades, de acordo com sua inserção na rede de relações de poder, tradições discursivas e práticas que definem os limites do mercado religioso. Assim, a análise do consumo religioso nos santuários xiitas da Síria mostra que a constituição de comunidades religiosas transnacionais deve ser entendida como um constante fluxo e interação entre práticas e identidades locais e sistemas normativos objetificados dentro de um quadro de diversas formas de participação e exclusão.

Bibliografia

ABABSA, Myriam. Les mausolées invisibles: Raqqa Ville de pèlerinage chiite ou pôle étatique en Jazîra syrienne? *Les Annales de Géographie*, Paris: Armand Collin, n. 622, p. 647-663, 2001.

_______. Significations territoriales et appropriations conflictuelles des mausolées chiites de Raqqa (Syrie). In: CHIFFOLEAU, Sylvia; MADOEUF, Anna (Dirs.). *Actes du Colloque sur les Pèlerinages dans le Monde Árabe*. Damasco: IFPO, 2004.

ABRAHAMIAN, Ervand. *Khomeinism: essays on the Islamic Republic*. Berkeley: University of California Press, 1993.

ADELKHAH, Fariba. *Being modern in Iran*. New York: Columbia University Press, 2000.

ASAD, Talal. *The idea of an anthropology of Islam*. Washington: Center for Contemporary Arab Studies, Georgetown University, 1986.

_______. *Genealogies of religion*. Baltimore: Johns Hopkins University Press, 1993.

BOTTCHER, Annabelle. Le ministère des Waqfs. *Monde Arabe Maghreb-Machrek*, n. 158, p. 18-30, 1997.

CHIH, Rachida; MAYEUR-JAOUEN, Catherine. Le cheikh Sha'râwî, le pouvoir et la télévision: l'homme qui a donné un visage au Coran. In: MAYEUR-JAOUEN, C. (Dir.). *Saints et héros du Moyen-Orient contemporain*. Paris: Maisonneuve & Larose, 2002.

CHOUET, Alain. L'espace tribal des alaouites à l'épreuve du pouvoir: la désintegration par le politique. *Monde Arabe Maghreb-Machrek*, n. 147, p. 93-119, 1995.

DEGUILHEM, Randi. Le Waqf en Syrie independante. In: BILICI, Faruk (Dir.). *Le Waqf dans le monde musulman contemporain (XIXe-XXe siècles)*. Istambul: Institut Français d'Études Anatoliennes, 1994.

EICKELMAN, Dale. *The Middle East and Central Asia: an anthropological approach*. Upper Saddle River, NJ: Prentice Hall, 2002.

_______; PISCATORI, James. *Muslim politics*. Princeton: Princeton University Press, 1996.

FREITAG, Sandria. Visions of the nation: theorizing the nexus between creation, consumption and participation in the public sphere. In: DWYER, Rachel; PINNEY, Christopher (Eds.). *Pleasure and the nation: the history, politics and consumption of public culture in India*. Oxford: Oxford University Press, 2001.

GEERTZ, Clifford. Suq: the bazaar economy in Sefrou. In: GEERTZ, Clifford; GEERTZ, Hildred; ROSEN, Lawrence (Eds.). *Meaning and order in Moroccan society*. Cambridge: Cambridge University Press, 1979.

GEOFFROY, Éric. *Le soufisme en Égypte et en Syrie sous les derniers mamelouks et les premiers ottomans: orientations spirituelles et enjeux culturels*. Damascus: Ifead, 1995.

GONZALEZ-QUIJANO, Yves. *Les gens du livre: édition et champ intellectuel dans l'Égypte republicaine*. Paris: CNRS, 1998.

HEFNER, Robert. Introduction: society and morality in the new Asian capitalisms. In: HEFNER, R. (Ed.). *Market cultures: society and morality in the new Asian capitalisms*. Boulder, Co.: Westview, 1998.

HEYBERGER, Bernard. Saint Charbel Makhlouf ou la consécration de l'identité maronite. In: MAYEUR-JAOUEN, Catherine (Dir.). *Saints et héros du Moyen-Orient contemporain*. Paris: Maisonneuve & Larose, 2002.

HOFFMAN-LADD, Valerie. Devotion to the prophet and his family in Egyptian sufism. *International Journal of Middle East Studies*, v. 24, n. 4, p. 615-637, 1992.

KHOSROKHAVAR, Farhad; ROY, Olivier. *Iran: comment sortir d'une révolution religieuse*. Paris: Seuil, 1999.

MOTTAHEDEH, Roy. *The mantle of the prophet: religion and politics in Iran*. London: Oneworld, 2000.

NAKASH, Yitzhak. *The Shi'is of Iraq*. Princeton: Princeton University Press, 1994.

PINNEY, Christopher. Introduction: public, popular and other cultures. In: DWYER, Rachel; PINNEY, Christopher (Eds.). *Pleasure and the nation: the history, politics and consumption of public culture in India*. Oxford: Oxford University Press, 2001.

RICHARD, Yann. *Shi'ite Islam*. Oxford, UK; Cambridge, USA: Blackwell, 1995.

STARRETT, Gregory. The political economy of religious commodities in Cairo. *American Anthropologist*, v. 97, n. 1, p. 51-68, 1995.

TURNER, Victor. *The forest of symbols: aspects of Ndembu ritual*. Ithaca: Cornell University Press, 1970.

_______. Pilgrimages as social processes. In: TURNER, V. *Dramas, fields and metaphors*. Ithaca: Cornell University Press, 1974.

VAN DER VEER, Peter. *Religious nationalism: Hindus and Muslims in India*. Berkeley: University of California Press, 1994.

WHITEHOUSE, Harvey. *Arguments and icons: divergent modes of religiosity*. Oxford: Oxford University Press, 2000.

Sobre os autores

COLIN CAMPBELL é doutor em sociologia pela Universidade de Londres, professor da Universidade de York e autor dos clássicos *A ética romântica e o espírito do consumismo moderno* (publicado em mais de cinco línguas, sendo a última o coreano), *The myth of social action* e *Shopping experience*, em parceria com Pasi Falk, além de mais de 50 artigos sobre teoria sociológica, consumo, religião, sociedade contemporânea e Nova Era nas revistas mais importantes da área de ciências sociais.

LAURA GRAZIELA FIGUEIREDO GOMES é doutora em antropologia social pela USP, professora do Departamento de Antropologia e do Programa de Pós-Graduação em Antropologia Social e coordenadora do Núcleo de Estudos da Modernidade da Universidade Federal Fluminense. É autora de *A novela no Brasil* e de *O Brasil não é para principiantes: Carnavais, malandros e heróis 20 anos depois*, em parceria com Lívia Barbosa e José Augusto Drummond, além de vários artigos e capítulos de livros.

LÍVIA BARBOSA é doutora em antropologia social pelo Programa de Pós-Graduação em Antropologia Social, mestre em ciências sociais pela Universidade de Chicago, professora do Departamento de Antropologia e do Programa de Pós-Graduação em Antropologia da Universidade Federal Fluminense e professora e pesquisadora convidada da Escola Superior de Propaganda e Marketing e do Centro de Altos Estudos da Escola de Propaganda e Marketing da ESPM. É autora de vários livros, entre os quais *O jeitinho brasileiro ou a arte de ser mais igual que os outros*; *Igualdade e meritocracia, a ética do desempenho nas sociedades modernas*; *Cultura e empresa: sociedade de consumo*; e *O Brasil não é para principiantes: Carnavais, malandros e heróis 20 anos depois*, em parceria com Laura Graziela Figueiredo Gomes e José Augusto Drummond, além de vários capítulos de livros e artigos em periódicos nacionais e estrangeiros.

MARIA ISABEL MENDES DE ALMEIDA é doutora em sociologia pelo Iuperj, professora do Departamento de Sociologia e Política da PUC-Rio e coordenadora do Centro de Estudos Aplicados da Universidade Candido Mendes. É autora dos livros *Noites nômades — espaço e subjetividade nas culturas jovens contemporâneas*, em colaboração com Kátia de Almeida Tracy, e *Masculino e feminino: tensão insolúvel e maternidade: um destino inevitável?*

PAULO GABRIEL HILU DA ROCHA PINTO é PhD em antropologia pela Boston University, professor adjunto do Departamento de Antropologia e do Programa de Pós-Graduação e coordenador do Núcleo de Estudos sobre o Oriente Médio da Universidade Federal Fluminense. É autor do livro *Práticas acadêmicas e o ensino universitário: uma etnografia das formas de consagração e transmissão do saber na universidade* e participou de vários livros com capítulos sobre o Islã na Síria.

TOM FISHER é doutorando em sociologia pela Universidade de York.

Esta obra foi impressa pela
Armazém das Letras Gráfica e Editora Ltda. em papel
off set Extra Alvura Plus para a Editora FGV
em setembro de 2006.